O DELITO DE ESTUPRO

F284d Fayet, Fabio Agne.
          O delito de estupro / Fabio Agne Fayet. – Porto Alegre: Livraria do Advogado, 2011.
          136 p. ; 23 cm.

          Inclui bibliografia e anexo.
          ISBN 978-85-7348-762-6

          1. Direito penal. 2. Estupro. 3. Brasil. Código Penal (1940). 4. Brasil Lei n.8.072, de 25 de Julho de 1990. 5. Brasil. Lei n.12.015, de 7 de agosto de 2009. 6. Processo penal - Crime sexual. I. Título.

                              CDU   343.541(81)
                              CDD   341.5551

       Índice para catálogo sistemático:
       1. Estupro: Brasil   343.541(81)
       2. Direito penal: Brasil   343(81)

(Bibliotecária responsável: Sabrina Leal Araujo – CRB 10/1507)

Fabio Agne Fayet

O DELITO DE ESTUPRO

livraria
DO ADVOGADO
editora

Porto Alegre, 2011

© Fabio Agne Fayet, 2011

Capa, projeto gráfico e diagramação
Livraria do Advogado Editora

Revisão
Rosane Marques Borba

Direitos desta edição reservados por
Livraria do Advogado Editora Ltda.
Rua Riachuelo, 1338
90010-273 Porto Alegre RS
Fone/fax: 0800-51-7522
editora@livrariadoadvogado.com.br
www.doadvogado.com.br

Impresso no Brasil / Printed in Brazil

À Maria Augusta

Agradecimentos especiais merecem algumas pessoas de suma importância para a realização desse estudo: a prestimosa atenção de *Maria Augusta*, minha esposa, pelos momentos que se lhe foram tomados, bem como pelas incontáveis horas de reflexão e pesquisa que gentil e silenciosamente me dedicou; a compreensão inseparável de meus irmãos; o amor incondicional de meus pais; e a paciência complacente de João Eduardo Oliveira Santos, curador da espantosa e formidável biblioteca do Prof. Dr. *João Pedro dos Santos*, onde tive o privilégio de pesquisar. Nesse contexto, merece especial destaque a orientação precisa e profícua de meu irmão, *Ney Fayet Júnior*, na revisão das ideias, oportunizando-me, novamente, momentos de profundo aprendizado, bem como as sempre frutíferas discussões com os amigos *Diego Viola Marty*, *Fábio Roberto D'Ávila* e *Jerônimo Tybusch*, com quem sempre aprendemos, e cujas observações pautaram a lapidação final deste estudo.

"O respeito pela honra da mulher não é um sentimento innato ao homem e sim uma conquista da civilização, a victoria das idéias moraes sobre a brutalidade dos instinctos".

(Francisco José Viveiros de Castro. *Os delitos contra a honra da mulher*, 1897)

Prefácio

Lembro-me bem. Foi em uma tarde especialmente quente do verão de 2011, quando, já ao final do dia, recebi a ligação de um querido amigo, Dr. Fabio Agne Fayet, homenageando-me com o convite para prefaciar a sua recente obra acerca do complexo crime de estupro. Convite que, confesso, deixou-me emocionado e, por certo, não poderia deixar de aceitar. É bem verdade que a amizade, por vezes, não é boa companheira, quando a tarefa a que se propõe consiste na recensão crítica e apresentação de um longo estudo jurídico. Todavia, é igualmente verdade que quando a amizade é construída no respeito e admiração mútuos pode ela ser não um óbice, mas o elemento determinante de um espaço assente na mais estrita liberdade, em que as palavras podem, hoje tão raramente, significar o que verdadeiramente significam, e nada mais. E é, pois, involto por este preciso espírito de liberdade e responsabilidade que assumo esta gratificante tarefa e passo às breves considerações que seguem.

Poucos delitos são tão representativos das paixões e perversões humanas como o crime de estupro. Quer pela sua complexidade enquanto fenômeno, quer pelo intenso sentimento de repulsa social que hoje incita, em contraste com a permissividade de outros momentos da história, o estudo do estupro permite um caminhar único por níveis particularmente profundos da psique humana, dos instintos humanos e da percepção cultural da sexualidade, simultaneamente ao reconhecimento de direitos e liberdades que nos conformam e nos condicionam enquanto comunidade. Não é exagero dizer que aquilo que somos passa pela forma através da qual compreendemos e valoramos os nossos próprios atos. E que o nível de civilidade de um povo passa pela amplitude do reconhecimento e respeito às liberdades individuais, constitutivas da dignidade de cada ser humano, e absolutamente independentes de qualquer atributo que lhe possa ser dado, seja ele de gênero, de cor ou de religião.

Os estudos do Dr. Fabio Fayet se ocupam desse segundo problema, i.e., não tanto da complexidade do estupro enquanto fenômeno, mas do já antigo e tão difícil problema da sua fragmentária leitura jurídico-penal. Motivado pelos desafios de um caso concreto, o autor deixou-se conduzir em uma cuidadosa e aprofundada pesquisa acerca da compreensão e conformação jurídico-penal do delito de estupro, cujo resultado final é o primor da presente obra.

A escrita clara e precisa do texto permitem uma leitura agradável e, para obras jurídicas, surpreendentemente leve. Introduz o tema com uma rica restrospectiva histórica sobre o delito de estupro no direito penal nacional, passando a uma meticulosa análise dos seus elementos constitutivos. E, nesse particular, diga-se, não se ocupa o autor apenas da dimensão formal do ilícito. Detém-se longamente na investigação dos elementos materiais fundantes do crime, destacando, dentre tantos aspectos, o inestimável avanço – embora já tardio – permitido pela recente consolidação legal da liberdade sexual como bem jurídico protegido. A liberdade sexual, agora percebida como projeção da dignidade sexual, relega finalmente, e de uma vez por todas, à história do direito penal o malgrado tempo da tutela dos *bons costumes*. Pois, conquanto se possa sempre dizer que há muito não se coloca o problema, diante da sua fácil superação pela hermenêutica conforme à Constituição, a sua simples continuidade no Título VI do diploma penal era, no formalismo de alguns, lamentavelmente, motivo suficiente para mater viva a figura dos *bons costumes* dentre os referenciais axiológicos da jurisprudência nacional. Ou, como tão bem traduz uma antiga expressão alemã, *Totgesagte leben länger*.

Em sua acurada pesquisa, o autor igualmente não descuida de atualizar os instrumentos jurídicos de análise a partir de novas proposições teóricas, como, aliás, bem ilustra a detida referência à teoria da imputação objetiva. E igualmente não deixa de considerar as inovações introduzidas pela Lei 12.015/2009, muito especialmente no que tange ao conceito de vulnerabilidade, disponibilizando ao interessado um material completo e atualizado do *estado da arte* do estatuto jurídico-penal do crime de estupro.

Mas não só. O autor, talvez levado pelo bom hábito da docência, tem o mérito de introduzir cada um dos temas tratados com uma breve revisão das categorias de parte geral necessárias para o seu entendimento, sem, todavia, em momento algum, cansar seu leitor. A bem da verdade, o método utilizado é o grande responsável por garantir a todos, estudantes ou profissionais, a mais perfeita compreensão da sua forma de perceber e fundamentar o ilícito-típico de estupro e sua, nem sempre fácil, imputação penal.

Muito ainda se poderia dizer sobre a bela obra que ora vem à público, mas não, todavia, sem retirar o prazer de acompanhar pessoalmente as acuradas reflexões do autor. Acredito, no entanto, que aquilo que já aqui vai, ainda que tão ligeiramente avançado, permite antever que o livro de Fábio Agne Fayet chega para afirmar-se, em âmbito nacional, como referência obrigatória sobre o tema.

Esta apresentação não estaria completa, porém, sem uma rápida palavra sobre o autor. Fábio Agne Fayet é advogado criminal e professor de direito penal em Porto Alegre, RS. Mas é também, e antes de qualquer coisa, um *Fayet*. Carrega consigo a tradição e o nome de uma das mais respeitadas famílias de criminalistas do Estado do Rio Grande do Sul. E, com brilho próprio, matém vivas a perspicácia, a inteligência e a erudição com que fez merecida fama a *Família Fayet*, tanto na advocacia criminal, como em âmbito universitário. Fábio Agne Fayet, para evocar as palavras com as quais abri este breve escrito, é, por tudo isso, verdadeiramente um jurista. Um jurista no sentido mais estrito e ortodoxo do termo.

Porto Alegre, 2011. Com a chuva a cair em uma fria noite de inverno.

Prof. Dr. Fabio Roberto D'Avila
Professor do Programa de Pós-Graduação
em Ciências Criminais (Mestrado e Doutorado) da PUCRS

Sumário

Notas introdutórias..19
1. Evolução da legislação penal pátria..........................23
   1.1. O período colonial..24
   1.2. O Código Criminal do Império..............................26
   1.3. O Código Criminal da República............................29
   1.4. O Código Penal de 1940....................................33
   1.5. As modificações introduzidas pela Lei nº 8.072/90.........37
   1.6. As modificações introduzidas pela Lei nº 12.015/09........38
2. Bem jurídico e ofensividade..................................41
3. Análise típica do estupro....................................49
   3.1. Sujeitos...51
      3.1.1. Sobre o Sujeito Ativo................................51
      3.1.2. Sobre o Sujeito Passivo..............................53
   3.2. O tipo objetivo..55
      3.2.1. Tipo Objetivo Formal.................................56
         3.2.1.1. Verbo típico..................................56
         3.2.1.2. Objeto Material...............................60
         3.2.1.3. Elementos circunstanciais.....................60
         3.2.1.4. Elementos normativos..........................62
      3.2.2. Tipo Objetivo Material...............................64
         3.2.2.1. Criação de um risco não permitido..............65
         3.2.2.2. A realização do risco não permitido............65
         3.2.2.3. O alcance do tipo..............................66
      3.2.3. Tipo Subjetivo.......................................67
         3.2.3.1. Dolo..68
         3.2.3.2. Especiais elementos subjetivos................70
   3.3. Consumação...72
      3.3.1. Tentativa..74
      3.3.2. Desistência voluntária...............................79
      3.3.3. Arrependimento eficaz................................79
   3.4. Classificação do tipo......................................80
      3.4.1. Quanto à modalidade de conduta.......................80
      3.4.2. Quanto aos Sujeitos..................................80
      3.4.3. Quanto ao Evento.....................................80

3.5. Causas especiais de aumento de pena...81
3.6. Qualificadoras..81
    3.6.1. A lesão corporal grave e a morte resultantes da conduta.........82
    3.6.2. A idade da vítima...83
    3.6.3. Concurso de qualificadoras..84
    3.7. Pena...85

4. O estupro de vulnerável..87
4.1. Sujeitos..88
    4.1.1. Sujeito Ativo..88
    4.1.2. Sujeito Passivo..88
4.2. O tipo objetivo...89
    4.2.1. Tipo Objetivo Formal..89
        4.2.1.1. Verbo Típico..89
        4.2.1.2. Objeto Material..90
        4.2.1.3. Elementos Circunstanciais...90
        4.2.1.4. Elementos Normativos...90
    4.2.2. Tipo Objetivo Material..93
        4.2.2.1. Criação de um risco não permitido................................94
        4.2.2.2. Realização do risco não permitido................................94
        4.2.2.3. Alcance do tipo...95
    4.2.3. Tipo Subjetivo...95
        4.2.3.1. Dolo..95
        4.2.3.2. Especiais elementos subjetivos......................................97
4.3. Consumação..97
    4.3.1. Tentativa..98
    4.3.2. Desistência voluntária..99
    4.3.3. Arrependimento eficaz...100
4.4. Classificação do tipo..100
    4.4.1. Quanto à modalidade de conduta..100
    4.4.2. Quanto aos Sujeitos..100
    4.4.3. Quanto ao Evento...101
4.5. ExtensÃo do conceito de vulnerabilidade...............................101
4.6. Causas especiais de aumento de pena....................................104
4.7. Qualificadoras...104
    4.7.1. A lesão corporal grave resultante da conduta......................105
    4.7.2. A morte resultante da conduta..105
4.8. Pena..105

5. Notas sobre o concurso intertemporal de normas...................107
5.1. A descriminalização...108
5.2. A nova lei mais benéfica..109
5.3. A Criminalização..111
5.4. A nova lei mais grave...111
5.5. Exceções..112

  5.5.1. Leis temporária e excepcional..113
  5.5.2. Crimes permanentes ou continuados.....................................114
6. O estupro como crime de ação múltipla..115
7. Ação penal..121
8. Extinção da punibilidade...123
Bibliografia...125

Notas introdutórias

Em 7 de agosto de 2009, foi publicada a Lei nº 12.015, que alterou o Título VI da Parte Especial do Código Penal, dentre outras providências, ou seja, alterou a parte do Código Penal que versa sobre os crimes sexuais. Em outubro de 2009, surgiu-nos a possibilidade de estudar aprofundadamente a referida lei, na medida em que fôramos contratados para recorrer aos tribunais superiores de uma condenação (mantida em segundo grau) em um processo criminal pelos delitos de estupro e atentado violento ao pudor praticados, várias vezes, contra vítimas diferentes, no ano de 2003. A sentença de primeiro grau datava de dezembro de 2008, e o acórdão que a confirmara, de outubro de 2009.

A questão posta era, inicialmente, (i) se a Lei nº 12.015, de 7 de agosto de 2009 (Lei nº 12.015/09), que alterou o Título VI da Parte Especial do Código Penal, dentre outras providências, constituía em *abolitio criminis* ou em lei mais benéfica ao autor dos fatos, em função da nova redação dada ao art. 213, o que, inegavelmente, permitiria a anulação do julgamento da apelação, da sentença e da denúncia (inclusive), pela fusão das figuras antigas do estupro e do atentado violento ao pudor, resultando na novel tipificação do delito de estupro. Ou seja, permitiria a denunciação dos fatos por apenas um tipo penal (o novo delito de estupro) repetidas vezes, e não mais por duas figuras típicas distintas (estupro e atentado violento ao pudor), repetidas vezes; ou se, ao final, tal adequação à nova legislação poderia ficar a cargo do juiz das execuções, dispensando a anulação do processo.

Ao depois (ii), restava-nos analisar a situação dos processos cujos fatos narrados nas denúncias fossem exclusivamente os descritos pelo antigo atentado violento ao pudor para verificar se, nesses casos, o novo tipo do delito de estupro sustentaria tais acusações.

Para responder essas indagações, estudamos, por meio da utilização das doutrinas pátria e estrangeira, alguns elementos da evolução histórica do tipo dos delitos de atentado violento ao pudor e de estupro, a estruturação típica das figuras antigas e da nova, bem como o estudo do novo delito de *estupro de vulnerável*, que se insere na esfera do estupro, para poder verificar os elementos concernentes ao concurso intertemporal de normas penais, e de crimes, já que imprescindível à análise da retroação ou não dos aspectos mais benéficos da legislação nova, concordes ao art. 2º, e seu parágrafo único, do Código Penal, e da ocorrência de crime único (de conteúdo variável) ou de vários crimes, com o fito de melhor visualizarmos a possibilidade de uma readequação do enquadramento típico (em relação aos fatos então propostos ao debate).

Ocorre que, ao longo da investigação, nos deparamos com questões de suma importância, que desviaram a então despretensiosa pesquisa processual, para uma análise mais acurada, resultando no material ora publicado.

Para procedermos a este segundo estudo, adotamos o modelo dogmático da imputação objetiva, de Roxin, por traduzir, em certa medida, o que nos parece um direito penal comprometido com uma proteção eficaz e legítima de bens jurídicos,[1] constituindo-se talvez no "mais humano de todos os sistemas jurídico-penais até hoje formulados".[2] Isso porque, quer nos parecer, a legitimação constitucional do direito penal, neste estado democrático de direito, reside na proteção de bens jurídicos relevantes, e, segundo Roxin, "a teoria da imputação objetiva se encontra enlaçada diretamente com o princípio da proteção de bens jurídicos", fixando a medida da proteção "mediante um sutil conjunto de regras, racionalmente convincentes, circunscritas ao social e politicamente necessárias".[3] Assim, o injusto estabelece-se pela lesão ou perigo de lesão ao bem jurídico protegido pela norma, por meio da realização do risco não permitido, possibilitando uma mudança paradigmática "do ôntico ao normativo",[4] ou seja, a categoria central do injusto típico não mais será a causação do resultado à vítima, ou a finalidade da conduta, mas sim a realização de um risco não permitido criado pelo agente,[5] não no seu aspecto meramente fático, mas dependente do âmbito de proteção da norma de cuidado, que é seu grande delimitador.[6]

---

[1] "A teoria da imputação objetiva, decorre inexcusavelmente do princípio de proteção de bens jurídicos e, nesta direção, tem chegado a alcançar uma ampla difusão internacional. Querendo o Direito penal proteger bens jurídicos contra os ataques humanos, isto só será possível na medida em que o Direito penal proíba a criação de riscos não permitidos e, ademais, valore a infração na forma de uma lesão do bem jurídico, como injusto penal". (ROXIN, Claus. *A proteção de bens jurídicos como função do Direito Penal*. Traduzido por André Luís Callegari e Nereu José Giacomolli. Porto Alegre: Livraria do Advogado, 2006, p. 40)

[2] GRECO, Luís. Introdução à dogmática funcionalista do delito. *Revista Brasileira de Ciências Criminais*. São Paulo, ano 8, n. 32, p. 120-186, out-dez., 2000, p. 155.

[3] ROXIN, op. cit., 2006, p. 43.

[4] Idem, p. 42.

[5] Idem, p. 41.

[6] Idem, p. 42.

Com esta estrutura moderna de delito, em que pesem as discordâncias sempre necessárias ao aprimoramento das ideias e consequentemente da teoria do delito, pensamos atender aos postulados típicos do legislador nessa matéria tão delicada. "Portanto, a teoria da imputação objetiva resulta à constituição do injusto penal muito mais produtiva que as categorias ontológicas valorativamente cegas, como, efetivamente, são a causalidade e a finalidade".[7]

Assim, o presente estudo que ora se apresenta explica em linhas gerais cada um dos tópicos, para depois costurá-los com o crime em comento. Tal opção estrutural tem a preocupação eminentemente didática, devendo ser perdoado qualquer extra relativo a questões já dominadas pelo leitor. Por vezes, o enfado com o que já se conhece é o caminho de aprendizagem a ser trilhado pelos demais.

---

[7] ROXIN, Claus. *A proteção de bens jurídicos como função do Direito Penal*. Traduzido por André Luís Callegari e Nereu José Giacomolli. Porto Alegre: Livraria do Advogado, 2006, p. 43.

1. Evolução da legislação penal pátria

Até o ano de 1500, as sociedades existentes, no que hoje é o nosso território, encontravam-se ainda na fase da vingança privada, com a presença do talião e da perda da paz.[8] Nesse período, o rapto e o adultério da mulher eram punidos, no geral, de formas muito severas, apesar das diferenças de tratamento estabelecidas pelas diversas tribos.[9] Entretanto, estas manifestações de direito ditas primitivas, que se constituem nos primeiros movimentos da evolução histórica da pena,[10] não tiveram qual-

---

[8] Perda da paz é como se convencionou chamar a expulsão do agente delinquente do grupo a que pertencia como forma de punição, nos primeiros movimentos da história de evolução da pena. Isso porque a penalização das condutas violadoras das regras dos grupos visava a aplacar as iras dos deuses. Para entender o significado da perda da paz, é valorosa a lição de Von Hentig, ao afirmar que *"en condiciones de vida primitivas sólo hay grupos, compuestos de miembros, no individuos. Los gigantes, los devoradores de hombres y los cíclopes podían vivir solitarios por sí mismos. Pero los hombres corrientes solamente unidos podían hacer frente a la prepotencia de las fuerzas de la naturaleza, y a los enemigos humanos, fieras y fantasmas. Únicamente manteniéndose reunidos obtenían protección y seguridad. Nacen instintos gregarios, la tendencia al hogar, al conformismo y a la coincidencia. Por eso la separación coactiva de un miembro del grupo no es sólo un peligro mortal, sino también un profundo trauma psíquico."* (HENTIG, Hans Von. *La pena*. Vol. I. Traduzido por José María Rodríguez Devesa. Madrid: Escape-Calpe, 1967, p. 117). Assim, punia-se o violador da regra para que o grupo não fosse punido pelos deuses. A punição, como regra, consistia na "expulsão do agente da comunidade, expondo-o à sua própria sorte." (NUCCI, Guilherme de Souza. *Individualização da pena*. São Paulo: Revista dos Tribunais, 2005, p. 60). Nas sempre sábias palavras de Bruno, "a reação é a expulsão do grupo, que não só eliminava aquele que se tornara um inimigo da comunidade dos seus deuses e forças mágicas, como evitava a esta o contágio da mácula de que se contaminara o agente, violando o tabu, e as reações vingadoras dos seres sobrenaturais, a que o grupo estava submetido. Era o que mais tarde se chamou perda da paz. Perdida a paz, estava o homem exposto à morte, não só porque, rompidos os vínculos mágicos ou de sangue com o clã, ficava à mercê da violência dos outros, mas ainda porque sozinho, no mundo de então, deserto de homens, dificilmente poderia defender-se das forças hostis da natureza, cósmicas ou animais." (BRUNO, Aníbal. *Direito penal*. Parte geral. Tomo I. 5. ed. Rio de Janeiro: Forense, 2003, p. 33). No mesmo sentido: BITENCOURT, Cezar Roberto. *Tratado de direito penal*. Parte geral. 11. ed. Vol. I. São Paulo: Saraiva, 2007, p. 29; DOTTI, René Ariel. *Curso de direito penal*. Parte geral. Rio de Janeiro: Forense, 2001, p. 124; FAYET JÚNIOR, Ney. *A evolução da história da pena criminal*. BITENCOURT, Cezar Roberto (Org.). *Crime e sociedade*. Curitiba: Juruá, 1998, p. 229-255.

[9] PIERANGELI, José Henrique. *Códigos penais do Brasil*: evolução histórica. 2. ed. São Paulo: Revista dos Tribunais, 2001, p. 42.

[10] Sobre a evolução da história da pena criminal, ver: BITENCOURT, Cezar Roberto. *Tratado de direito penal*. Parte geral. 11. ed. Vol. I. São Paulo: Saraiva, 2007, p. 45-48; FAYET JÚNIOR, Ney. *A evolução da história da pena criminal*. BITENCOURT, Cezar Roberto (Org.). *Crime e sociedade*. Curitiba: Juruá, 1998, p. 229-255; LYRA, Roberto; HUNGRIA, Nelson. *Direito penal*. Rio de Janeiro: Jacyntho, 1936,

quer papel na formação do direito penal brasileiro,[11] cujas origens podem ser delimitadas na legislação portuguesa imposta na colônia.[12] E, a partir dela, podemos divisar as três fases distintas: o período colonial, o imperial e o republicano.

1.1. O PERÍODO COLONIAL

No Brasil Colonial, estiveram em vigor as Ordenações Afonsinas (1500-1514) e as Ordenações Manuelinas (1514-1603),[13] seguidas das Ordenações Filipinas (1603-1916), que, por sua vez, refletiam o Direito Penal medieval, visando a infundir o temor pelo castigo. Fundamentavam-se estas últimas Ordenações largamente em preceitos religiosos. O crime era confundido com o pecado e com a ofensa moral, punindo-se severamente os hereges, os apóstatas, os feiticeiros e os benzedores[14] com penas cruéis.[15]

---

p. 377-418; TOLEDO, Francisco de Assis. *Princípios básicos de direito penal*. 5. ed. São Paulo: Saraiva, 2002, p. 55-56.

[11] TELES, Ney Moura. *Direito penal*. Parte geral. São Paulo: Atlas, 2004, p. 61. Como ensina Bruno: "as práticas punitivas das tribos selvagens que habitavam o país em nada influíram, nem então, nem depois, sobre a nossa legislação penal." (BRUNO, Aníbal. *Direito penal*. Parte geral. T. I. 5.ed. Rio de Janeiro: Forense, 2003, p. 97).

[12] Sobre a constituição da legislação portuguesa que, posteriormente fora trazida para a Colônia, ver, dentre outros: PIERANGELI, José Henrique. *Códigos penais do Brasil*: evolução histórica. 2.ed. São Paulo: Revista dos Tribunais, 2001, p. 45-61.

[13] DOTTI, René Ariel. *Curso de direito penal*. Parte geral. 3.ed. São Paulo: Revista dos Tribunais, 2010, p. 258-261; LEAL, João José. *Curso de direito penal*. Porto Alegre: Fabris, 1991, p. 63; MARQUES, José Frederico. *Curso de direito penal*. Vol. I. São Paulo: Saraiva, 1954, p. 81-82. Afirma Pierangeli que "as Ordenações Afonsinas nenhuma aplicação tiveram no Brasil, pois, quando em 1521 foram revogadas pelas Ordenações Manuelinas, nenhum núcleo colonizador havia se instalado no nosso país." (PIERANGELI, José Henrique. *Códigos penais do Brasil*: evolução histórica. 2.ed. São Paulo: Revista dos Tribunais, 2001, p. 50-61).

[14] NORONHA, Edgard Magalhães. *Direito penal*. Vol. 1. São Paulo: Saraiva, 1997, p. 55. "Eram punidos os crimes contra a religião: os hereges, os apóstatas, os que blasphemavam ou arrenegavam de Deus, os feiticeiros, os que benziam cães sem auctoridade dos prelados. Os crimes contra os reis, de lesa-majestade, eram severamente castigados. Não era precisa a traição; bastava o indivíduo ter falado mal d'el-rei. Também eram gravemente reprimidos os crimes contra os costumes. Assim que, era criminoso o peão que fosse encontrado dormindo com mulher julgada honesta, e, como tal, soffria horrores. Si o criminoso, porém, era padre, o castigo mudava: elle era entregue ao superior do convento, e mais nada. Bella justiça, esplendida moral! Puniam-se os alcoviteiros. Eram criminosos os falsificadores em todas as suas espécies, os assassinos, os duelistas" (PRESTES, Severino. *Lições de direito criminal*. São Paulo: Laemmert, 1897, p. 40-41).

[15] Segundo Fragoso: "A legislação penal do Livro V era realmente terrível, o que não constitui privilégio seu, pois era assim toda a legislação penal de sua época. A morte era a pena comum e se aplicava a grande número de delitos, sendo executada muitas vezes com requintes de crueldades. Eram previstas: a pena de morte natural (enforcamento no pelourinho, seguindo-se o sepultamento); morte natural cruelmente (que dependia da imaginação do executor e do arbítrio dos juízes); morte natural pelo fogo (queima do réu vivo, passando primeiro pelo garrote); morte natural para sempre (enforcamento, ficando o cadáver pendente até o apodrecimento). Havia ainda penas infamantes, mutilações, confisco de bens e degredo. As penas dependiam da condição dos réus e empregava-se

Lê-se nas Ordenações Filipinas,[16] no Título XVIII – "Do que dorme per força com qualquer mulher, ou trava della,[17] ou a leva per sua vontade" –, referente ao estupro; uma figura assim desenhada: "Todo homem, de qualquer stado e condição que seja, que forçosamente dormir com qualquer mulher postoque ganhe dinheiro per seu corpo, ou seja scrava, morra por ello".[18] Aqui tem-se a descrição do delito de estupro, com a cominação de pena de morte natural, ou seja, execução do sujeito (e não a morte civil, que consistia em degredo[19] e perda dos bens). Como se vê, as Ordenações puniam com a morte o crime de conjunção carnal obtida forçosamente (sem rotulá-lo de estupro); e da morte não escapava o criminoso nem mesmo se viesse a casar com sua vítima.[20]

E mais, nos Títulos XIII a XXXIV, as Ordenações estabeleciam as penas de morte por fogo até que lhe seja feito pó, degredo, açoitamento, confiscos de bens e multas para os comportamentos sexuais da época,[21] prevendo penalidades para o que viria a ser considerado o atentado

---

amplamente a tortura. O sentido geral dessa legislação é o da intimação feroz, puramente utilitária, sem haver proporção entre as penas e os delitos, confundindo-se os interesses do Estado com os da religião. Muitos delitos constituem incriminações fundadas em ridículas beatices." (FRAGOSO, Heleno Cláudio. *Lições de direito penal*. Parte geral. 16.ed. Rio de Janeiro: Forense, 2003, p. 70-71).

[16] Nossa análise partirá das Ordenações Filipinas, pois refletem sem muitas modificações o direito colonial das Ordenações anteriores a si, estabelecendo a medida culminante desse período, suficiente para o estudo que ora se propõe. Ademais, como se referiu acima, as Ordenações Afonsinas não chegaram a ter aplicação em solo pátrio, pois não se haviam firmado núcleos colonizadores até sua revogação pelas Ordenações Manuelinas; e as Ordenações Manuelinas foram preteridas pelas determinações régias e Cartas de Doação, durante a época das capitanias hereditárias e dos primeiros governos gerais. (PIERANGELI, José Henrique. *Códigos penais do Brasil*: evolução histórica. 2. ed. São Paulo: Revista dos Tribunais, 2001, p. 61).

[17] *Trava della*, ou travar alguém é agarrar-lhe, tomar-lhe (pelo braço, por exemplo), explica a nota (2) da página 1168, em ALMEIDA, Cândido Mendes de. *Ordenações Filipinas*. Livros IV e V. Coimbra: Fundação Calouste Gulbenkian, 1985.

[18] ALMEIDA, Cândido Mendes de. *Ordenações Filipinas*. Livros IV e V. Coimbra: Fundação Calouste Gulbenkian, 1985, p. 1168.

[19] Degredo é a pena estabelecida pelas Ordenações Filipinas, em seus Títulos CXL a CXLIII, consistente em determinar que o apenado fosse deportado para o Brasil, nos casos mais graves, e para África ou Couto de Castro Marim ou parte da Índia, para os mais brandos, estabelecendo as diferenças de tratamento entre as frações relativas às classes de nobres e às de pobres, além de todo o tipo de regramento relativo. A pena consiste em o réu ter de residir no lugar destinado pela sentença, sem dele poder sair durante o tempo que lhe fora determinado. Vide ALMEIDA, Cândido Mendes de. *Ordenações Filipinas*. Livros IV e V. Coimbra: Fundação Calouste Gulbenkian, 1985, p. 1318-1324.

[20] GUSMÃO, Chrysolito de. *Dos crimes sexuaes*. Rio de Janeiro: F. Briguiet, 1921, p. 122. Isso porque, nas legislações posteriores, incluindo o Código de 1830, o casamento do estuprador com a vítima era causa de extinção da punibilidade.

[21] "Título XIII: Dos que commettem peccado de sodomia, e com alimárias; Título XIV: Do infiel, que dorme com alguma Christã, e do Christão, que dorme com infiel; Título XV: Do que entra em Mosteiro, ou tira Freira, ou dorme com ella, ou a recolhe em casa; Título XVI: Do que dorme com a mulher, que anda no Paço, ou entra em casa de alguma pessoa para dormir com mulher virgem, ou viúva honesta, ou scrava branca de guarda; Título XVII: Dos que dormem com suas parentas, e afins; Título XVIII: Do que dorme per força com qualquer mulher, ou trava della, ou a leva per sua vontade; Título XIX: Do homem, que casa com duas mulheres, e da mulher, que casa com dous maridos; Título XX:

violento ao pudor, isto é, atos libidinosos diversos da conjunção carnal, muitas vezes praticados sem violência de qualquer espécie. É que, por influência da doutrina católica, distinguiam-se os comportamentos sexuais em *naturais* (relações sexuais entre o homem e a mulher que objetivavam a procriação) e *contra natureza* (ato libidinoso distinto da conjunção carnal, cuja finalidade, por óbvio, não era a procriação).[22]

1.2. O CÓDIGO CRIMINAL DO IMPÉRIO

As Ordenações Filipinas vigeram até 1830, quando o Império do Brasil apresentou seu Código Criminal, sob a influência da Escola Clássica, o que, para alguns autores, significa o início da história da codificação penal brasileira.[23] Proclamada a independência, previa a Constituição de 1824 que se elaborasse uma nova legislação penal e, em 16 de dezembro de 1830, D. Pedro I sancionava o Código Criminal do Império,[24] caracterizado pelo esboço de uma individualização da pena, pela existência de atenuantes e agravantes, e por um julgamento especial para os menores de 14 anos.[25] A pena de morte, todavia, ainda estava prevista,[26] assim como

---

Do Official del-Rey, que dorme com mulher que perante elle requer; Título XXI: Dos que dormem com mulheres órfãs, ou menores, que stão a seu cargo; Título XXII: Do que casa com mulher virgem, ou viúva que stiver em poder de seu pai, mai, avô, ou senhor, sem sua vontade; Título XXIII: Do que dorme com mulher virgem ou viúva honesta per sua vontade; Título XXIV: Do que casa, ou dorme com parenta, criada, ou scrava branca daquelle, com quem vive; Título XXV: Do que dorme com mulher casada; Título XXVI: Do que dorme com mulher casada de feito, e não de direito, ou que está em fama de casada; Título XXVII: Que nenhum Cortesão, ou que costume anda na Côrte, traga nella barregãa [manceba, amásia]; Título XXVIII: Dos barregueiros casados e de sua barregãas; Título XXIX: Das barregãas que fogem àquelles, com quem vivem, e lhes levão o seu; Título XXX: Das barregãas dos Clerigos, e de outros Religiosos; Título XXXI: Que o Frade que seja achado com alguma mulher, logo seja entregue a seu Superior; Título XXXII: Dos Alcoviteiros, e dos que em suas cazas consentem a mulheres fazerem mal de seus corpos; Título XXXIII: Dos ruffiães e mulheres solteiras; Título XXXIV: Do homem, que se vestir em trajes de mulher, ou mulher em trajes de homem, e dos que trazem mascaras." (ALMEIDA, Cândido Mendes de. *Ordenações Filipinas*. Livros IV e V. Coimbra: Fundação Calouste Gulbenkian, 1985, p. 1162-1184).

[22] SOUZA, Carmo Antônio de. *Atentado violento ao pudor*. São Paulo: IOB-Thompson, 2004, p. 38.

[23] RIBEIRO, Jorge Severiano. *Código penal dos Estados Unidos do Brasil (comentado)*. Vol. 1. Rio de Janeiro: Livraria Jacintho, 1941, p. 10. No mesmo sentido: TELES, Ney Moura. *Direito penal*. Parte geral. São Paulo: Atlas, 2004, p. 63. Segundo Lyra, o código criminal de 1830 "foi o primeiro na América e provocou as codificações centro e sul-americanas por ele modeladas. Serviu de padrão, também ao código russo e aos códigos espanhóis de 1848, promulgado em 1850, e de 1870". (LYRA, Roberto. *Direito penal normativo*. Rio de Janeiro: José Konfino, 1975, p. 42). Nesse mesmo sentido: ZAFFARONI, Eugenio Raúl; PIERANGELI, José Henrique. *Manual de direito penal brasileiro*. Parte geral. Vol. I. 6.ed. São Paulo: Revista dos Tribunais, 2006, p. 183.

[24] NORONHA, Edgard Magalhães. *Direito penal*. Vol. 1. São Paulo: Saraiva, 1997, p. 56-57. No mesmo sentido: LEAL, João José. *Curso de direito penal*. Porto Alegre: Fabris, 1991, p. 65.

[25] LYRA, Roberto. *Direito penal normativo*. Rio de Janeiro: José Konfino, 1975, p. 42-43.

[26] "Art. 38. A pena de morte será dada na forca. Art. 39. Esta pena, depois que se tiver tornado irrevogavel a sentença, será executada no dia seguinte ao da intimação, a qual nunca se fará na vespera de

as figuras delituosas representativas das ofensas à religião estatal.[27] O Código do Império, por outro lado, não definira a culpa, aludindo apenas ao dolo, e fazia persistir a desigualdade no tratamento das pessoas, mormente dos escravos.[28] As penas eram aplicadas em graus máximo, médio e mínimo,[29] dependendo do concurso das agravantes e atenuantes, e consistiam em pena de morte, galés,[30] prisão com trabalho,[31] prisão simples,[32]

---

domingo, dia santo, ou de festa nacional. Art. 40. O réo com o seu vestido ordinario, e preso, será conduzido pelas ruas mais publicas até á forca, acompanhado do Juiz Criminal do lugar, aonde estiver, com o seu Escrivão, e da força militar, que se requisitar. Ao acompanhamento precederá o Porteiro, lendo em voz alta a sentença, que se fôr executar. Art. 41. O Juiz Criminal, que acompanhar, presidirá a execução até que se ultime; e o seu Escrivão passará certidão de todo este acto, a qual se ajuntará ao processo respectivo. Art. 42. Os corpos dos enforcados serão entregues a seus parentes, ou amigos, se os pedirem aos Juizes, que presidirem á execução; mas não poderão enterral-os com pompa, sob pena de prisão por um mez á um anno. Art. 43. Na mulher prenhe não se executará a pena de morte, nem mesmo ella será julgada, em caso de a merecer, senão quarenta dias depois do parto." (Lei de 16 de dezembro de 1830).

[27] Nesse sentido: DOTTI, René Ariel. *Curso de direito penal*. Parte geral. 3.ed. São Paulo: Revista dos Tribunais, 2010, p. 268; LYRA, Roberto. *Direito penal normativo*. Rio de Janeiro: José Konfino, 1975, p. 43; PRESTES, Severino. *Lições de direito criminal*. São Paulo: Laemmert, 1897, p. 52; TOLEDO, Francisco de Assis. *Princípios básicos de direito penal*. 5.ed. São Paulo: Saraiva, 2002, p. 57.

[28] Afirma Lyra, nesse sentido que "o código de 1830 reflectiu os fundamentos econômicos do Estado. Apesar da abolição constitucional da pena de açoites, cominou-a para os escravos. Justificava o crime do senhor contra o escravo e isentava aquele da pena, quando o mal consistir no castigo moderado (art. 14, § 6º). Reputava moderado o castigo se constituísse em cinquenta por dia (art. 60). O número era praticamente ilimitado pelo arbítrio na violência e no endereço dos golpes. Aliás, ninguém podia fiscalizar a execução nos 'sagrados limites' dos feudos. O castigo só parava para evitar que o escravo morresse, desfalcando o patrimônio anti-cristão". (LYRA, Roberto. *Direito penal normativo*. Rio de Janeiro: José Konfino, 1975, p. 43). Importantes referências sobre a formação do Código do Império e suas características, ver: PIERANGELI, José Henrique. *Códigos penais do Brasil*: evolução histórica. 2.ed. São Paulo: Revista dos Tribunais, 2001, p. 65-72.

[29] "Art. 63. Quando este Codigo não impõe pena determinada, fixando sómente o maximo, e o minimo, considerar-se-hão tres gráos nos crimes, com atenção ás suas circumstancias aggravantes, ou attenuantes, sendo maximo o de maior gravidade, á que se imporá o maximo da pena; o minimo o da menor gravidade, á que se imporá a pena minima; o médio, o que fica entre o maximo, e o minimo, á que se imporá a pena no termo medio entre os dous extremos dados." (Lei de 16 de dezembro de 1830).

[30] "Art. 44. A pena de galés sujeitará os réos a andarem com calceta no pé, e corrente de ferro, juntos ou separados, e a empregarem-se nos trabalhos publicos da provincia, onde tiver sido commettido o delicto, á disposição do Governo. Art. 45. A pena de galés nunca será imposta: 1º A's mulheres, as quaes quando tiverem committido crimes, para que esteja estabelecida esta pena, serão condemnadas pelo mesmo tempo a prisão em lugar, e com serviço analogo ao seu sexo. 2º Aos menores de vinte e um annos, e maiores de sessenta, aos quaes se substituirá esta pena pela de prisão com trabalho pelo mesmo tempo. Quando o condemnado á galés, estando no cumprimento da pena, chegar á idade de sessenta annos, ser-lhe-ha esta substituida pela de prisão com trabalho por outro tanto tempo, quanto ainda lhe faltar para cumprir." (Lei de 16 de dezembro de 1830).

[31] "Art. 46. A pena de prisão com trabalho, obrigará aos réos a occuparem-se diariamente no trabalho, que lhes fôr destinado dentro do recinto das prisões, na conformidade das sentenças, e dos regulamentos policiaes das mesmas prisões." (Lei de 16 de dezembro de 1830).

[32] "Art. 47. A pena de prisão simples obrigará aos réos a estarem reclusos nas prisões publicas pelo tempo marcado nas sentenças." (Lei de 16 de dezembro de 1830).

banimento,[33] degredo,[34] desterro,[35] multa,[36] suspensão[37] e perda de empregos.[38]

Importante ressaltar que, quanto ao estupro, o código seguiu a tradição romana, segundo a qual o vocábulo *"stuprum"* abrangia todas as relações carnais ilícitas,[39] motivo pelo qual o termo "estupro" constituía a nominata da seção I do capítulo II, que guardava a "segurança da honra".[40] Essa abrangência mereceu a crítica dos doutrinadores da época.[41]

---

[33] "Art. 50. A pena de banimento privará para sempre os réos dos direitos de cidadão brazileiro, e os inhibirá perpetuamente de habitar o territorio do Imperio. Os banidos, que voltarem ao territorio do Imperio, serão condemnados á prisão perpetua." (Lei de 16 de dezembro de 1830).

[34] "Art. 51. A pena de degredo obrigará os réos a residir no lugar destinado pela sentença, sem poderem sahir delle, durante o tempo, que a mesma lhes marcar. A sentença nunca destinará para degredo lugar, que se comprehenda dentro da comarca, em que morar o offendido." (Lei de 16 de dezembro de 1830).

[35] "Art. 52. A pena de desterro, quando outra declaração não houver, obrigará os réos a sahir dos termos dos lugares do delicto, da sua principal residencia, e da principal residencia do offendido, e a não entrar em algum delles, durante o tempo marcado na sentença." (Lei de 16 de dezembro de 1830).

[36] "Art. 55. A pena de multa obrigará os réos ao pagamento de uma quantia pecuniaria, que será sempre regulada pelo que os condemnados poderem haver em cada um dia pelos seus bens, empregos, ou industria, quando a Lei especificadamente a não designar de outro modo. Art. 56. As multas serão recolhidas aos cofres das Camaras Municipaes; e os condemnados que, podendo, as não pagarem dentro em oito dias, sejam recolhidos á prisão, de que não sahirão, sem que paguem. Art. 57. Não tendo os condemnados meios para pagar as multas, serão condemnados em tanto tempo de prisão com trabalho, quanto fôr necessario para ganharem a importancia dellas." (Lei de 16 de dezembro de 1830).

[37] "Art. 58. A pena de suspensão do emprego privará os réos do exercicio dos seus empregos, durante o tempo da suspensão, no qual não poderão ser empregados em outros, salvo, sendo de eleição popular." (Lei de 16 de dezembro de 1830).

[38] "Art. 59. A pena de perda do emprego importará a perda de todos os serviços, que os réos houverem prestado nelle. Os réos, que tiverem perdido os empregos por sentença, poderão ser providos por nova nomeação em outros da mesma, ou de diversa natureza, salvo, havendo expressa declaração de inhabilidade." (Lei de 16 de dezembro de 1830).

[39] PIERANGELI, José Henrique. *Manual de direito penal brasileiro*. Parte especial. Vol. 2. São Paulo: Revista dos Tribunais, 2007, p. 463. "Historicamente, sob o termo *stuprum* reuniam-se outras modalidades e crimes sexuais, diversos do estupro propriamente considerado." (PIRES, Ariosvaldo de Campos. *Compêndio de Direito Penal*. Rio de Janeiro: Forense, 1992, p. 87). Lembra Fragoso que "a palavra *stuprum*, no antigo Direito romano, significava qualquer impudícia praticada com homem ou mulher, casado ou não. A *Lex Julia de adulteriis* (18 D.C.) emprega-a para designar o adultério, indiferentemente, com a palavra *adulterium*. Posteriormente procurou-se distinguir os dois conceitos, significando o estupro a união sexual ilícita com viúva, e o adultério, com mulher casada (*adulterium in nuptam stuprum in viduam committiur*) (D. 50, 16, 101). Em sentido estrito, porém, era estupro toda união sexual ilícita, com mulher não casada. O crime que modernamente se chama estupro (conjunção carnal violenta) entrava, para os romanos, no conceito amplo do *crimem vis*, sendo punível pela *Lex Julia de vi publicca*. (...) A pena era a morte." (FRAGOSO, Heleno Cláudio. *Lições de direito penal*. Parte especial. Vol. II. Rio de Janeiro: J. Bushatsky, 1958, p. 389-390). A propósito, vide interessante artigo de NÓLIBOS, Paulina Terra. Registros legais e mitos a respeito do rapto, do estupro e do adultério. *Revista da Faculdade de Direito da FMP*. Porto Alegre, n. 4, p. 173-185, jul. 2009.

[40] "CAPITULO II. Dos crimes contra a segurança da honra. SECÇÃO I. ESTUPRO. Art. 219. Deflorar mulher virgem, menor de dezasete annos. Penas: de desterro para fóra da comarca, em que residir a deflorada, por um a tres annos, e de dotar a esta. Seguindo-se o casamento, não terão lugar as penas.

Destarte, o crime de estupro, propriamente dito, vinha delineado no art. 222, com a seguinte redação: "Ter copula por meio de violencia, ou ameaças com qualquer mulher honesta. Penas de prisão por tres ou doze annos; e de dotar a offendida; se a violentada fôr prostituta: pena de prisão por um mez a dous anos".[42] Cabe lembrar que a codificação do império punia de forma mais branda o estupro praticado contra a prostituta,[43] denotando a importância da "honestidade" como elemento do tipo. O crime de atentado violento ao pudor, embora não nominado como tal,[44] vinha disposto com a seguinte redação: "Art. 223. Quando houver simples offensa pessoal para fim libidinoso, causando dôr ou algum mal corporeo a alguma mulher, sem que se verifique a copula. Penas: de prisão por um a seis mezes, e de multa correspondente á metade do tempo, além das em que incorrer o réo pela offensa".[45] A diferença, a esta época, entre as figuras, cingia-se ao ato em si (cópula vagínica *versus* demais atos libidinosos), além, é claro, da pena, mantendo o mesmo sujeito passivo: a mulher.

1.3. O CÓDIGO CRIMINAL DA REPÚBLICA

Foi decretado, em 11 de outubro de 1890, o Código Criminal da República, logo alvo de duras críticas pelas falhas que apresentava, decorrentes, evidentemente, da pressa com que fora elaborado.[46] Daí por que

---

Art. 220. Se o que commetter o estupro, tiver em seu poder ou guarda a deflorada. Penas: de desterro para fóra da provincia, em que residir a deflorada, por dous a seis annos, e de dotar esta. Art. 221. Se o estupro fôr committido por parente da deflorada em gráo, que não admitta dispensa para casamento. Penas: de degredo por dous a seis annos para a provincia mais remota da em que residir a deflorada, e de dotar a esta. Art. 222. Ter copula carnal por meio de violencia, ou ameaças, com qualquer mulher honesta. Penas: de prisão por tres a doze annos, e de dotar a offendida. Se a violentada fôr prostituta. Penas: de prisão por um mez a dous annos. Art. 223. Quando houver simples offensa pessoal para fim libidinoso, causando dôr, ou algum mal corporeo a alguma mulher, sem que se verifique a copula carnal. Penas: de prisão por um a seis mezes, e de multa correspondente á metade do tempo, além das em que incorrer o réo pela offensa. Art. 224. Seduzir mulher honesta, menor dezasete annos, e ter com ella copula carnal. Penas: de desterro para fóra da comarca, em que residir a seduzida, por um a tres annos, e de dotar a esta. Art. 225. Não haverão as penas dos tres artigos antecedentes os réos, que casarem com as offendidas." (Lei de 16 de dezembro de 1830).

[41] MESTIERI, João. *Do delito de estupro*. São Paulo: Revista dos Tribunais, 1982, p. 10.

[42] Lei de 16 de dezembro de 1830. Idem em: ALMEIDA, Cândido Mendes de. *Ordenações Filipinas*. Livros IV e V. Coimbra: Fundação Calouste Gulbenkian, 1985, p. 1168.

[43] PIERANGELI, José Henrique; SOUZA, Carmo Antônio de. *Crimes sexuais*. Belo Horizonte: Del Rey, 2010, p. 9.

[44] SOUZA, Carmo Antônio de. *Atentado violento ao pudor*. São Paulo: IOB-Thompson, 2004, p. 39.

[45] Lei de 16 de dezembro de 1830.

[46] "Elaborado às pressas, antes do advento da primeira Constituição Federal republicana, sem considerar os notáveis avanços doutrinários que então já se faziam sentir, em consequência do movimento positivista, bem como o exemplo de códigos estrangeiros mais recentes, especialmente o Código

sustentavam alguns autores que o Código da República reproduzia, em muitos casos, textualmente o Código do Império.[47] Tal codificação republicana, à luz da Constituição de 1891 e dos postulados positivistas, aboliu a pena de morte e as penas cruéis,[48] contemplando as penas de prisão celular,[49] de banimento,[50] de reclusão,[51] de prisão com trabalho,[52] de prisão

---

Zanardelli, o CP de 1890 apresentava graves defeitos de técnica, aparecendo atrasado em relação à ciência de seu tempo. Foi, por isso mesmo, objeto de críticas demolidoras, que muito contribuíram para abalar o seu prestígio e dificultar sua aplicação." (FRAGOSO, Heleno Cláudio. *Lições de direito penal*. Parte geral. 16.ed. Rio de Janeiro: Forense, 2003, p. 74). "Muitos, sem razão, digamos desde já, têm denegrido com os piores epithetos o codigo penal da Republica. O nosso codigo tem muita cousa boa. É certo que não precisava ser tão apressadamente compendiado. A feitura de um codigo é tarefa pesada, que exige longo curso de tempo. D´ahi talvez os descuidos e erros que nelle encontramos." (PRESTES, Severino. *Lições de direito criminal*. São Paulo: Laemmert, 1897, p. 54). Nesse sentido: ZAFFARONI, Eugenio Raúl; PIERANGELI, José Henrique. *Manual de direito penal brasileiro*. Parte geral. Vol. I. 6.ed. São Paulo: Revista dos Tribunais, 2006, p. 189-190; TOLEDO, Francisco de Assis. *Princípios básicos de direito penal*. 5.ed. São Paulo: Saraiva, 2002, p. 60. Ademais, lembra Teles que "o código penal de 1890, de inspiração clássica, num tempo em que o positivismo fazia sucesso, recebeu muitas críticas, e com seu nascimento surgiu a ideia de reformá-lo." (TELES, Ney Moura. *Direito penal*. Parte geral. São Paulo: Atlas, 2004, p. 64).

[47] LYRA, Roberto. *Novo direito penal*. Vol. I. Rio de Janeiro: Borsoi, 1971, p. 129. No mesmo sentido LYRA, Roberto. *Direito penal normativo*. Rio de Janeiro: José Konfino, 1975, p. 45.

[48] "Art. 44. Não ha penas infamantes. As penas restrictivas da liberdade individual são temporarias e não excederão de 30 annos." (Decreto nº 847/1890).

[49] A prisão celular vinha explicada no art. 45 do Código Penal de 1890, como sendo a modalidade de prisão que deveria ser cumprida em estabelecimento especial com isolamento celular, trabalho obrigatório, e o silêncio: "Art. 45. A pena de prisão cellular será cumprida em estabelecimento especial com isolamento cellular e trabalho obrigatorio, observadas as seguintes regras: a) si não exceder de um anno, com isolamento cellular pela quinta parte de sua duração; b) si exceder desse prazo, por um periodo igual a 4ª parte da duração da pena e que não poderá exceder de dous annos; e nos periodos sucessivos, com trabalho em commum, segregação nocturna e silencio durante o dia." (Decreto n. 847/1890). Ainda, a prisão celular, excedente a seis anos, poderia evoluir para uma penitenciária agrícola, desde que houvesse bom comportamento e o cumprimento de metade da pena aplicada, conforme se lê: "Art. 50. O condemnado a prisão cellular por tempo excedente de seis annos e que houver cumprido metade da pena, mostrando bom comportamento, poderá ser transferido para alguma penitenciaria agricola, afim de ahi cumprir o restante da pena. § 1º Si não perseverar no bom comportamento, a concessão será revogada e voltará a cumprir a pena no estabelecimento de onde sahiu. § 2º Si perseverar no bom comportamento, de modo a fazer presumir emenda, poderá obter livramento condicional, comtanto que o restante da pena a cumprir não exceda de dous annos." (Decreto n. 847/1890). Vide, nesse sentido: BITENCOURT, Cezar Roberto. *Tratado de direito penal*. Parte geral. 11.ed. Vol. I. São Paulo: Saraiva, 2007, p. 125-127; DOTTI, René Ariel. *Bases alternativas para o sistema de penas*. São Paulo: Revista dos Tribunais, 1998, p. 38-39; FERREIRA, Gilberto. *Aplicação da pena*. Rio de Janeiro: Forense, 1995, p. 33-34; NUCCI, Guilherme de Souza. *Individualização da pena*. São Paulo: Revista dos Tribunais, 2005, p. 66; ROSA, Antonio José Miguel Feu. *Direito penal*. Parte geral. São Paulo: Revista dos Tribunais, 1993, p. 418-420.

[50] "Art. 46. O banimento privará o condemnado dos direitos de cidadão brazileiro e o inhibirá de habitar o territorio nacional, emquanto durarem os effeitos da pena. O banido que voltar ao paiz será condemnado a reclusão até trinta annos, si antes não readquirir os direitos de cidadão." (Decreto n. 847/1890).

[51] "Art. 47. A pena de reclusão será cumprida em fortalezas, praças de guerra, ou estabelecimentos militares." (Decreto n. 847/1890).

[52] "Art. 48. A pena de prisão com trabalho será cumprida em penitenciarias agricolas, para esse fim destinadas, ou em presidios militares." (Decreto n. 847/1890).

disciplinar,[53] de interdição de direitos, de suspensão[54] e perda[55] de emprego público e de multas.[56] [57]

O Código de 1890 trazia os crimes de atentado violento ao pudor e estupro sob o título de "violência carnal",[58] no âmbito de proteção da *"segurança da honra, honestidade das famílias e do ultraje publico ao pudor"*. A letra da lei refere-se, inicialmente, à distinção típica entre atentado violento ao pudor e estupro, ambos punidos não mais com pena de morte, mas com pena de prisão celular, separando a intenção de satisfazer as paixões lascivas, no atentado violento ao pudor, do desejo de cópula vagínica, característica do estupro.

Veja-se, pois, a redação da figura do estupro: *"Art. 268. Estuprar mulher virgem ou não, mas honesta: Pena de prisão celular por um a seis annos"*.[59] Note-se que o verbo nuclear aqui fazia direta menção ao nome tipológico, o que fez o legislador da época lançar mão de uma norma penal explicativa para esclarecer o conteúdo da proibição relativa ao estupro. Assim vinha redigido o tipo: *"Art. 269. Chama-se estupro o acto pelo qual o homem*

---

[53] "Art. 49. A pena de prisão disciplinar será cumprida em estabelecimentos industriaes especiaes, onde serão recolhidos os menores até á idade de 21 annos." (Decreto n. 847/1890).

[54] "Art. 57. A pena de suspensão do emprego privará o condemnado de todos os seus empregos durante o tempo da suspensão, no qual não poderá ser nomeado para outros, salvo sendo de eleição popular." (Decreto n. 847/1890).

[55] "Art. 56. A pena de perda de emprego importa necessariamente a de todos os serviços e vantagens." (Decreto n. 847/1890).

[56] "Art. 58. A pena de multa consiste no pagamento ao Thesouro Publico Federal ou dos Estados, segundo a competencia respectiva, de uma somma pecuniaria, que será regulada pelo que o condemnado puder ganhar em cada dia por seus bens, emprego, industria ou trabalho. Art. 59. Si o condemnado não tiver meios para pagar a multa, ou não a quizer pagar dentro de oito dias contados da intimação judicial, será convertida em prisão celular, conforme se liquidar. Paragrapho unico. A conversão da multa em prisão ficará sem effeito, si e o criminoso, ou alguém por elle satisfazer, ou prestar fiança idonea ao pagamento da mesma." (Decreto n. 847/1890).

[57] Nesse sentido: DOTTI, René Ariel. *Curso de direito penal*. Parte geral. 3.ed. São Paulo: Revista dos Tribunais, 2010, p. 270-273; LEAL, João José. *Curso de direito penal*. Porto Alegre: Fabris, 1991, p. 66.

[58] "TITULO VIII. Dos crimes contra a segurança da honra e honestidade das familias e do ultraje publico ao pudor. CAPITULO I. DA VIOLENCIA CARNAL. Art. 266. Attentar contra o pudor de pessoa de um, ou de outro sexo, por meio de violencias ou ameaças, com o fim de saciar paixões lascivas ou por depravação moral: Pena: de prisão cellular por um a seis annos. Paragrapho unico. Na mesma pena incorrerá aquelle que corromper pessoa de menor idade, praticando com ella ou contra ella actos de libidinagem. Art. 267. Deflorar mulher de menor idade, empregando seducção, engano ou fraude: Pena: de prisão cellular por um a quatro annos. Art. 268. Estuprar mulher virgem ou não, mas honesta: Pena: de prisão cellular por um a seis annos. § 1º Si a estuprada for mulher publica ou prostituta: Pena: de prisão cellular por seis mezes a dous annos. § 2º Si o crime for praticado com o concurso de duas ou mais pessoas, a pena será augmentada da quarta parte. Art. 269. Chama-se estupro o acto pelo qual o homem abusa com violencia de uma mulher, seja virgem ou não. Por violencia entende-se não só o emprego da força physica, como o de meios que privarem a mulher de suas faculdades psychicas, e assim da possibilidade de resistir e defender-se, como sejam o hypnotismo, o chloroformio, o ether, e em geral os anesthesicos e narcoticos." (Decreto n. 847/1890). Nesse sentido, ainda: SOUZA, Carmo Antônio de. *Atentado violento ao pudor*. São Paulo: IOB-Thompson, 2004, p. 40.

[59] Decreto n. 847/1890.

abusa com violência de uma mulher, seja virgem ou não".[60] Entretanto, a norma penal uma vez mais não é clara o suficiente na descrição daquilo que quer, efetivamente, proteger. A expressão *abuso*, hodiernamente, não tem a conotação puramente sexual, como a norma fazia parecer,[61] servindo para designar o emprego de algo contra seu sentido natural. "Abusa-se em sentido jurídico", segundo a lição de Mestieri, "quando a coisa é empregada de modo ou para fim ilícito ou não consentido; em relação aos crimes sexuais, significaria cópula ilícita, quer mediante violência, quer mediante sedução ou engano".[62] Ademais, o Código ainda define, na continuação do art. 269, o que se deve entender pela expressão *violência*, com os seguintes termos: *"Por violência entende-se não só o emprego de força physica, como o de meios que privarem a mulher de suas faculdades psychicas, e assim da possibilidade de resistir e defender-se, como sejam o hypnotismo, o chloroformio, o ether, e em geral os anesthesicos e narcoticos"*.[63] Ao estabelecer que violência é o ato físico ou moral que priva a mulher da possibilidade de resistir ou defender-se, o Código Criminal em comento desenha a figura do estupro como o ato sexual não consentido com mulher honesta. O característico do estupro, diz Castro, é a falta de consentimento da mulher.[64]

Verifica-se, ainda, que o tipo penal assim figurado deixa uma margem à discussão sobre a honestidade da vítima, que perdurou por muitos anos, submetendo-a, além da vergonha de ter sido violentada, à apreciação pública de sua *honestidade*. Por isso, explica Pierangeli, que o crime de estupro "não deixa de ser uma forma especial de constrangimento ilegal, que pela sua especialização foi trasladada para os crimes contra os costumes, orientado pela lascívia e assinalado pela desonestidade".[65]

Já o delito de atentado violento ao pudor vinha desenhado no art. 266 do Código com a seguinte redação: "Art. 266. Attentar contra o pudor de pessoa de um ou de outro sexo, por meio de violencia ou ameaça, com o fim de saciar paixões lascivas ou por depravação moral: Pena de prisão

---

[60] Decreto n. 847/1890. Ver, nesse sentido: CASTRO, Francisco José Viveiros de. *Os delitos contra a honra da mulher*. Rio de Janeiro: João Lopes da Cunha, 1897, p. 87.

[61] Nesse sentido, vale a leitura: BEZERRA, Silvino. Crime de estupro: o desvirginamento de uma demente, embora maior, constitue crime de estupro. *Justitia*. Porto Alegre, ano 1, v. 1, fasc. 6, p. 577-579. out. 1932.

[62] MESTIERI, João. *Do delito de estupro*. São Paulo: Revista dos Tribunais, 1982, p. 12.

[63] Decreto n. 847/1890. Sobre esse tema: BEZERRA, Silvino. Crime de estupro: o desvirginamento de uma demente, embora maior, constitue crime de estupro. *Justitia*. Porto Alegre, ano 1, v. 1, fasc. 6, p. 577-579. out. 1932.

[64] CASTRO, Francisco José Viveiros de. *Os delitos contra a honra da mulher*. Rio de Janeiro: João Lopes da Cunha, 1897, p. 103.

[65] PIERANGELI, José Henrique. *Manual de direito penal brasileiro*. Parte especial. Vol. 2. São Paulo: Revista dos Tribunais, 2007, p. 463.

cellular por um a tres annos".⁶⁶ De pronto, verifica-se que o Código Criminal de 1890 previa a criminalização do atentado violento ao pudor e do estupro em figuras distintas e com idênticas penas mínimas de prisão celular (um ano), diferenciando-se quanto à pena máxima, que no estupro era de seis anos; e, no atentado, de três. Os comentaristas da época sustentavam, na esteira de Siqueira, que o delito de atentado violento ao pudor trazia nomenclatura imprópria, pois o tipo, pela estrutura de sua descrição, poderia abarcar todas as outras modalidades de crimes sexuais violentos.⁶⁷ Diferentemente do que ocorria com as legislações anteriores, até o Código de 1830, inclusive, a estruturação republicana restringia o estupro à violência sexual contra a mulher, deixando para o atentado violento ao pudor, ou para outras tipificações específicas, os demais comportamentos sexuais, tais como o defloramento, os contatos sexuais entre o mesmo sexo, a sedução, etc.⁶⁸

1.4. O CÓDIGO PENAL DE 1940

Já o Código republicano, de 1940, representava um avanço técnico indiscutível na redação dos tipos dos crimes sexuais.⁶⁹ Isso porque se tratava de uma legislação eclética, como dispõe sua Exposição de Motivos, não assumindo compromisso com qualquer das escolas ou correntes que disputavam o acerto na solução dos problemas penais, conciliando os postulados das Escolas Clássica e Positiva, aproveitando, desta forma, o que de melhor havia nas legislações modernas de orientação liberal.⁷⁰ Noronha comenta que o Código é obra harmônica, que se utilizou das mais

---

⁶⁶ Decreto n. 847/1890.

⁶⁷ SIQUEIRA, Galdino. *Direito penal brazileiro*. Parte especial. Rio de Janeiro: Jacintho Ribeiro dos Santos, 1924, p. 423.

⁶⁸ Nesse sentido: CARVALHO, Beni. *Sexualidade anômala no direito criminal*. Rio de Janeiro: Jacintho Ribeiro dos Santos, 1937; PIERANGELI, José Henrique. *Manual de direito penal brasileiro*. Parte Especial. Vol. 2. São Paulo: Revista dos Tribunais, 2007, p. 463; SIQUEIRA, Galdino. *Direito penal brazileiro*. Parte especial. Rio de Janeiro: Jacintho Ribeiro do Santos, 1924, p. 455. TEIXEIRA, Paulo Rodrigues. *Estudos de direito criminal*: o titulo 8º do código penal. Bahia: Imprensa Oficial, 1924, p. 11-12. "O atentado ao pudor constitui um aspecto menos grave da criminalidade sexual violenta, tendo os mais próximos pontos de contato com o estupro do qual se distingue, no entanto, em que no estupro o agente visa o coito, a cópula, ao passo que no atentado ao pudor escopo é o do agente a simples prática de atos de libidinagem, a satisfação, independente da cópula, de suas paixões lascivas ou de sua depravação moral". (GUSMÃO, Chrysolito de. *Dos crimes sexuaes*. Rio de Janeiro: F. Briguiet, 1921, p. 199). Nesse sentido, vale a leitura de: BEZERRA, Silvino. Crime de estupro: o desvirginamento de uma demente, embora maior, constitue crime de estupro. *Justitia*. Porto Alegre, ano 1, v. 1, fasc. 6, p. 577-579. out. 1932.

⁶⁹ SOUZA, Carmo Antonio de. *Atentado violento ao pudor*. São Paulo: IOB-Thompson, 2004, p. 41.

⁷⁰ TELES, Ney Moura. *Direito penal*. Parte geral. São Paulo: Atlas, 2004, p. 66.

modernas ideias doutrinárias e legislativas;[71] ao passo que Zaffaroni e Pierangeli esclarecem: "através deste sistema de medidas e da supressão de toda norma reguladora da pena no concurso real, chegava-se a burlar a proibição constitucional da pena perpétua. Seu texto corresponde a um 'tecnicismo jurídico' autoritário que, com a combinação de penas retributivas e medidas de segurança indeterminadas (própria do Código Rocco), desemboca numa clara deterioração da segurança jurídica e converte-se num instrumento de neutralização de 'indesejáveis', pela simples deterioração provocada pela institucionalização demasiadamente prolongada".[72]

As penas no Código de 1940, segundo o art. 28, eram exclusivamente de reclusão,[73] detenção[74] ou multa.[75] [76] O tratamento para estas três figuras foi modificado pela Lei nº 6.416/77, com alterações relativas à reclusão,

---

[71] NORONHA, Edgard Magalhães. *Direito penal*. Vol. I. São Paulo: Saraiva, 1997, p. 62-63.

[72] ZAFFARONI, Eugenio Raúl; PIERANGELI, José Henrique. *Manual de direito penal brasileiro*. Parte geral. Vol. I. 6.ed. São Paulo: Revista dos Tribunais, 2006, p. 192.

[73] "Art. 30. No período inicial do cumprimento da pena de reclusão, se o permitem as suas condições pessoais, fica o recluso também sujeito a isolamento durante o dia, por tempo não superior a três meses. § 1º O recluso passará, posteriormente, a trabalhar em comum, dentro do estabelecimento, ou, em obras ou serviços públicos, fora dele. § 2º O recluso de bom procedimento pode ser transferido para colônia penal ou estabelecimento similar: I – se já cumpriu metade da pena, quando esta não é superior a três anos; II – se já cumpriu um terço da pena, quando esta é superior a três anos. § 3º A pena de reclusão não admite suspensão condicional, salvo quando o condenado é menor de vinte e um anos ou maior de setenta, e a condenação não é por tempo superior a dois anos." (Decreto-Lei nº 2.848/40).

[74] "Art. 31. O condenado a pena de detenção fica sempre separado dos condenados a pena de reclusão e não está sujeito ao período inicial de isolamento diurno. *Parágrafo único*. O trabalho, desde que tenha carater educativo, pode ser escolhido pelo detento, na conformidade de suas aptidões ou de suas ocupações anteriores." (Decreto-Lei nº 2.848/40).

[75] "Art. 35. A pena de multa consiste no pagamento, em selo penitenciário, da quantia fixada na sentença. Art. 36. A multa deve ser paga dentro de dez dias, depois de transitar em julgado a sentença; todavia, a requerimento do condenado, e conforme as circunstâncias, o juiz pode prorrogar esse prazo até três meses. Art. 37. Em caso de insolvência, a multa, imposta cumulativamente com pena privativa de liberdade, é cobrada mediante desconto da quarta parte da remuneração do condenado (art. 29, § 1º). § 1º Se o condenado cumpre a pena privativa de liberdade ou obtém livramento condicional, sem haver resgatado a multa, faz-se a cobrança mediante desconto em seu vencimento ou salário. § 2º Aplica-se também o disposto no parágrafo anterior, se concedida a suspensão condicional da pena privativa de liberdade, ou imposta exclusivamente a pena de multa. § 3º O desconto não deve incidir sobre os recursos indispensáveis à manutenção do condenado e de sua família (art. 39). Art. 38. A multa converte-se em detenção, quando o condenado reincidente deixa de pagá-la ou o condenado solvente frustra a sua cobrança. Parágrafo único. A conversão da multa em detenção é feita à razão de dez mil réis por dia, até o máximo de um ano, não podendo, porem, ser ultrapassado o mínimo da pena privativa de liberdade, cumulativa ou alternativamente cominada ao crime. Art. 39. Não se executa a pena de multa se o condenado é absolutamente insolvente; procede-se, porem, à execução logo que sua situação econômica venha a permiti-lo. Parágrafo único. Se entretanto, o condenado é reincidente, aplica-se o disposto no artigo anterior. Art. 40. A conversão fica sem efeito se, a qualquer tempo, o condenado paga a multa ou lhe assegura o pagamento mediante caução real ou fidejussória. Art. 41. É suspensa a execução da pena de multa, se sobrevém ao condenado doença mental." (Decreto-Lei nº 2.848/40).

[76] "Art. 28. As penas principais são: I – reclusão; II – detenção; III – multa." (Decreto-Lei nº 2.848/40).

e depois pela Lei n° 7.209/84, que estabeleceu as penas em privativas de liberdade (reclusão e detenção),[77] restritivas de direitos[78] e de multa.[79]

Nesta legislação – o Código Penal de 1940 – o delito de estupro vinha previsto no art. 213 e consistia em constranger mulher à conjunção carnal, mediante violência ou grave ameaça, enquanto o atentado violento ao pudor, do art. 214, punia o ato de constranger alguém, mediante violência ou grave ameaça, a praticar ou permitir que com ele se pratique ato libidinoso diverso da conjunção carnal.[80] É de ver-se que, inicialmente, permanece a distinção entre as figuras acima descritas, sendo o estupro caracterizado pelo constrangimento à cópula vagínica mediante violência, e, por isso mesmo, sendo crime de sujeito passivo próprio, a mulher;[81] ao passo que o atentado violento ao pudor é crime de sujeito passivo livre (*"alguém"*), sendo caracterizado por atos libidinosos diversos da conjunção carnal.

O estupro e o atentado violento ao pudor são crimes que não se confundem, apesar de ambos ofenderem a liberdade sexual[82] e serem prati-

---

[77] Vide arts. 33 a 42, da Lei 7.209/84, com as modificações efetuadas pela Lei n° 10.763/2003 (inclusão de um § 4° no art. 33)

[78] Vide arts. 43 a 48, da Lei 7.209/84, com as modificações efetuadas pela Lei n° 9.714/98.

[79] "Art. 32. As penas são: I – privativas de liberdade; II – restritivas de direitos; III – de multa." (*Lei 7.209/84*).

[80] "Art. 213. Constranger mulher a conjunção carnal, mediante violência ou grave ameaça. Pena: reclusão de três a oito anos; Art. 214. Constranger alguém, mediante violência ou grave ameaça, a praticar ou permitir que com ele se pratique ato libidinoso diverso da conjunção carnal. Pena: reclusão de dois a sete anos." (Decreto-Lei n° 2.848/40).

[81] Nesse sentido: CASTRO, Francisco José Viveiros de. *Os delitos contra a honra da mulher*. 4.ed. São Paulo: Freitas Bastos, 1942, p. 99-138; NORONHA, Edgard Magalhães. *Crimes contra os costumes*. Comentários aos arts. 213 a 226, e 108 n. VII do Código Penal. São Paulo: Saraiva, 1943, p. 34-38. A propósito, Nólibos sustenta que o "estupro feminino é o acontecimento invisível por excelência, não mencionado e encoberto nas diferentes culturas antigas por encenações que ritualizam a primeira cópula da jovem no casamento. Então, segundo uma lógica perversa, se todo casamento tem um elemento de estupro, todo estupro pode simplesmente ser uma maneira ritual de união. O que está em jogo nesse momento é a violência de um ato que para acontecer não precisa do consentimento ou do desejo feminino. O casamento é esta instituição na Grécia – e se adotarmos o entendimento de E. Keuls no *The Reign of the Phallus*, estamos realmente lidando com um "culto ao estupro" em pleno século V, apogeu do período clássico. O mito mais esclarecedor para estas questões é narrado na tragédia Íon, de Eurípedes, aproximadamente apresentada entre 415 e 411 a.C., que pretende dar uma genealogia divina à primeira casa real da cidade de Atenas, através de um estupro. Em Atenas, nas origens da pólis, Creusa, filha do rei Erecteu, é violentada por Apolo." (NÓLIBOS, Paulina Terra. Registros legais e mitos a respeito do rapto, do estupro e do adultério. *Revista da Faculdade de Direito da FMP*. Porto Alegre, n. 4, p. 173-185, jul. 2009, p. 183).

[82] O Código Penal de 1940 trazia a previsão legal dos crimes de estupro e atentado violento ao pudor no Título VI, "dos crimes contra os costumes", em seu capítulo I, "dos crimes contra a liberdade sexual", por onde se verifica a intenção do legislador de defender a liberdade sexual como bem jurídico. (Decreto-Lei n° 2.848/40).

cados mediante violência ou grave ameaça.[83] A diferença essencial entre os dois é que, no estupro, o dolo consiste na vontade livre e consciente de constranger a vítima à conjunção carnal (introdução do pênis no corpo da vítima por via vaginal),[84] e no atentado violento ao pudor, a intenção do agente é a prática de ato libidinoso diferente da conjunção carnal.[85]

Costa Jr. esclarece que o ato libidinoso aludido pela lei penal é qualquer ato que extravase o apetite desenfreado de luxúria do agente, excetuada a relação vagínica. Poderá tratar-se do coito anal ou do oral, do coito *inter femora*, da masturbação, da apalpação de órgãos genitais, da cópula entre os seios ou axilas etc.[86]

---

[83] Excelentes explicações sobre estes conceitos, ver, dentre outros: CASTRO, Francisco José Viveiros de. *Os delitos contra a honra da mulher*. 4.ed. São Paulo: Freitas Bastos, 1942, p. 99-138; NORONHA, Edgard Magalhães. *Crimes contra os costumes*. Comentários aos arts. 213 a 226, e 108 n. VII do Código Penal. São Paulo: Saraiva, 1943, p. 24-34.

[84] Nesse sentido, após longa deliberação: NORONHA, Edgard Magalhães. *Crimes contra os costumes*. Comentários aos arts. 213 a 226, e 108 n. VII do Código Penal. São Paulo: Saraiva, 1943, p. 15-24; HUNGRIA, Nelson. *Comentários ao Código Penal*. Vol. VIII. 4.ed. Rio de Janeiro: Forense, 1959, p. 116-117; SIQUEIRA, Geraldo Batista de *et al*. Estupro, tipicidade, controvérsias: aspectos processuais. *Revista Magister de Direito Penal e Processual Penal*. Porto Alegre, v. 4, n. 22, p. 14-28, fev. 2008.

[85] SOUZA, Carmo Antônio de. *Atentado violento ao pudor*. São Paulo: IOB-Thompson, 2004, p. 22. No mesmo sentido: COUTINHO, Luiz Augusto. Estupro simples: crime hediondo ou hedionda aplicação da lei. *Revista Síntese de Direito Penal e Processual Penal*, São Paulo, ano 3, n. 15, p. 16-21, ago./set. 2002; COUTO, Sérgio da Silva. Atentado violento ao pudor: foi buscar lá, e saiu tosqueado! *Advocacia dinâmica: Boletim Informativo Semanal*. n. 29, p. 404-405, 2004; FRAGOSO, Heleno Cláudio. *Lições de direito penal*. Parte Especial. Vol. II. Rio de Janeiro: J. Bushatsky, 1958, p. 395; GARCIA, Ailton Stropa. Algumas questões sobre estupro e atentado violento ao pudor. *Revista da ESMAGIS*: Escola Superior da Magistratura do Estado de Mato Grosso do Sul. Campo Grande, n. 8, p. 137-146, jan./jun. 1995; GARDÉS, Joazil Maria. Estupro e atentado violento ao pudor. Lei n. 8.072/90: ligeiras cogitações. *Revista de Doutrina e Jurisprudência*. Brasília, v. 67, p. 13-15, set./dez. 2001; LOUVEIRA, Leopoldo Stefanno Leone; DALL'ACQUA, Rodrigo. Atentado violento ao pudor. Aplicação do princípio da insignificância. *Boletim do IBCCrim*. São Paulo, ano 11, n. 128, p. 713-715, jul. 2003; MIRABETE, Julio Fabbrini. Estupro, atentado violento ao pudor e rapto violento: a Súmula 608 do STF diante do artigo 88 da Lei nº 9099/95. *Doutrina*. v. 1, p. 117-121. 1996; MIRANDA, Darcy Arruda. Do atentado violento ao pudor. *Justitia*. São Paulo, ano 24, v. 39, p. 87-99, out./dez. 1962; NOGUEIRA, Paulo Lúcio. *Questões penais controvertidas*. 6.ed. São Paulo: Leud, 1994, p. 173; PRUDENTE, Neemias Moretti. Considerações críticas acerca das disposições gerais relativas aos crimes de estupro e atentado violento ao pudor. *Revista IOB de Direto Penal e Processual Penal*. São Paulo, ano 9, n. 52, p. 76-93, out./nov. 2008; QUEIROZ, Carlos Alberto Marchi de. Estupro: um crime falsamente complexo. *Revista dos Tribunais*. São Paulo, ano 84, v. 712, p. 509-510, fev. 1995; SILVA JÚNIOR, Edison Miguel da. O significativo atentado violento ao pudor. *Boletim do IBCCrim*. São Paulo, n. 132, p. 747, 2003; SIQUEIRA, Geraldo Batista de; BARBACENA Neto Henrique. Estupro, atentado violento ao pudor e rapto: crimes complexos. *Revista do Ministério Público do Estado do Rio Grande do Sul*. Porto Alegre, v. 15 e 16, p. 19-29. 1980; SOUZA, Carmo Antonio de. Atentado violento ao pudor: uma nova abordagem. *EMAP: Revista da Escola da Magistratura do Amapá*. Macapá, v. 1, n 1, p. 151-174, jan. 2002.

[86] COSTA JR., Paulo José da. *Curso de direito penal*. 9.ed. São Paulo: Saraiva, 2008, p. 610. Sobre a problemática da amplitude do conceito de atentado violento ao pudor, importante ver: ADRIANO, Adriana Aparecida. Atentado violento ao pudor: a intensidade da pena diante da diversidade de condutas que o caracterizam. *Revista da ESMESC: Escola Superior da Magistratura do Estado de Santa Catarina*. Florianópolis, v. 15, n. 21, p. 421-435, jan. 2008.

Tais tipificações previam, inicialmente, as penas de reclusão de 3 (três) a 8 (oito) anos para o estupro e de reclusão de 2 (dois) a 7 (sete) anos para o atentado violento ao pudor.[87]

1.5. AS MODIFICAÇÕES INTRODUZIDAS PELA LEI Nº 8.072/90

A cominação de penas diferentes para o estupro e para o atentado violento ao pudor perdurou até a edição da Lei dos Crimes Hediondos, que, além de passar a considerar como hediondos o estupro e o atentado violento ao pudor e a combinação destes com o art. 223 (Lei nº 8.072/90, art. 1º[88]),[89] em seu art. 6º, modificou a pena das figuras em comento para reclusão de 6 (seis) a 10 (dez) anos.[90]

---

[87] Decreto-Lei nº 2.848/40. Arts. 213 e 214, respectivamente.

[88] "Art. 1º São considerados hediondos os crimes de latrocínio (art. 157, § 3º, in fine), extorsão qualificada pela morte, (art. 158, § 2º), extorsão mediante seqüestro e na forma qualificada (art. 159, caput e seus §§ 1º, 2º e 3º), estupro (art. 213, caput e sua combinação com o art. 223, caput e parágrafo único), atentado violento ao pudor (art. 214 e sua combinação com o art. 223, caput e parágrafo único), epidemia com resultado morte (art. 267, § 1º), envenenamento de água potável ou de substância alimentícia ou medicinal, qualificado pela morte (art. 270, combinado com o art. 285), todos do Código Penal (Decreto-Lei nº 2.848, de 7 de dezembro de 1940), e de genocídio (arts. 1º, 2º e 3º da Lei nº 2.889, de 1º de outubro de 1956), tentados ou consumados." (Lei nº 8.072/90).

[89] Muito se discutiu sobre a constitucionalidade da Lei dos Crimes Hediondos. Sobre isso, ver, dentre outros: CARVALHO, Sérgio Antonio de. Os crimes de estupro e de atentado violento ao pudor e a inconstitucionalidade da lei 8072/90. *Revista do Ministério Público*. Rio de Janeiro, v. 1, n. 1, p. 143-149, jan./jun. 1995; DAL POZZO, Antonio Araldo Ferraz; GOMES FILHO, Antonio Magalhães. Penal. Atentado violento ao pudor. Vítima menor de 14 anos. Crime hediondo. Estatuto da criança e do adolescente. Não subsiste a alteração introduzida no artigo 214 do CP, pela lei n. 8.069/90, porquanto, no período de *vacatio legis*, esta foi parcialmente revogada pela Lei n. 8.072/90, de vigência imediata, que disciplinou de modo diverso as matérias de que tratou nos itens 4 e 5 do artigo 263. Não é lógico nem jurídico conceber pena mais branda para o atentado violento ao pudor quando a vítima é menor de catorze anos. O contrasenso é evidente e, segundo princípio assente da hermenêutica, deve sempre preferir-se à exegese que faz sentido a que não faz. Recurso conhecido e provido. *Justitia*. São Paulo, ano 55, v. 164, p. 198-203, out./dez. 1993; DIAS, Maria Berenice. Estupro: um crime duplamente hediondo. *Revista Síntese de Direito Penal e Direito Processual Penal*. Porto Alegre, ano 2, n. 11, p. 51-69, dez./jan. 2002; FRANCO, Alberto Silva. *Crimes hediondos*: anotações sistemáticas à Lei 8.072/90. 4.ed. São Paulo: Revista dos Tribunais, 2000, p. 230-41; GARCIA, Ailton Stropa. Algumas questões sobre estupro e atentado violento ao pudor. *Revista da ESMAGIS: Escola Superior da Magistratura do Estado de Mato Grosso do Sul*. Campo Grande, n. 8, p. 137-146, jan./jun. 1995; GARDÉS, Joazil Maria. Estupro e atentado violento ao pudor. Lei n. 8.072/90: ligeiras cogitações. *Revista de Doutrina e Jurisprudência*. Brasília, v. 67, p. 13-15, set./dez. 2001; JESUS, Damásio Evangelista de. Estupro e atentado violento ao pudor, nas formas típicas simples, são hediondos? *Revista dos Tribunais*. São Paulo, ano 90, v. 789, p. 506-510, jul. 2001; LEAL, João José. Estupro e atentado violento ao pudor como crimes hediondos: desencontro entre a hermenêutica doutrinária e a jurisprudência. *Boletim IBCCrim*. São Paulo, ano 11, n. 135, p. 8-9, fev. 2004; PINHEIRO, Lya Rachel Brandão e Mendes. O estupro simples como crime hediondo. Considerações ante a nova composição do STF. *Revista dos Tribunais*. São Paulo, ano 93, v. 821, p. 475-486, mar. 2004; SOUZA, Carmo Antonio de. Atentado violento ao pudor: uma nova abordagem. *EMAP: Revista da Escola da Magistratura do Amapá*. Macapá, v. 1, n 1, p. 151-174, jan. 2002.

[90] "Art. 6º Os arts. 157, § 3º; 159, caput e seus §§ 1º, 2º e 3º; 213; 214; 223, caput e seu parágrafo único; 267, caput e 270; caput, todos do Código Penal, passam a vigorar com a seguinte redação: Art. 213.

Esta classificação foi posteriormente confirmada pela Lei nº 8.930, de 06.09.1994, que deu nova redação ao art. 1º da Lei nº 8.072/90.[91]

Mesmo assim, estabeleceu-se a discussão nos âmbitos doutrinário e jurisprudencial sobre ser a figura do estupro dito simples considerada como crime hediondo, ou, ao contrário, apenas ser crime hediondo a figura do estupro em qualquer de suas formas qualificadas; preponderando, por fim, em sentido majoritário, o entendimento de que o estupro era crime hediondo, qualificado ou não. Isso decorria da própria leitura que a norma possibilitava, o que não excluía a plausibilidade de pensar-se em sentido contrário.

1.6. AS MODIFICAÇÕES INTRODUZIDAS PELA LEI Nº 12.015/09

A Lei nº 12.015, de 07 de agosto de 2009, alterou o Título VI do Código Penal (de *"dos crimes contra os costumes"*) para *"dos crimes contra a dignidade sexual"*, "expressão umbilicalmente ligada à liberdade e ao desenvolvimento sexual da pessoa",[92] alterando, inicialmente, o bem jurídico tutelado pela norma. Ainda, e fundamentalmente, a nova legislação trouxe a seguinte redação para o delito de estupro: *"Constranger alguém, mediante violência ou grave ameaça, a ter conjunção carnal ou a praticar ou permitir que com ele se pratique outro ato libidinoso. Pena: reclusão, de 6 (seis) a 10 (dez) anos"*,[93] fundindo as figuras do estupro e do atentado violento ao pudor anteriormente vigentes,[94] "unificando os crimes similares estupro e

---

(...) Pena – reclusão, de seis a dez anos. Art. 214. (...) Pena – reclusão, de seis a dez anos." (Lei nº 8.072/90).

[91] *"Art. 1º.* São considerados hediondos os seguintes crimes, todos tipificados no Decreto-Lei no 2.848, de 7 de dezembro de 1940, Código Penal, consumados ou tentados: (...) V – estupro (art. 213 e sua combinação com o art. 223, caput e parágrafo único); VI – atentado violento ao pudor (art. 214 e sua combinação com o art. 223, caput e parágrafo único)". (Lei nº 8.930/94).

[92] CUNHA, Rogério Sanches. *Lei 12.015, de 7 de agosto de 2009*. GOMES, Luiz Flávio; CUNHA, Rogério Sanches; MAZZUOLI, Valério de Oliveira. *Comentários à reforma criminal de 2009 e à Convenção de Viena sobre o Direito dos Tratados*. São Paulo: Revista dos Tribunais, 2009, p. 33.

[93] Conforme se lê no Art. 2º, da Lei nº 12.015/2009.

[94] "(...) o presente projeto, por inspiração da definição ínsita no Estatuto do Tribunal Penal Internacional, cria novo tipo penal que não distingue a violência sexual por serem vítimas pessoas do sexo masculino ou feminino. Seria a renovada definição de estupro (novo art. 213, CP), que implica constranger alguém, mediante violência ou grave ameaça, a ter conjunção carnal ou a praticar ou permitir que com ele/ela se pratique outro ato libidinoso. A nova redação pretende também corrigir outra limitação da atual legislação, ao não restringir o crime de estupro à conjunção carnal em violência à mulher, que a jurisprudência entende como sendo ato sexual vaginal. Ao contrário, esse crime envolveria a prática de outros atos libidinosos. Isso significa que os atuais crimes de estupro (art. 213, CP) e atentado violento ao pudor (art. 214 do CP) são unidos em um só tipo penal: 'estupro'." (*Justificações do Projeto de Lei do Senado nº 253, de 2004*). Nesse sentido: "No dia 16 de julho deste ano, após cinco anos de tramitação no Congresso Nacional, foi aprovado no Senado Federal o PLS 253/04, que altera praticamente todo Título VI do Código Penal. O projeto teve origem no Senado Federal. Ao

atentado violento ao pudor sob uma única denominação e com descrição da conduta típica em único artigo",[95] e determinado a revogação do atentado violento ao pudor.[96]

A inspiração para esta fusão dos tipos é o Estatuto de Roma para o Tribunal Penal Internacional, ratificado pelo Brasil por meio do Decreto nº 4.388, de 2002,[97] que cria um tipo penal único para a violência sexual, independente de gênero.[98] Essa nova redação estabeleceu um novo paradigma na condução dos delitos sexuais, conferindo à lei *"modernidade e adequação à realidade atual"*,[99] na medida em que termina com a proteção exclusiva da liberdade sexual da mulher, estendendo-a a qualquer pessoa. É a legislação penal adequando-se ao já antigo art. 5º, *caput*, da Constituição Federal de 1988, que determina sermos todos iguais perante a lei, sem distinção de qualquer natureza, assim como ao art. VII da Declaração Universal dos Direitos do Homem, que sustenta o princípio da isonomia.[100]

---

ser apreciado pela Câmara dos Deputados, foi sobremaneira alterado, originando um substitutivo. Ao retornar ao Senado Federal, algumas das alterações propostas pela Câmara foram acolhidas pelo Relator Senador Demóstenes Torres. O texto aprovado pelo Senado fez uma junção de dispositivos do projeto de lei original com o substitutivo da Câmara dos Deputados, sendo encaminhado à sanção presidencial. O projeto traz sensíveis alterações no Código penal. No entanto, como sói acontecer com a maioria dos projetos que tratam de matéria penal, há diversos dispositivos confusos, que podem trazer dúvidas de interpretação." (SILVA, César Dario Mariano da. Crimes contra a dignidade sexual. *Estado de Direito*. Porto Alegre, v. 3, n. 21, p. 15, jul./ago. 2009).

[95] NUCCI, Guilherme de Souza. *Crimes contra a dignidade sexual*: comentários à Lei n. 12.015, de 7 de agosto de 2009. São Paulo: Revista dos Tribunais, 2009, p. 16. No mesmo sentido: DELMANTO, Celso et al. *Código penal comentado*. 8.ed. São Paulo: Saraiva, 2010, p. 692; FÜHRER, Maximiliano Roberto Ernesto. *Novos crimes sexuais com a feição instituída pela Lei 12.015, de 7 de agosto de 2009*. São Paulo: Malheiros, 2009, p. 157; GRECO, Alessandra Orcesi Pedro; RASSI, João Daniel. *Crimes contra a dignidade sexual*. São Paulo: Atlas, 2010, p. 141.

[96] "Art. 7º Revogam-se os arts. 214, 216, 223, 224 e 232 do Decreto-lei nº 2.848, de 7 de dezembro de 1940 – Código Penal, e a Lei nº 2.252, de 1º de junho de 1954." (Lei nº 12.015/2009).

[97] Decreto nº 4.388/2002. Art. 7º, n. 1, letra "g"; art. 8º, n. 2, letra "b", XXII.

[98] Nesse sentido: ESTEFAM, André. *Crimes sexuais*: comentários à Lei nº 12.015/2009. São Paulo: Saraiva, 2009, p. 31. ESTEFAM, André et al. *Reforma penal*: comentários às Leis 11.923, 12.012 e 12.015, de 2009. São Paulo: Saraiva, 2010, p. 24.

[99] NUCCI, Guilherme de Souza. *Crimes contra a dignidade sexual*: comentários à Lei n. 12.015, de 7 de agosto de 2009. São Paulo: Revista dos Tribunais, 2009, p. 15. Excelente artigo sobre este tema: PUGGINA, Márcio Oliveira. A erotização da infância na mídia e na internet. *AJURIS: Revista da Associação dos Juízes do Rio Grande do Sul*. Porto Alegre, ano 26, n. 81, p. 129-142, mar. 2001.

[100] DOTTI, René Ariel. *Declaração Universal dos Direitos do Homem e notas da legislação brasileira*. Curitiba: J.M., 1998, p. 20. Relativamente a esse tema: CAVALCANTI, João Carlos Gonçalves. A identificação da vítima de estupro nos atos processuais e o direito à intimidade. *Revista da ESMAPE: Escola Superior da Magistratura do Estado de Pernambuco*. Recife, v. 12, n. 26, p. 83-115, jul./dez. 2007; FERNANDES, Antônio Scarance; MARQUES, Oswaldo Henrique Duek. Estupro: enfoque vitimológico. *Revista dos Tribunais*. São Paulo, ano 79, v. 653, p. 265-276, mar. 1990; PIMENTEL, Silvia; PANDJIARJIAN, Valéria. Estupro como "cortesia": direitos humanos e gênero na Justiça brasileira. *Caderno Themis Gênero e Direito*. Porto Alegre, ano 1, n. 1, p. 48-57, mar. 2000; SIMÃO, Rosana Barbosa Cipriano. Direitos humanos e orientação sexual: a efetividade do princípio da dignidade. *Revista do Ministério Público do Estado do Rio de Janeiro*. Rio de Janeiro, n. 19, p. 259-280, jan./jun. 2004.

Além disso, o art. 4º da Lei 12.015/09 estabelece alteração dos incisos V e VI do art. 1º da Lei nº 8.072, de 25 de julho de 1990, tornando crime hediondo o estupro e a nova figura do estupro de vulnerável, respectivamente, terminando com a antiga discussão sobre a redação anterior de tais incisos, no tocante à hediondez do estupro simples ou apenas do estupro qualificado.[101]

A nova lei, ainda, revoga a presunção de violência,[102] trazendo novos tipos penais autônomos para vítimas agora tidas como vulneráveis,[103] traz mudanças significativas no tocante à ação penal[104] e estabelece como regra o segredo de justiça para todos os crimes contra a dignidade sexual.[105]

---

[101] Sobre essa temática, interessante ver GOMES, Luiz Flávio. *Estupro (simples) é crime hediondo?* Disponível em: http://www.editoramagister.com/doutrina_ler.php?id=360. Data de acesso: 24/12/2009. Nesse sentido, inclusive: "a nova redação do art. 213 encerra polêmica antes existente sobre ser ou não o estupro (na forma simples) crime hediondo. Havia posição (minoritária) sustentando que a hediondez somente se dava quando houvesse lesão grave ou morte. A nova estrutura do art. 213 do CP, aliada à alteração do art. 1º, V, da Lei n. 8.072/90, que a própria Lei nº 12.015/2009 promoveu (art. 4º), deixa claro que o delito é hediondo em todas as suas formas (simples e qualificadas)." (ESTEFAM, André. *Crimes sexuais*: comentários à Lei nº 12.015/2009. São Paulo: Saraiva, 2009, p. 34). "A alteração inserida no art. 1º, V, da Lei 8.072/90, foi significativa para terminar com a anterior discussão a respeito da hediondez do delito de estupro na forma simples. Confirma-se a posição majoritária da jurisprudência: o estupro em qualquer de suas modalidades, é crime hediondo." (NUCCI, Guilherme de Souza. *Crimes contra a dignidade sexual*: comentários à Lei n. 12.015, de 7 de agosto de 2009. São Paulo: Revista dos Tribunais, 2009, p. 20). No mesmo sentido: DELMANTO, Celso et al. *Código penal comentado*. 8. ed. São Paulo: Saraiva, 2010, p. 692.

[102] "Art. 7º. Revogam-se os arts. 214, 216, 223, 224 e 232 do Decreto-lei nº 2.848, de 7 de dezembro de 1940 – Código Penal, e a Lei nº 2.252, de 1º de junho de 1954." (Lei nº 12.015/2009).

[103] Como, por exemplo, o art. 217-A ["Ter conjunção carnal ou praticar outro ato libidinoso com menor de 14 (catorze) anos: Pena – reclusão, de 8 (oito) a 15 (quinze) anos"], o art. 218-A ["Praticar, na presença de alguém menor de 14 (catorze) anos, ou induzi-lo a presenciar, conjunção carnal ou outro ato libidinoso, a fim de satisfazer lascívia própria ou de outrem"], o art. 218-B ["Submeter, induzir ou atrair à prostituição ou outra forma de exploração sexual alguém menor de 18 anos ou que, por enfermidade ou deficiência mental, não tem o necessário discernimento para a prática do ato, facilitá-la, impedir ou dificultar que a abandone"], conforme se lê no art. 3º, da Lei nº 12.015/2009.

[104] Vide capítulo específico abaixo.

[105] "Art. 234-B. Os processos em que se apuram crimes definidos neste Título correrão em segredo de justiça". (Lei nº 12.015/2009. Art. 3º). A expressão segredo de justiça deve ser compreendida com as dimensões traçadas pelo art. 791, § 1º, do CPP, a dispor que o juiz pode restringir a publicidade da audiência ou dos atos processuais quando houver risco de escândalo, grave inconveniência ou perigo, buscando, sempre, evitar a dupla vitimização do sujeito passivo, com a publicidade do abuso sexual sofrido. (Nesse sentido: FÜHRER, Maximiliano Roberto Ernesto. *Novos crimes sexuais com a feição instituída pela Lei 12.015, de 7 de agosto de 2009*. São Paulo: Malheiros, p. 221; GENTIL, Plínio Antonio Britto; JORGE, Ana Paula. Crimes sexuais – o novo estatuto legal: do estupro do homem ao fim das virgens. *Revista Magister de Direito Penal e Processual Penal*. Porto Alegre, n. 31, p. 93-103, ago./set., 2009, p. 100; NUCCI, Guilherme de Souza. *Crimes contra a dignidade sexual*: comentários à Lei n. 12.015, de 7 de agosto de 2009. São Paulo: Revista dos Tribunais, 2009, p. 101).

2. Bem jurídico e ofensividade

A finalidade do Direito Penal é, hoje, a proteção de bens jurídicos relevantes, como afirma a doutrina majoritária,[106] isto significa dizer que o Direito Penal protege bens juridicamente fundamentais à satisfação das necessidades humanas para propiciar a convivência entre os indivíduos.[107]

---

[106] Roxin elenca três opiniões contrárias à restrição do âmbito de atuação ao Direito Penal à lesão de bens jurídicos. A primeira de Hirsch ao afirmar que não existe um conceito de bem jurídico determinado para o legislador e, portanto, o conceito de bem jurídico não é um princípio idôneo para limitar o Direito Penal (p. 14); a segunda de Stratenwerth, ao afirmar que não há uma definição material universal para o conceito de bem jurídico, e que o motivo de elaboração de um tipo não é a proteção de um bem jurídico, mas a inconveniência de um comportamento (p. 15); o terceiro de Jakobs, ao afirmar que a "função do Direito Penal é a vigência da norma, e não a proteção de bens jurídicos. O fato punível é a negação da norma pelo autor, e a pena tem como significado que a afirmação do autor não é determinante e que a norma segue vigendo inalteradamente", o que torna sem qualquer necessidade o conceito sobre bem jurídico (p. 15); e, ao depois, duas concepções favoráveis à restrição do âmbito de atuação do Direito Penal à lesão de bens jurídicos, além de sua própria opinião. Assim, inicialmente, Roxin colaciona a opinião de Hassemer, ao sustentar que a "proibição de um comportamento sob a ameaça punitiva que não pode apoiar-se num bem jurídico seria terror estatal, que a intervenção na liberdade de atuação não teria algo que a legitime" (p. 16); e a de Schünemann, ao afirmar que "não somente se deve preservar a posição central do conceito de bem jurídico na dogmática penal, mas também o verdadeiro desenvolvimento da teoria do bem jurídico é inclusive iminente" (p. 16), para depois sustentar que "a função do Direito Penal consiste em garantir a seus cidadãos uma existência pacífica, livre e socialmente segura, sempre e quando estas metas não possam ser alcançadas com outras medidas político-sociais que afetem em menor medida a liberdade dos cidadãos". (ROXIN, Claus. *A proteção de bens jurídicos como função do Direito Penal*. Traduzido por André Luís Callegari e Nereu José Giacomolli. Porto Alegre: Livraria do Advogado, 2006, p. 16-17)

[107] Nesse sentido: BITENCOURT, Cezar Roberto. *Teoria geral do delito*: uma visão panorâmica da dogmática penal brasileira. Coimbra: Almedina, 2007, p. 157; BRUNO, Aníbal. *Direito penal*. Parte geral. Tomo I. 5.ed. Rio de Janeiro: Forense, 2003, p. 5; CALLEGARI, André Luís. *Teoria geral do delito e da imputação objetiva*. 2.ed. Porto Alegre: Revista dos Tribunais, 2009, p. 29; DIAS, Jorge de Figueiredo. *Direito penal*. Parte geral. Tomo I. Coimbra: Coimbra Editora, 2007, p. 308; GRECO, Luís. *Breves reflexões sobre os princípios da proteção de bens jurídicos e da subsidiariedade no Direito Penal*. In BRITO, Alexis Augusto Couto de; VANZOLINI, Maria Patricia (Coords.). *Direito penal*: aspectos jurídicos controvertidos. São Paulo: Quartier Latin, 2006, p. 160; MAURACH, Reinhart.; ZIPF, Heinz. *Derecho penal*. Parte general. Vol. I. Tradução de Jorge Bofill Genzsch e Enrique Aimone Gibson. Buenos Aires: Astrea, 1994, p. 333; MÜSSIG, Bernd. *Desmaterialización del bien jurídico de la política criminal*: sobre las perspectivas y los fundamentos de una teoría del bien jurídico crítica hacia el sistema. Traduzido por Manuel Cancio Meliá e Henrique Peñaranda Ramos. Bogotá: Centro de Investigaciones de Derecho Penal y Filosofía del Derecho de La Universidad Externado de Colombia, 2001, p. 17; ZAFFARONI, Eugenio Raúl; PIERANGELI, José Henrique. *Manual de direito penal brasileiro*. Parte geral. Vol. I. 6.ed. São Paulo: Saraiva, 2006, p. 397; WELZEL, Hans. *Direito penal*. Traduzido por Afonso Celso Rezende. São Paulo: Romana, 2003, p. 33.

Tanto que Jellineck afirma, com grande propriedade, que, pelo código penal de uma cultura histórica perdida no tempo, poderíamos reconstruir sua escala de valores, tais quis são feitas as reconstruções de animais pré-históricos a partir de seus restos fósseis.[108] Daí decorre nossa necessidade de afirmarmos, na esteira de Roxin, que: "Em um Estado democrático de Direito, as normas jurídico-penais devem perseguir somente o objetivo de assegurar aos cidadãos uma coexistência pacífica e livre, sob a garantia de todos os direitos humanos".[109]

Por isso, afirma Bruno que "bem jurídico é o elemento central do preceito contido na norma jurídico-penal e da descrição do fato punível que aí se encontra e na qual está implícito o preceito", na medida em que a norma descreve uma conduta proibida pelo ordenamento jurídico, justamente para propiciar a proteção de valores da vida individual ou coletiva,[110] diferentes de preceitos religiosos, convicções políticas ou morais, ou ideológicas, ou simples sentimentos.[111]

E, nesse sentido, explica D'Avila, a compreensão do crime como *ofensa* a bens jurídicos ter assumido "um espaço central na discussão sobre a legitimidade do direito penal contemporâneo".[112] Isso porque a partir da construção teórica ocorrida nos últimos anos,[113] de que o crime é a ofensa

---

[108] CUELLO CONTRERAS, Joaquín. *El derecho penal español*: parte general. 3.ed. Madrid: Dykinson, 2002, p. 47.

[109] ROXIN, Claus. *A proteção de bens jurídicos como função do Direito Penal*. Traduzido por André Luís Callegari e Nereu José Giacomolli. Porto Alegre: Livraria do Advogado, 2006, p.17.

[110] BRUNO, Aníbal. *Direito penal*. Parte geral. Tomo I. 5.ed. Rio de Janeiro: Forense, 2003, p. 6; No mesmo sentido: CALLEGARI, André Luís. *Teoria geral do delito e da imputação objetiva*. 2.ed. Porto Alegre: Revista dos Tribunais, 2009, p. 29; COELHO, Walter. *Teoria geral do crime*. Vol. I. 2.ed. Porto Alegre: Livraria do Advogado, 1998, p. 57; CORREIA, Eduardo. *Direito criminal*. Vol. I. Coimbra: Almedina, 1971, p. 273. MAURACH, Reinhart.; ZIPF, Heinz. *Derecho penal*. Parte general. Vol. I. Tradução de Jorge Bofill Genzsch e Enrique Aimone Gibson. Buenos Aires: Astrea, 1994, p. 339; ZAFFARONI, Eugenio Raúl. *Tratado de derecho penal*. Parte general. Vol. III. Buenos Aires: Ediar, 1999, p. 220.

[111] ROXIN, Claus. *A proteção de bens jurídicos como função do Direito Penal*. Traduzido por André Luís Callegari e Nereu José Giacomolli. Porto Alegre: Livraria do Advogado, 2006, p. 12.

[112] D'AVILA. Fabio Roberto. *Ofensividade em direito penal*: escritos sobre a teoria do crime como ofensa a bens jurídicos. Porto Alegre: Livraria do Advogado, 2009, p. 58. Nesse sentido: ROXIN, Claus. *A proteção de bens jurídicos como função do Direito Penal*. Traduzido por André Luís Callegari e Nereu José Giacomolli. Porto Alegre: Livraria do Advogado, 2006, p. 14; ZAFFARONI, Eugenio Raúl; PIERANGELI, José Henrique. *Manual de direito penal brasileiro*. Parte geral. Vol. I. 6.ed. São Paulo: Saraiva, 2006, p. 396.

[113] Importante esboço histórico da concepção de bem jurídico, desde a ideia subjetivista de Feuerbach até as formações atuais encontra-se em: COELHO, Walter. *Teoria geral do crime*. Vol. I. 2.ed. Porto Alegre: Livraria do Advogado, 1998, p. 57-62; ESER, Albin. *Sobre la exaltación del bien jurídico a costa de la víctima*. Tradução de Manuel Cancio Meliá. Bogotá: Centro de Investigaciones de Derecho Penal y Fiolosofía del Derecho de la Universidad Externado de Colombia, 1998; GRECO, Luís. *Breves reflexões sobre os princípios da proteção de bens jurídicos e da subsidiariedade no Direito Penal*. In BRITO, Alexis Augusto Couto de; VANZOLINI, Maria Patricia (Coords.). *Direito penal*: aspectos jurídicos controvertidos. São Paulo: Quartier Latin, 2006, p. 151-154; TOLEDO, Francisco de Assis. *Princípios básicos de Direito penal*. São Paulo: Saraiva, 2000, p. 16-17.

ao bem jurídico tutelado pela norma, surge o princípio da ofensividade como limitador material de toda incriminação,[114] uma vez que a ofensividade representa uma exigência de dano ou perigo (concreto) ao bem jurídico-penal, para que se dê a tipificação de qualquer conduta incriminada pela norma.[115]

Assim, o princípio da ofensividade pretende atuar em duas frentes: servir de orientação à atividade legislativa (para que o legislador adote, na elaboração do tipo penal, a exigência indeclinável de que a conduta proibida represente ou contenha verdadeiro conteúdo ofensivo a bens jurídicos socialmente relevantes) e servir de critério interpretativo (constrangendo o intérprete legal a encontrar no caso concreto a lesão ou perigo de lesão ao bem jurídico tutelado).[116] Além disso, tendo a ofensividade como critério, pode-se descortinar, incialmente, duas espécies de crimes: os *crimes de dano*, nos quais a realização do tipo tem como consequência a efetiva lesão ao bem jurídico protegido, e os *crimes de perigo*, nos quais a realização do tipo não lesiona o bem jurídico tutelado, mas o coloca em perigo de lesão; e é esse perigo de lesão também proibido pela norma. Nessa última categoria, podemos distinguir, ainda, os crimes de *perigo concreto*, nos quais o perigo faz parte da descrição típica, e portanto, só há tipicidade quando há sério e concreto risco de lesão ao bem jurídico; e os crimes de *perigo abstrato*, nos quais os tipos descrevem comportamentos perigosos para o bem jurídico, sem que se necessite a comprovação efetiva do perigo.[117] E, nesse passo, o crime de estupro, a partir da nova redação que lhe foi dada pela Lei nº 12.015/2009, exige lesão ao bem jurídico tutelado, sendo, portanto, crime de dano.

---

[114] D'AVILA. Fabio Roberto. *Ofensividade em direito penal*: escritos sobre a teoria do crime como ofensa a bens jurídicos. Porto Alegre: Livraria do Advogado, 2009, p. 67; ROXIN, Claus. *A proteção de bens jurídicos como função do Direito Penal*. Traduzido por André Luís Callegari e Nereu José Giacomolli. Porto Alegre: Livraria do Advogado, 2006, p. 39; ZAFFARONI, Eugenio Raúl. *Tratado de derecho penal*. Parte general. Vol. III. Buenos Aires: Ediar, 1999, p. 222-223.

[115] BITENCOURT, Cezar Roberto. *Tratado de direito penal*. Parte geral. 11.ed. Vol. I. São Paulo: Saraiva, 2007, p. 22; D'AVILA. Fabio Roberto. *Ofensividade em direito penal*: escritos sobre a teoria do crime como ofensa a bens jurídicos. Porto Alegre: Livraria do Advogado, 2009, p. 99-100; TOLEDO, Francisco de Assis. *Princípios básicos de Direito penal*. São Paulo: Saraiva, 2000, p. 20.

[116] BITENCOURT, Cezar Roberto. *Tratado de direito penal*. Parte geral. 11.ed. Vol. I. São Paulo: Saraiva, 2007, p. 22. No mesmo sentido: GOMES, Luiz Flavio. *Princípio da ofensividade no direito penal*. São Paulo: Revista dos Tribunais, 2002, p. 99; SANTOS, Juarez Cirino dos. *Direito penal*. Parte geral. Curitiba: Lúmen Juris, 2006, p. 25-26. Importante texto sobre o tema: D'AVILA, Fabio Roberto. *Ofensividade e crimes omissivos próprios* (contributo à compreensão do crime como ofensa ao bem jurídico). Coimbra: Coimbra Editora, 2005.

[117] BITENCOURT, Cezar Roberto. *Teoria geral do delito*: uma visão panorâmica da dogmática penal brasileira. Coimbra: Almedina, 2007, p. 157; DIAS, Jorge de Figueiredo. *Direito penal*. Parte geral. Tomo I. Coimbra: Coimbra Editora, 2007, p. 309; FRAGOSO, Heleno Claudio. *Lições de direito penal*. Parte geral. 16.ed. Rio de Janeiro: Forense, 2003, p. 206-208; MIR PUIG, Santiago. *Derecho penal*. Parte general. 5.ed. Barcelona: Repportor, 1998, p. 208.

Vimos na evolução histórica da legislação concernente ao estupro a modificação do objeto protegido pelas normas, atendendo aos anseios de seu tempo. Assim, as Ordenações Filipinas protegiam, sem referi-los, aos *"bons costumes da Corte"*, punindo, quase sempre, com a morte, nos Títulos XIII a XXXIV, do Livro V, as condutas sexuais à época preocupantes.[118]

Já o Código Criminal do Império, de 1830, nominou a primeira seção do capítulo que guardava a *"segurança da honra"* de *estupro*, e sob essa rubrica jaziam as figuras do defloramento, do estupro propriamente dito, do atentado violento ao pudor e da sedução.[119]

Com a República, a proteção passou a ser *"segurança da honra, honestidade das famílias e do ultraje publico ao pudor"*, estabelecendo o estupro e o atentado ao pudor no capítulo da *"violência carnal"*, em 1890; e, mais tarde, no Código de 1940, o bem jurídico tutelado identificou-se aos *"(bons) costumes"*,[120] vindo o estupro e o atentado ao pudor no capítulo protetor da *"liberdade sexual"*, "no particular aspecto da violabilidade carnal da pessoa, contra atos violentos".[121]

Em sentido mais estrito, o bem jurídico protegido pelas normas do capítulo I, do Título VI é a *liberdade sexual*, ou seja, a "faculdade de livre escolha ou livre consentimento nas relações sexuais".[122] Assim, os delitos de estupro e atentado violento ao pudor puniam toda violência (física ou moral), voltada a "impedir o livre exercício da vontade na espécie da liberdade sexual",[123] e "a liberdade da disposição do próprio corpo no tocante aos fins sexuais",[124] sendo o art. 213 o responsável pela proteção da liberdade sexual *da mulher*, exclusivamente, vez que este gênero é elemento do tipo, e o art. 214, responsável pela extensão desta proteção aos demais.

---

[118] ALMEIDA, Cândido Mendes de. *Ordenações Filipinas*. Livros IV e V. Coimbra: Fundação Calouste Gulbenkian, 1985, p. 1168.

[119] Vide Capítulo II da Seção I da Lei de 16 de dezembro de 1830.

[120] Segundo HUNGRIA, "o vocábulo "costumes" é aí empregado para significar (sentido estrito) os hábitos da vida sexual aprovados pela moral prática, ou, o que vale mesmo, a conduta sexual adaptada à conveniência e disciplina sociais." (HUNGRIA, Nelson. *Comentários ao Código Penal*. Vol. VIII. 4.ed. Rio de Janeiro: Forense, 1959, p. 103).

[121] FRAGOSO, Heleno Cláudio. *Lições de direito penal*. Parte Especial. Vol. II. Rio de Janeiro: J. Bushatsky, 1958, p. 389.

[122] HUNGRIA, Nelson. *Comentários ao Código Penal*. Vol. VIII. 4. ed. Rio de Janeiro: Forense, 1959, p. 111.

[123] MESTIERI, João. *Do delito de estupro*. São Paulo: Revista dos Tribunais, 1982, p. 14.

[124] HUNGRIA, Nelson. *Comentários ao Código Penal*. Vol. VIII. 4.ed. Rio de Janeiro: Forense, 1959, p. 111. No mesmo sentido: BITENCOURT, Cezar Roberto. *Tratado de direito penal*. Parte especial. 3.ed. Vol. IV. São Paulo: Saraiva, 2008, p. 1; NORONHA, Edgard Magalhães. *Crimes contra os costumes*. Comentários aos arts. 213 a 226, e 108 n. VII do Código Penal. São Paulo: Saraiva, 1943, p. 15.

O advento da Lei nº 12.015, de 07 de agosto de 2009, substituiu *os costumes* pela *dignidade sexual*, em seu Título VI, o que estabeleceu uma mudança considerável, relativamente ao bem jurídico ora tutelado, adequando-o aos tempos modernos.

Hoje, a proteção está estendida, portanto, sobre a *dignidade sexual* do ser humano, independentemente de gênero ou opção sexual. Aliás, como sugere a abalizada doutrina, *dignidade* lembra respeitabilidade, decência, compostura, honra, e a associação destas figuras ao termo *sexual* expande a proteção penal para o infinito contexto de atos tendentes à satisfação da concupiscência, em detrimento daqueles valores aliados à dignidade.[125] Portanto, a norma penal protegerá, em outras palavras, a dignidade sexual do *humano*, apesar de todo o seu manancial de possibilidades sexuais; desde o mais singelo beijo lascivo, às mais sórdidas realizações de fantasias tendentes à satisfação das vontades secretas, quando praticadas na ofensa da dignidade humana, isto é, na ofensa ao *pudor*, como "principal objeto de proteção das normas jurídicas relativas à atividade genésica",[126] pois é ele, o pudor, que *civiliza* o amor, constituindo-se em inegável vitória da cultura sobre a força da natureza.[127]

Por isso, o Título VI do Código Penal (agora modificado pela Lei nº 12.015/09) abre com um capítulo preocupado com a defesa da *liberdade sexual*, onde inserem-se os crimes de estupro, violação sexual mediante fraude e assédio sexual.[128]

Relativamente ao estupro, continuam valendo as concepções anteriores à Lei nº 12.015/09 sobre a defesa da *liberdade sexual*, se bem que modificadas exclusivamente na expansão da proteção penal a qualquer

---

[125] NUCCI, Guilherme de Souza. *Crimes contra a dignidade sexual*: comentários à Lei n. 12.015, de 7 de agosto de 2009. São Paulo: Revista dos Tribunais, 2009, p. 14. Sobre o tema, ver: CAPANO, Evandro Fabiani. *Dignidade sexual*: comentários aos novos crimes do Título VI do Código Penal (art. 213 a 234-B) alterados pela Lei 12.015/2009. São Paulo: Saraiva, 2010, p. 28-33; ESTEFAM, André *et al. Reforma penal*: comentários às Leis 11.923, 12.012 e 12.015, de 2009. São Paulo: Saraiva, 2010, p. 19-21; FÜHRER, Maximiliano Roberto Ernesto. *Novos crimes sexuais com a feição instituída pela Lei 12.015, de 7 de agosto de 2009*. São Paulo: Malheiros, 2009, p. 105-135. GRECO, Alessandra Orcesi Pedro; RASSI, João Daniel. *Crimes contra a dignidade sexual*. São Paulo: Atlas, 2010.

[126] HUNGRIA, Nelson. *Comentários ao Código Penal*. Vol. VIII. 4.ed. Rio de Janeiro: Forense, 1959, p. 89.

[127] Ibidem.

[128] Sobre o tema, vide: AZEVEDO, André Boiani e. *Assédio Sexual*: aspectos penais. Curitiba: Juruá, 2006; CAPANO, Evandro Fabiani. *Dignidade sexual*: comentários aos novos crimes do Título VI do Código Penal (art. 213 a 234-B) alterados pela Lei 12.015/2009. São Paulo: Saraiva, 2010; ESTEFAM, André *et al. Reforma penal*: comentários às Leis 11.923, 12.012 e 12.015, de 2009. São Paulo: Saraiva, 2010, p. 19-21; FÜHRER, Maximiliano Roberto Ernesto. *Novos crimes sexuais com a feição instituída pela Lei 12.015, de 7 de agosto de 2009*. São Paulo: Malheiros, 2009; GRECO, Alessandra Orcesi Pedro; RASSI, João Daniel. *Crimes contra a dignidade sexual*. São Paulo: Atlas, 2010; JESUS, Damásio E. de; GOMES, Luiz Flávio. (Coords.). *Assédio Sexual*. São Paulo: Saraiva, 2002; NUCCI, Guilherme de Souza. *Crimes contra a dignidade sexual*: comentários à Lei n. 12.015, de 7 de agosto de 2009. São Paulo: Revista dos Tribunais, 2009.

gênero. Defende-se, portanto, a liberdade de escolha de qualquer pessoa no fruir de sua sexualidade,[129] punindo, inclusive com penas mais severas, a hipótese de a vítima ser vulnerável.

Assim, a partir da nova legislação ora em comento, a prática crime de estupro, pela redação ostentada pelo tipo, dependerá da interpretação dos agentes de Direito, na medida em que a amplitude do tipo penal permite a confusão entre condutas sexualmente saudáveis e condutas de estupro. (Mormente se pensarmos no estupro de vulnerável e as condutas promíscuas de descoberta sexual da adolescência hodierna).

Portanto, o intérprete deverá avaliar, na conduta formalmente objetiva, se o agente constrangeu alguém, mediante violência ou grave ameaça, a ter conjunção carnal ou a praticar ou permitir que com ele se praticasse outro ato libidinoso.[130] E, ao depois, para certificar-se da tipicidade do crime, verificar se tal conduta (ainda que formalmente adequada ao tipo) lesiona o bem jurídico tutelado pela norma, isto é, lesiona a liberdade sexual no âmbito da dignidade sexual do humano.[131]

Segundo a lição de Hungria, o estupro é uma forma especial de constrangimento ilegal trasladada para o setor dos crimes contra a dignidade sexual,[132] e é de ver-se que, hoje, a determinação da violência ou da grave ameaça é indispensável à verificação da ofensa ao bem jurídico tutelado. Isto é, deve o intérprete verificar, além da existência de constrangimento, se há lesão à dignidade sexual na plena expressão de sua liberdade. Lembremo-nos, pois, das práticas sexuais dependentes de amarras e correntes, as quais o sujeito (passivo) se submete, – constrangido (e por vezes humilhado) – para alcançar o desafogo de sua concupiscência. Aqui, o constrangimento e, por vezes, a violência, na (ou para) a prática do ato

---

[129] A propósito, ROXIN afirma que desde o projeto alternativo alemão do ocidente, de 1966, o capítulo relativo aos crimes sexuais não mais se intitula *"delitos e contravenções contra a moralidade"*, mas sim, *"fatos puníveis contra a autodeterminação sexual"*, indicando que a moralidade não é mais protegida pela norma penal exclusivamente porque não é um bem jurídico, de maneira que, por exemplo, a homossexualidade (tida até então como imoral), a bestialidade, a troca de casais e outras condutas atentatórias à moral foram despenalizadas. (ROXIN, Claus. *A proteção de bens jurídicos como função do Direito Penal*. Traduzido por André Luís Callegari e Nereu José Giacomolli. Porto Alegre: Livraria do Advogado, 2006, p. 12-13).

[130] "Art. 213. Constranger alguém, mediante violência ou grave ameaça, a ter conjunção carnal ou a praticar ou permitir que com ele se pratique outro ato libidinoso. Pena: reclusão, de 6 (seis) a 10 (dez) anos" (Código Penal).

[131] Nesse sentido, afirma Bitencourt que atualmente o bem jurídico constitui a base da estrutura e interpretação dos tipos penais, devendo, por essa razão, possuir um sentido social próprio, oferecendo um critério material, extremamente importante e seguro na construção dos tipos penais. (BITENCOURT, Cezar Roberto. *Teoria geral do delito*: uma visão panorâmica da dogmática penal brasileira. Coimbra: Almedina, 2007, p. 154-155).

[132] Conforme Hungria: "não é o estupro senão uma forma especial do constrangimento ilegal (art. 146) trasladada para o setor dos crimes contra os costumes." (HUNGRIA, Nelson. *Comentários ao Código Penal*. Vol. VIII. 4.ed. Rio de Janeiro: Forense, 1959, p. 116).

libidinoso é consentida pelo agente, excluindo a ofensa ao bem jurídico tutelado.

Outro exemplo, em que seria preciso um pouco de razoabilidade para o intérprete, é o "roubo de um beijo lascivo". Por "beijo lascivo" entende-se o beijo destinado a produzir ou estimular o prazer sexual, diferentemente de um rápido e fugaz toque entre os lábios.[133] Pois bem, se o indivíduo rouba um beijo lascivo da vítima como forma de demonstrar-lhe seu afeto, ter-se-á uma conduta diferente daquela em que o sujeito rouba o beijo lascivo para humilhar a vítima. Qualquer das hipóteses poderia, em tese, configurar estupro, haja vista o constrangimento a que a vítima é submetida, a violência no ato em si, e o ato libidinoso (tendente a produzir ou estimular o prazer). É necessário, portanto, que se verifique a real ofensa ao bem jurídico *"dignidade sexual"*, no fruir da liberdade da vítima em escolher com quem e quando quer beijar.

Por isso, afirma Roxin que o "poder estatal de intervenção e a liberdade civil devem ser levados a um equilíbrio, de modo que garanta ao indivíduo tanta proteção estatal quanto seja necessária, assim como também tanta liberdade individual quanto seja possível".[134] E sob esse ponto de vista, podemos afirmar que a tipicidade não é apenas a realização da conduta descrita na norma penal, mas que, ao lado desse primeiro requisito, a lesão (ou perigo de lesão) ao bem jurídico protegido, constitui um segundo elemento indissociável da tipicidade,[135] aos quais soma-se, ainda, englobando-os, o elemento subjetivo: o dolo. A lesão ao bem jurídico, desta forma, representa um verdadeiro *resultado jurídico* (e não material).[136]

Assim, vê-se que além da ofensa (ou perigo concreto de ofensa) ao bem jurídico, para que se dê o juízo de tipicidade, ainda é necessário que a conduta preencha os requisitos objetivos e subjetivos do tipo, pois é na ofensa ao bem jurídico que reside a legitimidade do Direito penal.

---

[133] Que a voz corrente, por força da gíria, usa denominar "selinho".

[134] ROXIN, Claus. *A proteção de bens jurídicos como função do Direito Penal*. Traduzido por André Luís Callegari e Nereu José Giacomolli. Porto Alegre: Livraria do Advogado, 2006, p. 39.

[135] Nesse sentido: D'AVILA, Fabio Roberto. *Ofensividade e crimes omissivos próprios* (contributo à compreensão do crime como ofensa ao bem jurídico). Coimbra: Coimbra Editora, 2005, p. 41; FERNÁNDEZ, Gonzalo D. Bien jurídico y sistema del delito. In DIEZ OJEDA, Augusto; LOPARDO, Marta. (coords.). *Teorías Actuales en el derecho penal*. Buenos Aires: Ad-Hoc, 1998, p. 427; ZAFFARONI, Eugenio Raúl; PIERANGELI, José Henrique. *Manual de direito penal brasileiro*. Parte geral. Vol. I. 6.ed. São Paulo: Saraiva, 2006, p. 396.

[136] D'AVILA, Fabio Roberto. *Ofensividade e crimes omissivos próprios* (contributo à compreensão do crime como ofensa ao bem jurídico). Coimbra: Coimbra Editora, 2005, p. 45; FRAGOSO, Heleno Claudio. *Lições de direito penal*. Parte geral. 16.ed. Rio de Janeiro: Forense, 2003, p. 206; ZAFFARONI, Eugenio Raúl. *Tratado de derecho penal*. Parte general. Vol. III. Buenos Aires: Ediar, 1999, p. 232.

3. Análise típica do estupro

O tipo que ora se passa a analisar tem a seguinte redação: "Art. 213. Constranger alguém, mediante violência ou grave ameaça, a ter conjunção carnal ou a praticar ou permitir que com ele se pratique outro ato libidinoso". Já se disse que esta nova redação alterou velhas concepções (debatidas há tempos nos centros próprios e outros países),[137] hoje já incabíveis, e trouxe uma série de situações novas a serem descortinadas.

Incialmente, devemos referir que a estrutura do tipo, adequada aos ditames político-criminais, está composta pelos tipos objetivo e subjetivo. O primeiro está constituído de dois grupos de elementos essenciais à tipicidade: o *formal*, que abarca os elementos suficientes à descrição da conduta a ser praticada pelo agente, e o *material*, que estabelece os requisitos necessários à imputação do resultado lesivo ao bem jurídico ao sujeito que o pratica.[138]

---

[137] Como bem detalha Savadell, inclusive, ressaltando que este debate envolvia também a unificação as condutas de conjunção carnal e atentado violento ao pudor. (SAVADELL, Ana Lúcia. A problemática dos delitos sexuais numa perspectiva de direito comparado. *Revista Brasileira de Ciências Criminais*. São Paulo, Ano 7, n. 27, p. 80-102, jul.-set., 1999, p. 87-90).

[138] ROXIN, Claus. *Derecho penal*: parte general. Tomo I. Traduzido por Diego-Manuel Luzón Peña, Miguel Díaz y García Conlledo e Javier de Vicente Remesal. Madri: Civitas, 1999, p. 305. É de salientar-se desde já, que o caminho trilhado para estruturação do tipo segue os passos da teoria da imputação objetiva de resultado, desenvolvida por Roxin, nos permitindo uma leitura mais clara e atualizada da norma em questão. A dogmática penal brasileira chegará, em breve, à adoção dessa estrutura como degrau necessário ao acompanhamento das tendências mundiais modernas de política criminal. Sobre esse tema, dentre outros: vide: ALBUQUERQUE, Mário Pimentel. *Princípio da confiança no direito penal*: uma introdução ao estudo do sujeito em face da teoria da imputação objetiva funcional. Rio de Janeiro: Lumen Juris, 2006; BACIGALUPO, Enrique. Sobre a teoria da ação finalista e sua significação no direito penal. *Revista Ibero-Americana de Ciências Penais*. Porto Alegre, ano 5, n. 10, p. 105-120, jan.-jun., 2004; BARATTA, Alessandro. Funções instrumentais e simbólicas do Direito Penal. Lineamentos de uma teoria do bem jurídico. *Revista Brasileira de Ciências Criminais*. São Paulo, ano 2, n. 5, p. 5-24, jan.-mar., 1994; CALEGARI, André Luís. A imputação objetiva no direito penal. *Revista Brasileira de Ciências Criminais*. São Paulo, n. 30, ano 8, p. 65-86, abr.-jun., 2000; CALEGARI, André Luís. *Imputação objetiva*: lavagem de dinheiro e outros temas de direito penal. Porto Alegre: Livraria do Advogado, 2001; CAMARGO, Antonio Luís Chaves. *Imputação objetiva e direito penal brasileiro*. São Paulo: Cultura Paulista, 2001; CANCIO MELIÁ, Manuel; FERRANTE, Marcelo; SANCINETTI, Marcelo A. *Teoría de la imputación objetiva*. Bogotá: Centro de Investigaciones de Derecho Penal y Filosofía del Derecho de la Universidad Externado de Colombia, 1998; CANCIO MELIÁ, Manuel. Dogmática y política criminal en una teoría funcional del delito. *Revista Ibero-Americana*

Evidentemente que os aspectos formal e material do tipo objetivo devem estar abrangidos pelo tipo subjetivo, que expressa a vontade de realização da conduta por parte do agente, em que pese não se tratar, o tipo subjetivo, de elemento central na tipificação do crime; apenas ele-

---

de Ciências Penais. Porto Alegre, ano 2, n. 4, p. 223-242, set.-dez., 2001; CANCIO MELIÁ, Manuel. *Líneas básicas de la teoria de la imputación objetiva*. Mendoza: Cuyo, 2001; DIAS, Jorge de Figueiredo. Sobre a construção dogmática do fato punível. *Questões fundamentais de direito penal revisitadas*. São Paulo: Revista dos Tribunais, 1999; FEIJÓO SÁNCHEZ, Bernardo. El principio de confianza como criterio normativo de imputación en el derecho penal: fundamento y consecuencias dogmáticas. *Revista Ibero-Americana de Ciências Penais*. Porto Alegre, ano 1, n. 1, p. 227-265, set.-dez., 2000; FEIJÓO SÁNCHEZ, Bernardo. *Teoria da imputação objetiva*: estudo crítico e valorativo sobre os fundamentos dogmáticos e sobre a evolução da teoria da imputação objetiva. Traduzido por Nereu José Gioacomolli. Barueri: Manole, 2003; GRECO, Luís. Introdução à dogmática funcionalista do delito. *Revista Brasileira de Ciências Criminais*, São Paulo, ano 8, n. 32, p. 120-186, out-dez., 2000; JAKOBS, Günther. *Imputação objetiva no direito penal*. Traduzido por André Luís Callegari. São Paulo: Revista dos Tribunais, 2000; JAKOBS, Günther. *La imputación objetiva en derecho penal*. Traduzido por Manuel Cancio Meliá. Madri: Civitas, 1999; JAKOBS, Günther. *La imputación objetiva en derecho penal*. Traduzido por Manuel Cancio Meliá. Bogotá: Centro de Investigaciones de Derecho Penal y Filosofía del Derecho de la Universidad Externado de Colombia, 1998; JAKOBS, Günther. *Sobre la normativización de la dogmática jurídico-penal*. Traduzido por Manuel Cancio Meliá e Bernardo Feijoó Sánchez. Madri: Civitas, 2003; JAKOBS, Günther. *Sociedade, norma e pessoa*. Traduzido por Maurício Antonio Ribeiro Lopes. Barueri: Manole, 2003; KÖSTER, Mariana Sacher de. *Evolución del tipo subjetivo*. Bogotá: Centro de Investigaciones de Derecho Penal y Filosofía del Derecho de la Universidad Externado de Colombia, 1998; LESCH, Heiko. H. *Intervención delictiva e imputación objetiva*. Traduzido por Javier Sanchez-Vera Gómez-Trelles. Bogotá: Centro de Investigaciones de Derecho Penal y Filosofía del Derecho de la Universidad Externado de Colombia, 1995; LÓPEZ-DÍAZ, Claudia. *Introducción a la imputación objetiva*. Bogotá: Centro de Investigaciones de Derecho Penal y Filosofía del Derecho de la Universidad Externado de Colombia, 2000; NETTO, Alamiro Velludo Salvador. *Tipicidade penal e sociedade de risco*. São Paulo: Quartier Latin, 2006; PEÑARANDA RAMOS, Enrique; SUÁREZ GONZÁLEZ, Carlos; CANCIO MELIÁ, Manuel. *Um novo sistema do direito penal*: considerações sobre a teoria de Günther Jakobs. Traduzido por André Luís Callegari e Nereu José Giacomolli. Barueri: Manole, 2003; PEÑARANDA RAMOS, Enrique; SUÁREZ GONZÁLEZ, Carlos; CANCIO MELIÁ, Manuel. *Un nuevo sistema del derecho penal*: considerações sobre a teoria de la imputación de Günther Jakobs. Bogotá: Centro de Investigaciones de Derecho Penal y Filosofía del Derecho de la Universidad Externado de Colombia, 1999; PIERANGELI, José Henrique. *Nexo de causalidade e imputação objetiva*. PIERANGELI, José Henrique (Org.). *Direito criminal*. Belo Horizonte: Del Rey, 2002; PRADO, Luiz Regis; CARVALHO, Érika Mendes de. *Teorias da imputação objetiva do resultado*: uma aproximação crítica a seus fundamentos. São Paulo: Revista dos Tribunais, 2002; ROXIN, Claus. A teoria da imputação objetiva. *Revista Brasileira de Ciências Criminais*. São Paulo, Ano 9, n. 38, p. 11-31, abr.-jun., 2002; ROXIN, Claus. *Estudos de direito penal*. 2.ed. Tradução de Luís Greco. Rio de Janeiro: Renovar, 2008; SANCINETTI, Marcelo A. *Subjetivismo e imputación objetiva en derecho penal*. Bogotá: Centro de Investigaciones de Derecho Penal y Filosofía del Derecho de la Universidad Externado de Colombia, 1996; SANTORO FILHO, Antonio Carlos. *Teoria da imputação objetiva*: apontamentos críticos à luz do direito positivo brasileiro. São Paulo: Malheiros, 2007; SANTOS, Juarez Cirino dos. *A moderna teoria do fato punível*. Rio de Janeiro: Freitas Bastos, 2000; SANTOS, Juarez Cirino dos. *Direito Penal*: parte geral. Curitiba: Lumen Juris, 2006; SCHMIDT, Andrei Zenkner. *Considerações sobre o modelo teleológico-garantista a partir do viés funcional-normativista*. In: WUNDERLICH, Alexandre. (Coord.). *Política criminal contemporânea*: criminologia, direito penal e direito processual penal. Porto Alegre: Livraria do Advogado, 2008; SCHÜNEMANN, Bernd. La relación entre ontologismo y normativismo en la dogmática jurídico-penal. *Revista Brasileira de Ciências Criminais*. São Paulo, ano 11, n. 44, p. 11-33, jul.-set., 2003; VOSSGÄTTER, Isabel. *Concepto social de acción e imputación objetiva*. Traduzido por Nuria Pastor Muñoz, Ramón Ragués i Vallés. Bogotá: Centro de Investigaciones en Filosofía y Derecho de la Universidad Externado de Colombia, 2006; WELZEL, Hans. *Direito penal*. Traduzido por Afonso Celso Rezende. Campinas: Romana, 2003.

mento essencial à tipicidade.[139] O elemento central, nessa matriz, é o tipo objetivo material, que permite a imputação segura da lesão ao bem jurídico ao seu autor, independente do *animus* do agente, que pode ou não existir.[140]

Destarte, preenchidos os elementos objetivos formais e materiais, e abarcados tais elementos pelo tipo subjetivo, teremos, então, a tipicidade; isto é, a perfeita adequação do fato à norma proibitiva, não apenas em seu aspecto formal (de adequação entre o descrito pela norma e o fato praticado), mas, inclusive, no seu aspecto central, de efetiva lesão ao bem jurídico tutelado, bem como em seu aspecto subjetivo de conhecimento e vontade sobre a realização da proibição. Assim, vejamos, detidamente cada um destes aspectos.

3.1. SUJEITOS

3.1.1. Sobre o Sujeito Ativo

O sujeito ativo é a descrição daquele que pratica o verbo do tipo, realizando a conduta descrita, e lesionando o bem jurídico tutelado pela norma.[141] É quem pratica o fato típico descrito pela norma, exigindo-se a efetiva prática de uma conduta, pois no Estado Democrático de Direito somente é lícito proibir penalmente os comportamentos externos (e não os pensamentos) dos cidadãos.[142] E, "por ser o crime ação humana, somente o ser vivo, nascido de mulher, pode ser autor de crime".[143] Como já referiu Bruno, o sujeito ativo quase sempre não vem expresso, significando que o crime pode ser cometido por qualquer pessoa, ou seja, por "um ser huma-

---

[139] Nesse sentido, Köster explica que "*el tipo subjetivo pierde una parte de las funciones que ejercía con el finalismo y, de este modo, deja de ocupar el lugar principal en la teoría del ilícito. Al mismo tiempo, el tipo objetivo es ampliado y colocado en el primer plano*". (KÖSTER, Mariana Sacher de. *Evolución del tipo subjetivo*. Bogotá: Centro de Investigaciones de Derecho Penal y Filosofía del Derecho de la Universidad Externado de Colombia, 1998, p. 93).

[140] ROXIN, Claus. A teoria da imputação objetiva. *Revista Brasileira de Ciências Criminais*. São Paulo, ano 9, n. 38, p. 11-31, abr.-jun., 2002, p. 21. Explica o mesmo autor que "a categoria do injusto penal não é, pois, a causação do resultado ou a finalidade da ação humana, como se vinha acreditando por muito tempo, senão a realização de um risco não permitido". (ROXIN, Claus. *A proteção de bens jurídicos como função do Direito Penal*. Traduzido por André Luís Callegari e Nereu José Giacomolli. Porto Alegre: Livraria do Advogado, 2006, p. 41).

[141] Por todos, Zaffaroni, explica que o sujeito ativo é o autor do fato, e, no tipo objetivo, interessam as características objetivas que deve o sujeito-autor-do-fato reunir para fazer parte do tipo objetivo. (ZAFFARONI, Eugenio Raúl. *Tratado de derecho penal*: parte general. Vol. III. Buenos Aires: Ediar, 1999, p. 282).

[142] MIR PUIG, Santiago. *Derecho penal*: parte general. 5.ed. Barcelona: Reppertor, 1998, p. 161.

[143] BITENCOURT, Cezar Roberto. *Teoria geral do delito*: uma visão panorâmica da dogmática penal brasileira. Coimbra: Almedina, 2007, p. 94.

no qualquer".[144] Entretanto, em alguns casos, a norma exige determinada condição do sujeito para figurar no polo ativo, como é o caso dos chamados crimes próprios, em que o tipo descreve o seu sujeito ativo.[145]

Na legislação anterior, o estupro era um crime próprio no que se referia ao sujeito ativo, exigindo que fosse homem,[146] pois necessitava no polo ativo da conduta um sujeito viril o suficiente para introduzir parcialmente o pênis na vagina da mulher (descrita, então, como vítima); a mulher somente poderia figurar como sujeito ativo se estivesse em coautoria com um homem, para que ela constrangesse e ele consumasse a conjunção carnal (perfectibilizando, com a soma das condutas, o verbo nuclear do tipo).[147]

Entretanto, o atual delito de estupro não descreve o sujeito ativo, não sendo, portanto, caso de crime próprio, podendo ser praticado por qualquer pessoa, tornando-se crime comum, quanto ao sujeito ativo.[148] Frise-se que permanece a necessidade de se ter um homem para a prática, ainda que parcial, da conjunção carnal,[149] mas a presença deste não necessita se dar no polo ativo da conduta como outrora. A norma em comento permite que o homem possa ser vítima de cópula vagínica, o que embora de difícil comprovação prática, é possível no campo teórico.

Os demais atos libidinosos abarcados pela nova descrição típica podem ser praticados por qualquer pessoa, independentemente de qualquer condição, pois basta, para figurar como sujeito ativo, que o agente tenha

---

[144] BRUNO, Aníbal. *Direito penal*. Parte geral. 5.ed. Rio de Janeiro: Forense, 2003, p. 215.

[145] São *crimes próprios* todos os que apresentam como elemento constitutivo do tipo qualidades, estados, condições e situações do sujeito ativo, de forma explícita ou implícita (ex.: concussão [art. 316, CP], omissão de socorro [art. 135, CP], infanticídio [art. 123, CP], dentre outros). Nesse contexto, diferenciam-se os *crimes de mão-própria* exclusivamente pelo fato de estes últimos não admitirem a autoria mediata, isto é, exigirem que o sujeito ativo efetivamente realize a ação típica, lesionando o bem jurídico, não podendo utilizar-se para tanto de interposta pessoa (ex: falso testemunho [art. 342, CP], evasão [art. 352, CP], dentre outros). Nesse sentido: FRAGOSO, Heleno Cláudio. *Lições de direito penal*. 16.ed. Rio de Janeiro: Forense, 2003, p. 337-338.

[146] Maiores informações sobre a figura do estuprador, podem ser hauridas em EIDELBERG, Ludwig. *Psicologia de la violación*. Traduzido por Daniel Ricardo Wagner. Buenos Aires: Hormé, 1965. 227p.

[147] Nesse sentido: CASTRO FILHO, Alexandre Martins de. Estupro (a mulher sozinha como sujeito ativo). *Revista Jurídica Consulex*. Brasília, ano 6, n. 124, p. 40-41, mar. 2002; ROCHA, Fernando Antonio Nogueira Galvão da. Autoria mediata e o crime de estupro: a pluralidade de pessoas no fato punível. *Revista Forense*. Rio de Janeiro, ano 85, v. 307, p. 31-42, jul./set. 1989.

[148] Nesse sentido: BARROS, Flávio Monteiro de. *Crimes contra a dignidade sexual*. Araçatuba: MB, 2010, p. 12; FÜHRER, Maximiliano Roberto Ernesto. *Novos crimes sexuais com a feição instituída pela Lei 12.015, de 7 de agosto de 2009*. São Paulo: Malheiros, 2009, p. 158; GRECO, Alessandra Orcesi Pedro; RASSI, João Daniel. *Crimes contra a dignidade sexual*. São Paulo: Atlas, 2010, p. 146; PIERANGELI, José Henrique; SOUZA, Carmo Antônio de. *Crimes sexuais*. Belo Horizonte: Del Rey, 2010, p. 11; PRADO Luiz Regis. *Comentários ao Código Penal*. 5.ed. São Paulo: Revista dos Tribunais, 2010, p. 667.

[149] Nesse sentido: DELMANTO, Celso et al. *Código penal comentado*. 8.ed. São Paulo: Saraiva, 2010, p. 692; PIERANGELI, José Henrique; SOUZA, Carmo Antônio de. *Crimes sexuais*. Belo Horizonte: Del Rey, 2010, p. 11.

constrangido alguém, por meio de violência ou grave ameaça, à prática de ato libidinoso diverso da conjunção carnal.

Outrora discutiu-se sobre a possibilidade de o estupro praticado pelo marido constituir a excludente do exercício regular de um direito, o que hoje se nos parece absurdo, frente à evolução do papel da mulher na sociedade, acompanhada pela legislação.[150] Atualmente, a norma protege a dignidade sexual do ser humano, na manifestação de sua liberdade sexual, não mais permitindo esse tipo de discriminação de gênero.

A tipificação da conduta não exige expressa ou tacitamente qualquer qualidade do sujeito para a prática deste crime, e por isso diz-se que é um crime comum, quanto ao sujeito ativo.

3.1.2. Sobre o Sujeito Passivo

O sujeito passivo é descrição daquele que detém o bem jurídico tutelado pela norma e sofre a ação realizada pelo sujeito ativo.[151]

O antigo tipo penal do estupro descrevia um sujeito passivo específico, no caso, a expressão *"mulher"*, significando que só poderia ser vítima do estupro o ser humano mulher, detentor de órgão reprodutor feminino; o gênero, aqui, era tão importante, que não se admitia o estupro quando o sujeito passivo era transexual, ainda que tivesse procedido a cirurgia de transgenitalização.

A atual tipificação traz a expressão genérica *"alguém"*, querendo referir qualquer pessoa não vulnerável,[152] seja homem, mulher,[153] "portadores de anomalias sexuais anatômicas ou constitucionais, aqueles que se submeteram a cirurgia plástica, portadores de próteses, prostitutas, devassos etc.".[154]

Em razão disso, há autores que entendem ser o sujeito passivo "a *pessoa humana*, qualquer que seja sua condição ou opção sexual, não tendo

---

[150] Nesse sentido: ABUCHAIM, Ricardo. O estupro entre cônjuges: uma abordagem atualizada. *Revista da Faculdade de Direito*, Pelotas, v. 39, n. 15, p. 189-194, mai. 1995; DELMANTO, Celso. Exercício e abuso de direito no crime de estupro. *Revista dos Tribunais*, São Paulo, ano 69, v. 536, p. 257-259, jun. 1990; GOMES, Luiz Flávio. Marido pode cometer estupro contra mulher. *Jornal Síntese*, Porto Alegre, ano 7, n. 82, p. 10-11, dez. 2003.

[151] ZAFFARONI, Eugenio Raúl. *Tratado de derecho penal*: parte general. Vol. III. Buenos Aires: Ediar, 1999, p. 283. São exemplos do afirmado, a expressão *"alguém"*, do art. 121, a expressão *"recém-nascido"*, do art. 134, ambos do CP.

[152] Para pessoas vulneráveis há um tipo específico: o art. 217-A, e sobre isso, vide o próximo capítulo.

[153] DELMANTO, Celso et al. *Código penal comentado*. 8. ed. São Paulo: Saraiva, 2010, p. 692.

[154] FÜHRER, Maximiliano Roberto Ernesto. *Novos crimes sexuais com a feição instituída pela Lei 12.015, de 7 de agosto de 2009*. São Paulo: Malheiros, 2009, p. 157.

mais relevância jurídica penal a conceituação de coito vaginal",[155] e, portanto, a diversidade de gêneros. Isso porque, a partir da nova legislação, não mais se diferenciam os gêneros para a proteção da dignidade sexual, podendo, inclusive, dar ensejo ao estupro bilateral, como se verá adiante.

A nova descrição do crime de estupro não permite a distinção entre sujeito passivo titular do bem jurídico tutelado e o sujeito passivo que sofre diretamente a ação praticada pelo sujeito ativo. Por tratar-se de crime que protege a liberdade sexual individual, o sujeito que sofre diretamente a ação descrita no tipo terá sua liberdade sexual atacada, pois a ação realizada pelo sujeito ativo somente será considerada crime se e na medida em que violar o direito à liberdade sexual da vítima.[156]

Por fim, é de lembrar que para a tipificação do estupro, o sujeito passivo deve estar efetivamente *constrangido* ao ato sexual, tendo tolhida sua liberdade ou dignidade sexual; isto é, não deve concordar com o ataque sexual, sob pena de descaracterizar o verbo típico; o dissenso da vítima é elemento essencial do delito.[157] Entretanto, não se pode deixar de lado a hipótese trazida por Fernandes, no sentido de que a vítima não deve martirizar-se, colocando sua vida em risco para que o dissenso seja considerado.[158] Haverá situações em que o dissenso da vítima deverá ser analisado

---

[155] GRECO, Alessandra Orcesi Pedro; RASSI, João Daniel. *Crimes contra a dignidade sexual*. São Paulo: Atlas, 2010, p. 141.

[156] Nesse contexto, vale a leitura do interessantíssimo artigo de FREITAS, com dados médicos, sugestões para o primeiro atendimento das vítimas, profilaxias, acompanhamento e a questão do aborto previsto pela lei, trazendo inclusive a relação dos documentos necessários para a interrupção da gestação, nos seguintes termos: "No caso da interrupção da gestação resultante de estupro é obrigatória a existência os seguintes documentos: a) autorização da grávida ou de seu representante legal, para a realização do abortamento; b) informação à mulher, ou ao seu representante legal, de que ela poderá ser responsabilizada criminalmente caso as declarações constantes no Boletim de Ocorrência Policial sejam falsas; c) registro em prontuário medico, e de forma separada, das consultas, da equipe multidisciplinar e da decisão por ela tomada, assim como dos resultados dos exames clínicos ou laboratoriais; d) cópia do Boletim de Ocorrência Policial". (FREITAS, Fernando. *Violência sexual contra a mulher aborto previsto por lei*. Instituto Interdisciplinar de Direito de Família (IDEF) (Coord.). *Direito de família e interdisciplinaridade*. Curitiba: Juruá, 2001, p. 173-178). Sobre esta temática, ver também: FERREIRA, A. A.; PRADO, Paulo de Albuquerque. Comentário em torno do art. 128, § II do código penal. *Revista Brasileira de Criminologia e Direito Penal*. Rio de Janeiro, ano 25, v. 5 e 6, p. 191-201, jan./jun. 1955; RIBEIRO, Leonídio. Aborto em caso de estupro. *Revista Brasileira de Criminologia e Direito Penal*. Rio de Janeiro, ano 2, n. 7, p. 73-81, out./dez., 1964; SANDOVAL, Ovídio Rocha Barros. Autorização judicial para a pratica de aborto. *Revista dos Tribunais*. São Paulo, v. 739, p. 497-501, mai. 1997; SOUZA, José Arnobio Amariz de. Os filhos do estupro. *Revista Jurídica Consulex*. Brasília, ano 9, n. 211, p. 46-51, out. 2005.

[157] Nesse sentido, por exemplo: ESTEFAM, André *et al*. *Reforma penal*: comentários às Leis 11.923, 12.012 e 12.015, de 2009. São Paulo: Saraiva, 2010, p. 28; FÜHRER, Maximiliano Roberto Ernesto. *Novos crimes sexuais com a feição instituída pela Lei 12.015, de 7 de agosto de 2009*. São Paulo: Malheiros, 2009, 158.

[158] FERNANDES, Antônio Scarance; MARQUES, Oswaldo Henrique Duek. Estupro: enfoque vitimológico. *Revista dos Tribunais*. São Paulo, ano 79, v. 653, p. 265-276, mar. 1990, p. 268. Esclarecem os citados autores, à mesma página, que "é importante, em cada caso concreto, avaliar a superioridade de forças do agente, apta a configurar o constrangimento através da violência".

cuidadosamente, pois talvez o consentimento para o ato possa ter sido a única forma de salvar-lhe a vida.[159]

Com isso, podemos afirmar, o sujeito passivo do crime de estupro é qualquer pessoa não vulnerável, não mais importando as distinções de gênero.

3.2. O TIPO OBJETIVO

O tipo objetivo, como já dito, é composto por dois aspectos: o *formal*, necessário ao desenho da figura típica, e o *material*, necessário à segura imputação do resultado a seu autor. Assim, o *tipo objetivo formal* está constituído por *elementos descritivos* (responsáveis pela desenho tópico dos elementos que expressam a proibição por meio da descrição do *verbo típico*, do *objeto material* do crime, e de *elementos circunstanciais*), e por *elementos normativos*, suficientes à perfeita descrição da conduta incriminada pela norma. A doutrina atual não mais faz a distinção entre os elementos descritivos e normativos, sustentando não mais ser possível a estanque classificação destes elementos, pois a relativização do mundo no qual estamos inseridos, permite a interpretação valorativa de qualquer conceito.[160] Por essa razão, inclusive, é que Roxin não esmiúça quais os elementos descritivos e normativos, deixando essa missão a cargo da parte especial, pois cada crime exigirá um grupo de elementos descritivos e normativos suficientes para a descrição do fato incriminado.[161]

Já o *tipo objetivo material* tem três elementos chave para possibilitar a imputação do crime ao sujeito que realiza a conduta descrita. Assim, deverá o sujeito ativo *criar um risco não permitido* para o bem jurídico protegido pela norma, o risco deverá realizar-se, ferindo o bem jurídico, e esta lesão ao bem jurídico deve estar dentro do âmbito de alcance do tipo.[162] É de referir-se, ainda, que esta separação tem o caráter eminentemente analítico, pois para criar o risco juridicamente proibido, o sujeito deve realizar a conduta descrita na norma, assim como a realização do risco não permitido é a concreção fática do resultado exigida pelo tipo por meio da

---

[159] FÜHRER, Maximiliano Roberto Ernesto. *Novos crimes sexuais com a feição instituída pela Lei 12.015, de 7 de agosto de 2009.* São Paulo: Malheiros, 2009, 158.

[160] ROXIN, Claus. *Derecho penal*: parte general. Tomo I. Traduzido por Diego-Manuel Luzón Peña, Miguel Díaz y García Conlledo e Javier de Vicente Remesal. Madri: Civitas, 1999, p. 304.

[161] Ibidem.

[162] Nesse sentido: ROXIN, Claus. A teoria da imputação objetiva. *Revista Brasileira de Ciências Criminais*. São Paulo, Ano 9, n. 38, p. 11-31, abr.-jun., 2002, p. 30; GRECO, Luís. Introdução à dogmática funcionalista do delito. *Revista Brasileira de Ciências Criminais*. São Paulo, Ano 8, n. 32, p. 120-186, out.-dez., 2000, p. 145.

descrição da conduta. Note-se a simbiose entre estes elementos formais e materiais: um apenas pode ocorrer se existir o outro.

3.2.1. Tipo Objetivo Formal

3.2.1.1. Verbo típico

O verbo do tipo é a descrição da conduta incriminada,[163] e esta, o conjunto de elementos que o sujeito ativo deve realizar, para concretizar o risco de lesão ao bem jurídico protegido. São exemplos de verbos típicos as expressões: *"constranger", "matar", "subtrair", "apropriar-se", "deixar de"* etc. Entretanto, temos que o verbo do tipo deve descrever a conduta proibida, pois os exemplos acima descritos abarcam uma série de possíveis condutas, e apenas algumas destas estão nos contextos típicos. Assim, figura-nos mais razoável que o verbo do tipo abarque, além do verbo, propriamente dito, outros elementos típicos, ainda que classificáveis de forma independente, suficientes para demonstrar com clareza a proibição contida na norma.

O tipo em análise, portanto, possui dois verbos típicos, estabelecendo *duas* condutas, com diferentes meios de lesionar o bem juridicamente protegido; podendo ser considerado, portanto, crime de ação múltipla.[164]

O primeiro verbo típico que se destaca é *"constranger (alguém) a ter conjunção carnal"*, isto é, a ação proibida aqui é a cópula vagínica obtida sem consentimento, "sendo indiferente que a penetração seja completa ou que haja ejaculação".[165] Note-se que os elementos *alguém* – relativo à descrição do sujeito passivo objeto do delito – e *conjunção carnal* – classificável como elemento normativo –, são necessários e indispensáveis junto ao verbo *constranger* para delinear a proibição da conduta.

Neste verbo típico, a proteção não mais é exclusiva à mulher, em que pese a lei não ter reescrito a definição de conjunção carnal – mantendo a diferenciação que se aprende na doutrina de que conjunção carnal

---

[163] LUISI, Luiz. *O tipo penal, a teoria finalista e a nova legislação penal.* Porto Alegre: Fabris, 1987, p. 48.

[164] Crime de ação múltipla ou de conduta variável é "aquele que pode ser praticado por meio de várias condutas que compõem o tipo penal. Realizada qualquer das condutas, ou todas elas, estará consumado o delito. Entretanto, realizadas mais de uma das condutas previstas pela norma, nem por isso o agente responderá pelos crimes praticados em concurso material. Responde como se houvesse praticado uma única vez o crime". (COSTA Jr., Paulo José da. *Curso de direito penal.* 9.ed. São Paulo: Saraiva, 2008, p. 09).

[165] DELMANTO, Celso *et al. Código penal comentado.* 8.ed. São Paulo: Saraiva, 2010, p. 692.

é cópula pela união de órgãos genitais de sexos opostos,[166] e todos os demais atos sexuais imagináveis são atos libidinosos –, isso porque com a adoção deste verbo típico (*"constranger [alguém] a conjunção carnal"*), a lei brasileira, na esteira da legislação espanhola, passou a incriminar o constrangimento de *homem* à copula vagínica, de difícil realização na prática, mas plenamente viável em teoria.[167] Assim, qualquer pessoa, homem ou mulher, pode ser vítima desta conduta de estupro, pois ambos podem ser constrangidos, mediante violência ou grave ameaça à conjunção carnal; bem como ambos podem realizar a conduta típica.

O segundo verbo típico encontrado é *"constranger (alguém) a praticar ou permitir que com ele se pratique outro ato libidinoso"*. Novamente, o verbo *constranger* se alia à expressão *"praticar ou permitir que com ele se pratique"* e *"ato libidinoso"* – elementos normativos –, para delinear a proibição constante do tipo. Notadamente aqui o legislador estendeu a proibição antes do atentado violento ao pudor ao esteio do estupro, incluindo com esse segundo verbo do estupro a proibição de obtenção de qualquer ato libidinoso, ativo ou passivo, sem consentimento da vítima. Entenda-se por ato libidinoso o ato atentatório ao "pudor do homem médio, contrastante com o sentimento normal de moralidade".[168]

---

[166] Como se lê em CONTIERI: *"definita la congiunzione carnale come l'unione degli organi genitali di due persone di sesso deverso, ne deriva che il soggeto passivo può essere una femmina o un maschio e che colui che si congiunce carnalmente col soggeto passivo può essere maschio od una femmina, purchè vi sai eterosessualità. (...) Congiunzione significa unione, vale a dire ridurre due cose ad una sola: pertanto, il solo contatto esterno degli organi genitali non è congiunzione carnale. Però, la unione di due cose avviene anche con l'introduzione parziale di una di esse nell'altra e perciò vi è congiunzione carnale, anche se l'introduzione dell'organo genitale maschile nel femminile è parziale"*. (CONTIERI, Enrico. *La congiunzione carnale violenta*. 3.ed. Milano: Giuffrè, 1974, p. 55-57). Nesse sentido, para COSTA Jr.: "a conjunção carnal se define como a união dos órgãos genitais de pessoas de sexo diverso. É a *introductio penis intra vas* (cópula vagínica), achando-se excluídos o coito *per anus* ou o *per os*, que configura[va]m o crime do art. 214". (COSTA Jr., Paulo José da. *Curso de direito penal*. 9.ed. São Paulo: Saraiva, 2008, p. 608).

[167] Nesse sentido: FÜHRER, Maximiliano Roberto Ernesto. *Novos crimes sexuais com a feição instituída pela Lei 12.015, de 7 de agosto de 2009*. São Paulo: Malheiros, 2009, p. 157. Em maio desse ano, inclusive, houve, na Rússia, caso amplamente divulgado pela imprensa internacional, no qual um assaltante, ao entrar no estabelecimento visado, foi rendido pela dona do mesmo, mulher iniciada nas artes marciais, que ao invés de chamar a polícia, prendeu-o em uma sala contígua e o obrigou a ingerir estimulante sexual, seguidas vezes, para abusar de sua virilidade por diversas ocasiões, nos dois dias seguintes. O caso veio à tona, pois o assaltante, ao ser libertado pela dona do estabelecimento, buscou auxílio médico para a contusão em seu membro, e registrou ocorrência contra a dona do estabelecimento pelo delito de estupro. Reportagem disponível em: http://www.meionorte.com/noticias, cabeleireira-transforma-assaltante-em-escravo-sexual,71178.html.

[168] Como se lê em COSTA Jr.: "O ato, além de materialmente indecoroso, deverá traduzir uma expansão de luxúria. Não há ato libidinoso sem libidinosidade. A libidinagem é o descomedimento do apetite carnal". (COSTA Jr., Paulo José da. *Curso de direito penal*. 9.ed. São Paulo: Saraiva, 2008, p. 610-611). Cunha identifica os atos libidinosos como a "conjunção carnal anormal, como o coito *per anum*, *inter femora*, a *fellatio*, o *cunnilingus*, o *anilingus*, ou ainda a associação da *fellatio* e o *cunnilingus*, a cópula axilar, entre os seios, vulvar etc.". (CUNHA, Rogério Sanches. *Lei 12.015, de 7 de agosto de 2009*. GOMES, Luiz Flávio; CUNHA, Rogério Sanches; MAZZUOLI, Valério de Oliveira. *Comentários à reforma criminal de 2009 e à Convenção de Viena sobre o Direito dos Tratados*. São Paulo: Revista dos Tribunais, 2009, p. 38).

Nesse passo, aderimos à crítica lançada por Delmanto, há tempos, no sentido de o legislador não ter estabelecido, "quanto ao conceito de ato libidinoso, uma graduação e consequente apenação diferenciada dos diversos tipos de atos, punindo com as mesmas severas penas, por exemplo, um gravíssimo sexo anal e um toque em regiões íntimas",[169] restando ao magistrado, e dependendo de seu bom-senso, avaliar uma possível desclassificação para outra conduta criminosa, tal como para as lesões corporais,[170] a ameaça,[171] o constrangimento ilegal[172] etc., ou para as contravenções penais de importunação ofensiva ao pudor,[173] de perturbação da tranquilidade[174] etc., ou mesmo declarar o ato atípico. Dessarte, entendemos que condutas mais leves como apalpadelas, beijos ou contemplação lascivos e outras menos ofensivas à dignidade sexual, devem ser enquadradas como constrangimento ilegal ou como contravenção penal de importunação ofensiva ao pudor.

O critério que entendemos adequado é a análise da lesão ao bem jurídico tutelado (liberdade sexual), por meio da realização do risco não permitido, criado pelo agente, dentro do âmbito de proteção da norma. Assim, o sujeito que resolve aproveitar-se da lotação do ônibus para esfregar suas partes pudendas nas de outra pessoa, com *animus* de satisfação de sua lascívia (que se concretiza nessa conduta, que pode ou não ser constituída de vários atos), não realiza o crime de estupro, na medida em que não se vislumbra a efetiva lesão à liberdade sexual da vítima, mormente porque talvez a vítima sequer tome o ato por libidinoso, já que, previsivelmente inevitável o contato corporal no ônibus lotado, o que é aceito (por necessidade, às vezes) pela vítima.

---

[169] DELMANTO, Celso et al. *Código penal comentado*. 8.ed. São Paulo: Saraiva, 2010, p. 692. Nesse sentido: ADRIANO, Adriana Aparecida. Atentado violento ao pudor: a intensidade da pena diante da diversidade de condutas que o caracterizam. *Revista da ESMESC: Escola Superior da Magistratura do Estado de Santa Catarina*. Florianópolis, v. 15, n. 21, p. 421-435, jan. 2008; COSTA, Domingos Barroso da; OLIVEIRA, Fabio Rocha. A desproporcionalidade da pena mínima cominada ao atentado violento ao pudor face à amplitude de condutas abrangidas pelo tipo. *Boletim do IBCCrim*. São Paulo, ano 14, n. 164, p. 11-12, jul. 2006.

[170] "Art. 129. Ofender a integridade corporal ou a saúde de outrem: Pena: detenção, de 3 (três) meses a 1 (um) ano". (Código Penal)

[171] "Art. 147. Ameaçar alguém, por palavra, escrito ou gesto, ou qualquer outro meio simbólico, de causar-lhe mal injusto e grave: Pena: detenção, de 1 (um) a 6 (seis) meses, ou multa". (Código Penal)

[172] "Art. 146. Constranger alguém, mediante violência ou grave ameaça, ou depois de lhe haver reduzido, por qualquer meio, a capacidade de resistência, a não fazer o que lei permite, ou a fazer o que ela não manda: Pena: detenção, de 3 (três) meses a 1 (um) ano, ou multa". (Código Penal)

[173] "Art. 61. Importunar alguém, em local público ou acessível ao público, de modo ofensivo ao pudor: Pena: multa". (Decreto-Lei nº 3.688/41)

[174] "Art. 65. Molestar alguém ou perturbar-lhe a tranquilidade, por acinte ou por motivo reprovável: Pena: prisão simples, de 15 (quinze) dias a 2 (dois) meses, ou multa". (Decreto-Lei nº 3.688/41)

Por fim, há de se fazer a referência que a divisão em dois verbos nucleares, um para a cópula vagínica e outro para os demais atos libidinosos, feita no atual art. 213 do Código Penal, desde o princípio, nos pareceu desnecessária, uma vez que um dos escopos da norma em comento é a paridade de gêneros e proteção da dignidade sexual do humano, do individual, relativo a sua liberdade sexual de escolher os atos sexuais que queira praticar livremente.[175]

Importante frisar, por fim, que o verbo típico exige efetivo constrangimento, não bastando o simples dissenso. É dizer: para perfectibilizar a conduta em comento, a vítima deve dessentir de forma "irretorquível e sincera, positiva e militante, extravasando-se numa resistência inequívoca. A vítima não poderá aderir em momento algum ao ato da lascívia. Deverá opor-se, decididamente, enquanto dispuser de forças. O emprego da violência está indissoluvelmente ligado à resistência oposta pela vítima à cópula".[176]

Portanto, concordamos com Tourinho Filho[177] e Delmanto[178] quando afirmam que o núcleo verbal das duas condutas descritas é o mesmo, o

---

[175] Entretanto, há de se fazer referência ao extremamente interessante ponto de vista externado por PELUSO, no sentido de que "da observação dos elementos objetivos do tipo, verifica-se que o mesmo apresenta um único verbo nuclear de ação, qual seja, 'constranger', que significa obrigar, forçar, coagir, compelir a fazer ou não fazer algo. O núcleo é a ação, representada por um verbo, 'que puede venir determinado por circunstancias de la más diversa índole, como su relación con personas o cosas, su vinculación con el tiempo y el espacio, la forma y modo de su ejecución y sus nexos con otras acciones' (JESCHECK). Por sua vez, o verbo nuclear 'constranger' está ligado à forma de execução 'mediante violência ou grave ameaça' e é completado pelo seu objeto, qual seja, 'alguém' que venha a ter conjunção carnal ou venha a praticar ou permitir que com ele se pratique outro ato libidinoso. Diante de tais elementos objetivos, pode-se afirmar que o novo art. 213 do CP descreve e estabelece uma única ação ou conduta do sujeito ativo, ainda que mediante uma pluralidade de movimentos. Há somente a conduta do agente de constranger alguém, mediante violência ou grave ameaça, e tal conduta de constrangimento tem como objeto material uma pessoa (alguém), que, por sua vez, deve ter conjunção carnal ou praticar ou permitir que com ela se pratique outro ato libidinoso. Assim, quem deve ter conjunção carnal ou praticar ou permitir que com ele se pratique outro ato libidinoso é o 'alguém', objeto material da conduta, que no caso, se confunde com o próprio sujeito passivo. Portanto, após o constrangimento a que foi submetido, este 'alguém' deve praticar os atos libidinosos (postura ativa) ou deixar que com ele se pratique (postura passiva); e, nesses termos sequer é necessário que a prática, ou a sua aceitação, esteja diretamente relacionada com o sujeito ativo, pois tais atos podem ser concretizados com terceiros". (PELUSO, Vinicius de Toledo Piza. O crime de estupro e a lei nº 12.015/09: um debate desenfocado. *Boletim do IBCCrim*. São Paulo, Ano 17, n. 203, p.2-3, out. 2009, p. 2).

[176] COSTA Jr., Paulo José da. *Curso de direito penal*. 9.ed. São Paulo: Saraiva, 2008, p. 608. Cunha, nesse sentido, estabelece que "é imprescindível para a configuração do crime a resistência seria, efetiva e sincera da mulher", não bastando a simples relutância. (CUNHA, Rogério Sanches. *Lei 12.015, de 7 de agosto de 2009*. GOMES, Luiz Flávio; CUNHA, Rogério Sanches; MAZZUOLI, Valério de Oliveira. *Comentários à reforma criminal de 2009 e à Convenção de Viena sobre o Direito dos Tratados*. São Paulo: Revista dos Tribunais, 2009, p. 38).

[177] TOURINHO FILHO, Fernando da Costa. *Crimes Contra a Liberdade Sexual, em Face da Nova Lei*. Editora Magister. Porto Alegre. Data de inserção: 15/12/2009. Disponível em: http://www.editoramagister.com/ doutrina_ler.php?id=617. Data de acesso: 24/12/2009.

[178] DELMANTO, Celso et al. *Código penal comentado*. 8.ed. São Paulo: Saraiva, 2010, p. 692.

verbo *constranger*, que "tem o significado de forçar, coagir, violentar, ou seja, de obrigar alguém a fazer ou deixar de fazer alguma coisa",[179] e deve ser aliado a seus complementos *conjunção carnal* e *prática de ato libidinoso* para determinar a exata proibição da norma.

A partir dessa redação, o delito de estupro absorveu o de atentado violento ao pudor, alterando várias das disposições anteriores sobre o delito, permitindo, assim, que homens sejam "vítimas de estupro", pondo termo a antigas discussões de gêneros (estanques), já incabíveis em nossa era.

3.2.1.2. Objeto Material

O objeto material nada mais é do que a descrição da coisa sobre a qual recai a ação do sujeito ativo, o objeto concreto visado pela ação descrita como crime.[180] O artigo em comento não traz esse elemento e nem o comportaria, pois é crime contra a liberdade sexual da pessoa, cujo ataque é diretamente sobre o corpo da pessoa constrangida. E, quando o objeto material se confunde com o sujeito passivo, como é o caso do artigo ora analisado, prefere-se a atenção ao sujeito passivo.[181]

3.2.1.3. Elementos circunstanciais

Os elementos circunstanciais do tipo podem ser relativos ao *lugar*, isto é, "todo o espaço ocupado por uma coisa, ou que possa vir a sê-lo";[182] ao *tempo* em que acontece a ação descrita, isto é, "a duração, ou o período, ou o prazo, ou a época, ou o momento, ou a oportunidade em que se registram as coisas ou os fatos";[183] ao *meio de execução*, "o instrumento de

---

[179] LEAL, João José; LEAL, Rodrigo José. Estupro comum e a figura do estupro de pessoa vulnerável: novo tipo penal unificado. *Revista Magister de Direito Penal e Processual Penal*. Porto Alegre, v. 6, n. 32, p. 52-77, out./nov. 2009.

[180] São exemplos de objeto material a expressão *"coisa"*, do art. 155 do CP, a expressão *"contribuições recolhidas dos contribuintes"*, do art. 168-A, do CP, etc.

[181] Nucci, entretanto, refere: "objeto material é a pessoa que sofre o constrangimento" (NUCCI, Guilherme de Souza. *Crimes contra a dignidade sexual*: comentários à Lei n. 12.015, de 7 de agosto de 2009. São Paulo: Revista dos Tribunais, 2009, p. 17).

[182] VARGAS, José Cirilo de. *Do tipo penal*. Belo Horizonte: Mandamentos, 2000, p. 112. Adverte, ainda, o citado autor, que a expressão *lugar* não é aquela empregada para designar o limite de validade da lei penal, e nem quer significar um lugar qualquer no espaço, mas, sim, em se tratando de análise do tipo, de um lugar determinado para o acontecimento da ação descrita no tipo. São exemplos de elementos circunstanciais relativos ao *lugar* a expressão *"casa"*, do art. 150 do CP, a expressão *"estrada de ferro"*, do art. 260, do CP, a expressão *"estabelecimento em que ocorra exploração sexual"*, do art. 229, do CP, etc.

[183] VARGAS, José Cirilo de. *Do tipo penal*. Belo Horizonte: Mandamentos, 2000, p. 114. São exemplos de elementos circunstanciais relativos ao *tempo* a expressão *"durante ou logo após o parto"*, do art. 123, do CP, a expressão *"no exercício da função pública"*, do art. 300, do CP, etc.

que se serve o agente para a prática da ação criminosa, sendo constituído sempre por uma coisa";[184] ao *modo de execução*, maneira pela qual o sujeito ativo realiza o verbo nuclear, "a forma de se realizar o tipo";[185] [186]

No caso do art. 213 do CP, encontramos apenas o elemento circunstancial relativo ao *modo de execução*: *"mediante violência ou grave ameaça"*, ou seja, a maneira pela qual o sujeito realiza o verbo; em outras palavras: o sujeito ativo apenas praticará a descrição típica se utilizar-se de violência ou grave ameaça contra a vítima[187] ou terceiro.

É de lembrar-se que o acordo de vontades anula a criminalidade das relações sexuais.[188] Ao passo que a fraude como modo de execução não está abrangida pela descrição do estupro, mas sim do art. 215 (violação sexual mediante fraude)".[189] Todos estes elementos muitas vezes vêm caracterizados com adjetivos que melhor os individualizam, como, por exemplo, *"móvel"*, do art. 155 do CP, tendentes à perfeita descrição da conduta que se quer incriminar. No caso do tipo em análise, não há tais adjetivações.

---

[184] FRAGOSO, Heleno Cláudio. *Lições de direito penal*. Parte especial. 7.ed. Rio de Janeiro: Forense, 1983, p. 18. São exemplos de elementos circunstanciais relativos ao *meio de execução* a expressão *"com o emprego de veneno fogo, explosivo..."*, do § 2º do art. 121, do CP, a expressão *"com emprego de chave falsa"*, do inc. III do § 4º do art. 155, do CP, etc.

[185] VARGAS, José Cirilo de. *Do tipo penal*. Belo Horizonte: Mandamentos, 2000, p. 110. São exemplos de elementos circunstanciais relativos ao *modo de execução* a expressão *"mediante artifício, ardil, ou qualquer outro meio fraudulento"*, art. 171 do CP, a expressão *"mediante sequestro ou cárcere privado"*, do art. 148, do CP, etc.

[186] LUISI, Luiz. *O tipo penal, a teoria finalista e a nova legislação penal*. Porto Alegre: Fabris, 1987, p. 53-56.

[187] Como explica COSTA Jr.: "o emprego da violência está indissoluvelmente ligado à resistência oposta pela vítima. O agente deverá empregar a violência para constranger a vítima à cópula. A violência não consiste na simples energia física necessária à união dos sexos, mas na energia física para constranger à união dos sexos. Alternativamente ao uso da violência física, e prevista a violência moral ou grave ameaça, que é a manifestação expressa ou tácita, explícita ou implícita, real ou simbólica, escrita, oral, ou mímica, direta ou indireta, do propósito de causar um dano ou uma situação de perigo, para que a ameaçada consinta na conjunção carnal". (COSTA Jr., Paulo José da. *Curso de direito penal*. 9.ed. São Paulo: Saraiva, 2008, p. 608). Ademais, como bem lembra Cunha, "a individualidade da vítima deve ser tomada em consideração. Assim, a idade, sexo, grau de instrução etc. são fatores que não podem ser desconsiderados na análise do caso concreto. Não se duvida que uma expressão que aterroriza um analfabeto pode nem sequer assustar uma universitária; uma promessa de mal injusto pode ser grave para uma moça de pouca idade e não o ser para uma senhora de meia idade. Logo as circunstâncias do caso concreto demonstrarão se houve ou não o delito". (CUNHA, Rogério Sanches. *Lei 12.015, de 7 de agosto de 2009*. In: GOMES, Luiz Flávio; CUNHA, Rogério Sanches; MAZZUOLI, Valério de Oliveira. *Comentários à reforma criminal de 2009 e à Convenção de Viena sobre o Direito dos Tratados*. São Paulo: Revista dos Tribunais, 2009, p. 38).

[188] AMERICANO, Odin I. do Brasil. *Dos crimes contra os costumes*. Comentários em tôrno do Código Penal. Belo Horizonte: Bernardo Alvares, 1943, p. 14.

[189] ESTEFAM, André. *Crimes sexuais*: comentários à Lei nº 12.015/2009. São Paulo: Saraiva, 2009, p. 35.

3.2.1.4. Elementos normativos

Por fim, os elementos normativos são aqueles que necessitam, por parte do intérprete, de um juízo de valoração para a correta compreensão do que quer a norma especificar.[190] "Não são, portanto, elementos que se limitam a descrever o natural, mas que dão à ação, ao seu objeto, ou mesmo as circunstâncias, uma significação, um valor", como já ensinou Luisi.[191] Inclusive, explica Jescheck, que se exige apenas uma valoração simples, e não um exato conhecimento técnico do significado da expressão; ou seja, exige-se que a ideia do intérprete sobre o elemento normativo deve ter a mesma orientação de significado que teve para o legislador.[192]

Esses elementos podem ser classificados em elementos normativos de (i) ordem cultural (*"alheia"*, *"indevidamente"*), apreensíveis pela simples observância dos fatos, a partir de valores ético-sociais ou pessoais do intérprete; de (ii) ordem jurídica (*"fraude"*, *"grave ameaça"*), cuja correta compreensão encontra-se em disposição ou cujo conceito está diretamente relacionado à ciência do direito;[193] ou de (iii) ordem científica (*"germes patogênicos"*; *"estado puerperal"*), nas situações em que o intérprete deve buscar o esclarecimento nas ciências auxiliares do direito penal – medicina, biologia, farmácia etc. Elementos normativos são, portanto, como refere Toledo, "os constituídos por termos ou expressões que só adquirem sentido quando completados por um juízo de valor, preexistente, em outras normas jurídicas ou ético-sociais ou emitido pelo próprio intérprete".[194]

No tipo penal em análise, encontramos as expressões *"violência"*, *"grave ameaça"*, *"conjunção carnal"* e *"ato libidinoso"*, todas são elementos normativos de ordem jurídica, pois vêm dos operadores do direito as distinções entre aquilo que venha a ser considerado *violência* ou *grave ameaça*, ou *conjunção carnal* ou *ato libidinoso*, para fins de perfectibilização do tipo.

Por *violência*, entende-se o emprego de força física capaz de fazer cessar o dissenso e a resistência da vítima, ou seja, a força *material* necessária para a obtenção da conjunção carnal não consentida, empregada obriga-

---

[190] ROXIN, Claus. *Derecho penal*: parte general. Tomo I. Traduzido por Diego-Manuel Luzón Peña, Miguel Díaz y García Conlledo e Javier de Vicente Remesal. Madri: Civitas, 1999, p. 306. São exemplos de elementos normativos a expressão *"sem justa causa"*, do art. 153 do CP, a expressão *"alheia"*, do art. 155 do CP etc.

[191] LUISI, Luiz. *O tipo penal, a teoria finalista e a nova legislação penal*. Porto Alegre: Fabris, 1987, p. 57.

[192] JESCHECK, Hans-Heinrich. *Tratado de derecho penal*. Parte general. 4.ed. Traduzido por José Luis Manzanares Samaniego. Granada: Comares, 1993, p. 265-266.

[193] BRUNO, Aníbal. *Direito penal*. Parte geral. 5.ed. Rio de Janeiro: Forense, 2003, p. 217.

[194] TOLEDO, Francisco de Assis. *Princípios básicos de direito penal*. 5.ed. São Paulo: Saraiva, 2002, p. 154.

toriamente contra a vítima (e não contra coisa ou terceiro).[195] "É o meio físico aplicado sobre a pessoa da vítima, para cercear sua liberdade externa ou sua faculdade de agir (ou não agir) segundo a própria vontade".[196]

A *ameaça* é o anúncio do mal sério e *grave*, cuja efetividade consiste na certeza e inevitabilidade do mal prometido, causando grande temor à vítima, a ponto de sujeitá-la à conjunção carnal.[197] "A importância do dano potencial é que condiciona, mais que qualquer outra causa, o estado psíquico do medo, a *mentis trepidatio* capaz de anular a liberdade de volição".[198] Assim, tanto vale a ameaça de mal grave, justo ou injusto, à vítima, a terceiro ou a coisa particularmente queridos pela vítima. O determinante é a atuação no psíquico da vítima, com força intimidatória capaz de anular sua capacidade de querer,[199] não deixando alternativa senão ceder à prática sexual. O anúncio feito pelo estuprador de produzir a amputação de um membro da vítima, ou a morte desta, ou, ainda, do filho da vítima, caso ela não se entregue ao ato; a tortura do cão de estimação da vítima, com o anúncio de sua morte, como forma de fazê-la se entregar para salvá-lo; a ameaça de contar à polícia o paradeiro da vítima, foragida da justiça, como forma de obrigá-la ao ato libidinoso qualquer; são formas do cometimento do estupro por meio de grave ameaça.[200]

A diferença entre conjunção carnal, como sinônimo de cópula vagínica,[201] e ato libidinoso diverso da conjunção carnal, como todos os demais atos possíveis e imagináveis tendentes à satisfação da concupis-

---

[195] Nesse sentido: CAPEZ, Fernando. *Curso de direito penal*: parte especial. Vol. 3. 4.ed. São Paulo: Saraiva, 2006, p. 2; ESTEFAM, André. *Crimes Sexuais*: comentários à Lei n. 12.015/2009. São Paulo: Saraiva, 2009,p. 35; FÜHRER, Maximiliano Roberto Ernesto. *Novos crimes sexuais com a feição instituída pela Lei 12.015, de 7 de agosto de 2009*. São Paulo: Malheiros, 2009, p. 159; MESTIERI, João. *Do delito de estupro*. São Paulo: Revista dos Tribunais, 1982, p. 73; PRADO, Luiz Regis. *Curso de direito penal brasileiro*. Vol 3. 3.ed. São Paulo: Saraiva, 2004, p. 259.

[196] HUNGRIA, Nelson. *Comentários ao Código Penal*. Vol. VIII. 4.ed. Rio de Janeiro: Forense, 1959, p. 120.

[197] Nesse sentido: ESTEFAM, André. *Crimes Sexuais*: comentários à Lei n. 12.015/2009. São Paulo: Saraiva, 2009, p. 35; FÜHRER, Maximiliano Roberto Ernesto. *Novos crimes sexuais com a feição instituída pela Lei 12.015, de 7 de agosto de 2009*. São Paulo: Malheiros, 2009, p. 160; PRADO, Luiz Regis. *Curso de direito penal brasileiro*. Vol. 3. 3.ed. São Paulo: Saraiva, 2004, p. 259.

[198] HUNGRIA, Nelson. *Comentários ao Código Penal*. Vol. VIII. 4.ed. Rio de Janeiro: Forense, 1959, p. 120.

[199] MESTIERI, João. *Do delito de estupro*. São Paulo: Revista dos Tribunais, 1982, p. 76-77.

[200] Entretanto, é de se referir que "o estado de submissão, que caracteriza o *temor reverencial* (receio de desgostar o pai, a mãe ou outras pessoas, quem se deve obediência e respeito), não equivale, em linha de princípio, à violência moral, meio executivo do estupro". (MESTIERI, João. *Do delito de estupro*. São Paulo: Revista dos Tribunais, 1982, p. 79).

[201] "Por conjunção carnal entende-se a conjunção sexual, isto é, a cópula *secundum naturam*, o ajuntamento do órgão genital do homem com o da mulher, a intromissão do pênis na cavidade vaginal". (HUNGRIA, Nelson. *Comentários ao Código Penal*. Vol. VIII. 4.ed. Rio de Janeiro: Forense, 1959, p. 116-117). No mesmo sentido: CAPEZ, Fernando. *Curso de direito penal*: parte especial. Vol. 3. 4.ed. São Paulo: Saraiva, 2006, p. 2; FÜHRER, Maximiliano Roberto Ernesto. *Novos crimes sexuais com a feição instituída pela Lei 12.015, de 7 de agosto de 2009*. São Paulo: Malheiros, 2009, p. 159; PRADO, Luiz Regis. *Curso de direito penal brasileiro*. Vol. 3. 3.ed. São Paulo: Saraiva, 2004, p. 258.

cência, além de ser fruto de interpretação doutrinária ao longo da história, como visto nos capítulos anteriores, já hoje nos parece desnecessária por ultrapassada.

Por fim, é de referir-se que a delimitação e divisão entre elementos descritivos e normativos (que teve grande importância para a delimitação entre tipo e antijuridicidade e para o desenvolvimento da concepção hoje dominante do tipo como classe de injusto, bem como para a teoria do erro), atualmente, é de pouca utilidade prática (ou mesmo teórica) e, ao mesmo tempo, de difícil concreção, pois a maioria dos elementos do tipo é constituída de uma mescla de elementos normativos e descritivos.[202]

3.2.2. Tipo Objetivo Material

O tipo objetivo material diz respeito à possibilidade de imputação segura de um resultado lesivo ao bem jurídico (ou que o tenha colocado em perigo de lesão) ao seu autor, "quando o comportamento do autor *cria um risco* não permitido para o objeto da ação, quando *o risco se realiza* no resultado concreto, e este resultado se encontra dentro do alcance do tipo".[203]

Entretanto, antes de iniciarmos a análise de cada um destes requisitos de imputação, deve-se fazer uma pequena leitura dos conceitos de *risco* e de *perigo*, existente na sociedade. Assim, entende-se por *risco* todo o "perigo calculável", no sentido de que o risco permite ao agente a possibilidade de avaliar a situação e, sobretudo, decidir sua atuação; o perigo ocorre independentemente da capacidade do agente de escolher.[204]

Assim, o tipo objetivo exige, ao lado da causação da lesão ao bem jurídico, "que esta lesão surja como consequência da criação de um risco não permitido e da realização deste risco no resultado".[205] Dessarte, e com este entendimento prévio, podemos agora nos lançar à análise dos três elementos constitutivos do tipo objetivo material.

---

[202] ROXIN, Claus. *Derecho penal*: parte general. Tomo I. Traduzido por Diego-Manuel Luzón Peña, Miguel Díaz y García Conlledo e Javier de Vicente Remesal. Madri: Civitas, 1999, p. 305-307.

[203] ROXIN, Claus. A teoria da imputação objetiva. *Revista Brasileira de Ciências Criminais*. São Paulo, Ano 9, n. 38, p. 11-31, abr.-jun., 2002, p. 13. Detalhadamente em: ROXIN, Claus. *Derecho penal*: parte general. Tomo I. Traduzido por Diego-Manuel Luzón Peña, Miguel Díaz y García Conlledo e Javier de Vicente Remesal. Madri: Civitas, 1999, p. 362-411. No mesmo sentido: CANCIO MELIÁ, Manuel. *Líneas básicas de la teoría de la imputación objetiva*. Mendoza: Cuyo, 2001, p. 52.

[204] Tal distinção, entretanto, não é utilizada por Roxin na estruturação da Imputação Objetiva.

[205] GRECO, Luís. Introdução à dogmática funcionalista do delito. *Revista Brasileira de Ciências Criminais*, São Paulo, ano 8, n. 32, p.120-186, out.-dez., 2000, p. 145.

3.2.2.1. Criação de um risco não permitido

O primeiro elemento da imputação objetiva de um resultado é a criação de um risco não permitido, segundo Roxin, que o explica por meio de casos nos quais a conduta do agente "não pode sequer objetivamente constituir uma ação" típica, por não ter criado um risco de lesão juridicamente relevante, e não ter elevado o risco geral do próprio bem.[206]

Normalmente, segundo Callegari, o risco permitido está regulado por uma norma (ex: regras de trânsito, de segurança no trabalho etc.), e assim constituem-se tais mandamentos em critérios orientadores para a "ponderação dos limites do risco autorizado".[207] Entretanto, nas hipóteses em que não há normas para delimitar as atuações individuais, a determinação do risco permitido advém da ponderação de bens (o risco e a possibilidade de dano) juridicamente relevantes.[208]

Ora, no tangente ao estupro, a norma penal, por sua amplitude, deixa antever os limites do risco não permitido, ou seja, qualquer pessoa pode entender, independente do conhecimento da norma, que não pode conseguir qualquer concurso sexual mediante constrangimento do parceiro, por violência ou grave ameaça. Esses os limites do risco permitido. A produção do risco de contato sexual por meio de violência ou grave ameaça é o que configura o primeiro requisito fático do tipo objetivo material.

3.2.2.2. A realização do risco não permitido

Por realização do risco não permitido entende-se, segundo a melhor doutrina, a concreção fática do risco inicialmente produzido. Tal situação, evidentemente, apenas pode ser analisada após a realização do resultado, para aferir se o risco anteriormente produzido pelo autor da conduta efetivamente produziu aquela modificação no mundo exterior. Roxin explica esse requisito de imputação com o conjunto de casos em

---

[206] ROXIN, Claus. A teoria da imputação objetiva. *Revista Brasileira de Ciências Criminais*. São Paulo, Ano 9, n. 38, p. 11-31, abr.-jun., 2002, p. 13-14. Os casos referidos são: a instigação de alguém para uma viagem a uma cidade onde vários turistas vêm sendo mortos, situação conhecida pelo sujeito que aconselha (e que deseja a morte do aconselhado) e desconhecida do aconselhado, que, faz a viagem e vem a ser vitimado (p. 12); outro é o do sujeito de aparência suspeita que compra um punhal afiado em uma loja, ante a desconfiança do vendedor de que talvez tal compra seja para produzir o mal a outrem, pouco se lhe importando ao final, e assumindo o risco de que um resultado lesivo venha a ocorrer (p. 13).

[207] CALEGARI, André Luís. A imputação objetiva no direito penal. *Revista Brasileira de Ciências Criminais*. São Paulo, n. 30, ano 8, p. 65-86, abr.-jun., 2000, p. 71.

[208] JAKOBS, Günther. *Derecho penal*. Parte general: fundamentos y teoría de la imputación. Traduzido por Joaquin Cuello Contreras e Jose Luis Serrano Gonzales de Murillo. 2.ed. Madrid: Marcial Pons, 1997, p. 243. Nesse sentido: CANCIO MELIÁ, Manuel. *Líneas básicas de la teoria de la imputación objetiva*. Mendoza: Cuyo, 2001, p. 99-108.

que a desviação causal da conduta realizada pelo autor, com o prosaico exemplo do sujeito que, "ferido por alguém com dolo de homicídio, vem a morrer em um acidente de ambulância".[209] Ainda que o sujeito passivo tenha efetivamente morrido (concretizando o dolo do sujeito ativo), a morte não se lhe pode ser atribuída como obra de seu agir, pois a causa morte não fora por ele realizada (acidente de ambulância). Significa dizer que o risco inicialmente produzido pelo agente (acertar o tiro no sujeito passivo, colocando em risco seu bem jurídico vida) pode ser utilizado para processá-lo por tentativa de homicídio, mas não pelo resultado final, que se concretiza pelo acidente da ambulância.

No delito de estupro, a realização do risco produzido deverá ferir a liberdade sexual da vítima, com alguma das condutas descritas pelo verbo do tipo, ou o constrangimento à conjunção carnal ou o constrangimento a prática de ato libidinoso.

3.2.2.3. O alcance do tipo

Essa etapa final da imputação objetiva do resultado exige que o resultado produzido pelo perigo criado pelo agente esteja descrito pelo tipo penal. Em que pese parecer óbvia a ponderação, deve-se ter em conta que nem sempre o risco produzido pelo agente acarreta no tipo penal que descreve o resultado. Como vimos antes, o sujeito que alveja a vítima, com dolo de homicídio, não responde pelo resultado (morte/homicídio) causado pelo acidente da ambulância que transportava a vítima de sua ação, mas o tipo do homicídio abarca essa situação no âmbito da *tentativa*. Imaginemos, que, ao invés de um tiro, o sujeito ativo desferisse uma bofetada na vítima, e, porventura ela estivesse na ambulância que colide e causa-lhe a morte, o tipo do homicídio não *alcançaria* o sujeito ativo, uma vez que o risco produzido e realizado é de lesão corporal.

Roxin, para explicar esse elemento, traz o exemplo do sujeito que entrega droga a terceiro, criando-lhe o risco à saúde e até mesmo à vida, e esse risco vem a se concretizar, pois o terceiro injeta a droga e morre.[210] Inicialmente, o sujeito que entrega a droga responde pela criação do risco à saúde (e talvez à vida), pois a simples colocação em risco deste bem jurídico é punível pela norma do *tráfico de drogas*.[211] Entretanto, relativamente

---

[209] ROXIN, Claus. A teoria da imputação objetiva. *Revista Brasileira de Ciências Criminais*. São Paulo, Ano 9, n. 38, p. 11-31, abr.-jun., 2002, p. 15.

[210] Idem, p. 15-16.

[211] "Art. 33. Importar, exportar, remeter, preparar, produzir, fabricar, adquirir, vender, expor à venda, oferecer, ter em depósito, transportar, trazer consigo, guardar, prescrever, ministrar, entregar a consumo ou fornecer drogas, ainda que gratuitamente, sem autorização ou em desacordo com determinação legal ou regulamentar: Pena – reclusão de 5 (cinco) a 15 (quinze) anos e pagamento de 500 (quinhentos) a 1.500 (mil e quinhentos) dias-multa. (...)". (Lei nº 11.343/06)

ao resultado morte da vítima (concretizado pela conduta do próprio sujeito passivo: injetar-se a droga), o traficante poderia ser responsabilizado por auxílio ao suicídio apenas se agisse no mínimo com dolo eventual; é dizer, se tivesse a possibilidade de prever o resultado morte e igualmente, a possiblidade de prever a vontade da vítima em suicidar-se – preenchendo, assim, o tipo subjetivo e colocando a conduta ao *alcance do tipo* do art. 122 do CP.[212] Já o alcance do tipo de homicídio, não abarcaria a conduta do *traficante* pois ainda que o risco de lesão ao bem jurídico vida até possa existir, esse risco não se concretiza como desdobramento do risco produzido, mas sim por conduta da própria vítima, e como veremos mais adiante, a autocolocação em risco afasta a tipicidade.

No crime de estupro, o alcance do tipo ganha especial contorno, em face da amplitude dos conceitos tratados, pois dependo da conduta, o risco realizado poderá caracterizar outros tipos, como, por exemplo, o constrangimento ilegal, a ameaça, ou mesmo alguma contravenção. O efetivo constrangimento da vítima, sem a mácula a sua liberdade sexual, não caracteriza estupro, mas, sim, constrangimento ilegal. Agora, o efetivo constrangimento da vítima por meio de violência ou grave ameaça a atos libidinosos apenas caracterizariam crime de estupro se, e somente se, constituírem os atos praticados atentados à liberdade sexual da vítima. De novo, aqui, o exemplo do ônibus lotado, no qual o sujeito aproveita-se da lotação do coletivo para esfregar-se nas pessoas à sua volta. Caso as pessoas vítimas dessa conduta não sintam agredida sua liberdade sexual, em face do hábito em ônibus lotados, não haverá dano ou lesão ao bem jurídico tutelado, sendo, portanto, atípica a conduta. Caso entenda-se agredida a vítima, nesse exemplo, mesmo assim, o tipo objetivo do estupro não alcançaria o fato, na medida em que o conceito de ato libidinoso não se enquadra perfeitamente a essa conduta; quer nos parecer que a contravenção de importunação ofensiva ao pudor é mais coerente com a conduta praticada.

3.2.3. Tipo Subjetivo

O tipo subjetivo refere-se, basicamente, à intencionalidade, isto é, ao dolo descrito pelo verbo do tipo, que lhe determina a ação,[213] e aos demais elementos subjetivos do injusto típico, relativos a motivações ou tendências específicas de índole psicológica, que não se confundem com a inten-

---

[212] "Art. 122. Induzir ou instigar alguém a suicidar-se ou prestar-lhe auxílio para que o faça: Pena – reclusão, de dois a seis anos, se o suicídio se consuma; ou reclusão, de um a três anos, se da tentativa de suicídio resulta lesão corporal de natureza grave". (Código Penal)

[213] LUISI, Luiz. *O tipo penal, a teoria finalista e a nova legislação penal.* Porto Alegre: Fabris, 1987, p. 61; FRAGOSO, Heleno Cláudio. *Lições de direito penal.* Parte geral. 16.ed. Rio de Janeiro: Forense, 2003, p. 209.

cionalidade e são indispensáveis à perfeita tipificação da conduta.[214] É de referir-se que o tipo subjetivo mais comum, no direito penal é o doloso, sendo o tipo subjetivo imprudente uma exceção, inclusive com estrutura distinta.[215]

No delito de estupro, o tipo subjetivo é exclusivamente doloso,[216] não se concebendo a hipótese de prática de constrangimento por imperícia, imprudência ou negligência, características do tipo subjetivo culposo; inclusive porque não há cominação de pena para modalidade culposa no regramento relativo ao estupro, o que impede a análise de eventual possibilidade de imputação a título de imprudência, em função do princípio da legalidade. Se a lei não previu a modalidade culposa, ela não existe.

3.2.3.1. Dolo

A principal característica estrutural dos tipos dolosos é a exigência de uma particular forma de congruência típica entre o aspecto objetivo e o subjetivo, ou seja, uma harmonia entre ambas as partes, sendo imperioso que o tipo subjetivo abarque todos os elementos do tipo subjetivo.[217] O art. 18, inc. I, do Código Penal traz como regra que deve se entender o crime doloso, quando o agente quis o resultado ou assumiu o risco de produzi-lo; delineando as figuras do dolo (direto) na vontade do agente sobre a realização do resultado, e do dolo eventual na aceitabilidade da previsão de risco para o bem jurídico protegido.[218]

A moderna teoria apresenta três espécies de dolo: a intenção (dolo direto de primeiro grau), que determina o que o autor pretende realizar;[219] o propósito direto (dolo direto de segundo grau), que abarca as

---

[214] ROXIN, Claus. *Derecho penal*: parte general. Tomo I. Traduzido por Diego-Manuel Luzón Peña, Miguel Díaz y García Conlledo e Javier de Vicente Remesal. Madri: Civitas, 1999, p. 307.

[215] Nesse sentido: JESCHECK, Hans-Heinrich. *Tratado de derecho penal*. Parte general. 4.ed. Traduzido por José Luis Manzanares Samaniego. Granada: Comares, 1993, p. 262.

[216] PIERANGELI, José Henrique; SOUZA, Carmo Antônio de. *Crimes sexuais*. Belo Horizonte: Del Rey, 2010, p. 21; BARROS, Flávio Monteiro de. *Crimes contra a dignidade sexual*. Araçatuba: MB, 2010, p. 16; PRADO Luiz Regis. *Comentários ao Código Penal*. 5.ed. São Paulo: Revista dos Tribunais, 2010, p. 668.

[217] ZAFFARONI, Eugenio Raúl. *Tratado de derecho penal*: parte general. Vol. III. Buenos Aires: Ediar, 1999, p. 295-296.

[218] Santos pondera que a definição legal destas categorias é inconveniente pelo risco de fixar conceitos, pois "nem o dolo direto é definível pela expressão querer o resultado, porque existem resultados que o sujeito não quer, ou mesmo lamenta, atribuíveis como dolo direto; nem a fórmula de assumir o risco de produzir o resultado, que reduz o conceito de dolo ao elemento volitivo, parece suficiente para definir o dolo eventual". (SANTOS, Juarez Cirino dos. *Direito Penal*: parte geral. Curitiba: Lumen Juris, 2006, p. 135).

[219] Isto porque, o querer pressupõe o conhecer, o saber. Só se pode querer algo que se conhece ou se sabe da existência. Daí dizer-se que o dolo tem por referência todos os elementos do tipo objetivo. Desse modo, o sujeito que age dolosamente, prevê o resultado de sua conduta, deseja este resultado

consequências típicas previstas como certas ou necessárias para o alcance do resultado, ainda que não queridas; e o propósito condicionado (dolo eventual), que indica a aceitação das consequências típicas previstas como possíveis.[220][221]

O dolo deve compreender a noção de vontade livre e consciente de realizar a ação proibida, lesando o bem jurídico tutelado, ou seja, significa *conhecer*[222] e *querer*[223] os elementos objetivos do tipo penal.[224] O objeto do dolo, a partir da teoria da imputação objetiva, é o resultado objeti-

e age para obtê-lo. (JESCHECK, Hans-Heinrich. *Tratado de derecho penal*. Parte general. 4.ed. Traduzido por José Luis Manzanares Samaniego. Granada: Comares, 1993, p. 263. Ness sentido, inclusive: MERKEL, A. *Derecho Penal*. Traduzido do alemão por P. Dorado. T. 1. Madrid: La España Moderna Ed., [1906?], p. 116).

[220] O *"dolo eventual"* é a situação em que o sujeito não quer diretamente o previsível resultado de sua conduta, não estancado, entretanto, o seu agir, pouco se lhe dando o eventual acontecimento do resultado. Haverá dolo eventual quando o agente assumir o risco de produzir o resultado, e, assumir o risco significa prever o resultado como provável, ante a conduta que se está empreendendo ou se irá empreender, *"e aceitar ou consentir sua superveniência"*. (FRAGOSO, Heleno Cláudio. *Lições de direito penal*. Parte geral. 16.ed. Rio de Janeiro: Forense, 2003, p. 212; LUISI, Luiz. *O tipo penal, a teoria finalista e a nova legislação penal*. Porto Alegre: Fabris, 1987, p. 67; FEIJÓO SÁNCHEZ, Bernardo. *El dolo eventual*. Bogotá: Centro de Investigación en Filosofía y Derecho de la Universidad Externado de Colombia, 2004; SANTOS, Juarez Cirino dos. *A moderna teoria do fato punível*. Rio de Janeiro: Freitas Bastos, 2000, p. 67).

[221] ROXIN, Claus. *Derecho penal*: parte general. Tomo I. Traduzido por Diego-Manuel Luzón Peña, Miguel Díaz y García Conlledo e Javier de Vicente Remesal. Madri: Civitas, 1999, p. 415; SANTOS, Juarez Cirino dos. *Direito Penal*: parte geral. Curitiba: Lumen Juris, 2006, p. 135.

[222] O primeiro dos elementos do dolo (o conhecimento – aspecto intelectivo), *"o sujeito ativo deve saber o que faz e conhecer os elementos que caracterizam sua ação"* como conduta socialmente reprovável, isto é, deve saber que pratica um crime, quando constrange alguém à prática de ato libidinoso diverso da conjunção carnal, mediante violência ou grave ameaça, por exemplo; ou quando subtrai coisa que sabe ser alheia, ou quando mata outra pessoa (MUÑOZ CONDE, Francisco. *Teoria geral do delito*. Traduzido por Juarez Tavares e Luiz Regis Prado. Porto Alegre: Fabris, 1998, p. 57), não sendo necessário que conheça os elementos componentes da estrutura do crime, apenas que conheça a proibição da conduta. Assim, por exemplo, no estupro não é preciso que o sujeito saiba exatamente que condutas efetivamente constituem estupro, basta que aproximadamente as represente. "Fala-se, nesses casos, de 'valoração paralela na esfera do leigo'", que nada mais é do que o "sujeito ter um conhecimento aproximado da significação social ou jurídica de tais elementos" descritos no tipo que pratica (MUÑOZ CONDE, Francisco. *Teoria geral do delito*. Traduzido por Juarez Tavares e Luiz Regis Prado. Porto Alegre: Fabris, 1998, p. 58). Isso "significa que é absolutamente irrelevante avaliar se o autor da conduta buscava o prazer sexual. O que se deve exigir é a compreensão do agente (não da vítima) acerca da natureza libidinosa do ato que pratica". (ESTEFAM, André. *Crimes sexuais*: comentários à Lei nº 12.015/2009. São Paulo: Saraiva, 2009, p. 39).

[223] O segundo elemento do dolo, o volitivo, quer significar que, além de representar a proibição, deve o agente querer criar o risco que sabe ser proibido para o bem jurídico, e "este querer não se confunde com o desejo ou com os motivos do sujeito". (MUÑOZ CONDE, Francisco. *Teoria geral do delito*. Traduzido por Juarez Tavares e Luiz Regis Prado. Porto Alegre: Fabris, 1998, p. 58).

[224] Nesse sentido: DIAS, Jorge de Figueiredo. Sobre a construção dogmática do fato punível. *Questões fundamentais de direito penal revisitadas*. São Paulo: Revista dos Tribunais, 1999, p. 226; FRAGOSO, Heleno Cláudio. *Direito penal e direitos humanos*. Rio de Janeiro: Forense, 1977, p. 80; JESCHECK, Hans-Heinrich. *Tratado de derecho penal*. Parte general. 4.ed. Traduzido por José Luis Manzanares Samaniego. Granada: Comares, 1993, p. 264; MONTT DIAZ, Bernardo. *Contenido de voluntad necesario al dolo*. Santiago de Chile: Editorial Jurídica de Chile, 1968, p. 24; ROXIN, Claus. *Derecho penal*: parte general. Tomo I. Traduzido por Diego-Manuel Luzón Peña, Miguel Díaz y García Conlledo e Javier

vamente imputável.[225] Significa dizer que "o decisivo é que o autor seja consciente das circunstâncias de fato que configurem o risco proibido".[226] Nesse passo, ensina Sancinetti que "o relevante para atuar com dolo, portanto, não é quanto deseje o autor o resultado desvalorado, mas que grau de risco proibido assume como possível".[227] Dessa forma, pode-se afirmar que o dolo é a vontade consciente de realizar a ação proibida, criando um risco não permitido para o bem jurídico tutelado, consubstanciado na realização do tipo penal objetivo ou na assunção do risco de produzi-lo.

Assim, o dolo de estupro abarca a consciência do agente em saber estar criando um risco à liberdade sexual da vítima, pois deve constrangê-la, por meio de violência ou grave ameaça, ou à conjunção carnal ou a atos libidinosos.[228]

Estefam traz o exemplo do "carcereiro que, ciente da intenção dos demais detentos, nada faz para impedir que estes estuprem um companheiro de cela".[229]

Assim, resulta claro que o dolo, no tipo penal em comento, abarca a consciência de realizar o risco (proibido) produzido pelo pela conduta, que objetiva a violação da liberdade sexual, por meio de violência ou grave ameaça.

3.2.3.2. Especiais elementos subjetivos

A doutrina dos elementos subjetivos do injusto, segundo explica Fayet Júnior, parte da ideia de o dolo ser a "espinha dorsal do aspecto subjetivo do tipo", podendo ser encontrados explícita ou implicitamente "conteúdos de índole subjetiva que a ele não se equiparam ou se confun-

---

de Vicente Remesal. Madri: Civitas, 1999, p. 415; WELZEL, Hans. *Direito penal*. Traduzido por Afonso Celso Rezende. Campinas: Romana, 2003, p. 119.

[225] STRUENSEE, Eberhard. *Dolo, tentativa y delito putativo*. Traduzido por Marcelo A. Sancinetti. Buenos Aires: Hammurabi, 1992, p. 95.

[226] SANCINETTI, Marcelo A. *Subjetivismo e imputación objetiva en derecho penal*. Bogotá: Centro de Investigaciones de Derecho Penal y Filosofía del Derecho de la Universidad Externado de Colombia, 1996, p. 64. Nesse sentido, Silva afirma que a teoria do risco "afirma a existência do dolo quando ao agente tem conhecimento de estar produzindo um risco indevido (tipificado) na realização de um comportamento ilícito". (SILVA, David Medina da. *O crime doloso*. Porto Alegre: Livraria do Advogado, 2005, p. 58).

[227] SANCINETTI, Marcelo A. *Subjetivismo e imputación objetiva en derecho penal*. Bogotá: Centro de Investigaciones de Derecho Penal y Filosofía del Derecho de la Universidad Externado de Colombia, 1996, p. 65.

[228] Nesse sentido: CONTIERI, Enrico. *La congiunzione carnale violenta*. 3.ed. Milano: Giuffrè, 1974, p. 113.

[229] ESTEFAM, André. *Crimes sexuais*: comentários à Lei nº 12.015/2009. São Paulo: Saraiva, 2009, p. 36.

dem".[230] São estas especiais motivações ou tendências que impulsionam a conduta dolosa.

A nova descrição do tipo de estupro não possui expressamente elemento subjetivo do injusto típico; entretanto, segundo a abalizada doutrina, se trata de um tipo penal de *tendência*.[231] Tais crimes se caracterizam por ser a tendência subjetiva inerente ao elemento típico; vale dizer: "caracterizado por uma tendência afetiva do autor, que impregna a ação típica: nos crimes sexuais, a tendência voluptuosa adere à ação típica, atribuindo o caráter sexual ao comportamento do autor, cuja ação aparece carregada de libido".[232] São delitos em que o sujeito expressa um ânimo lúbrico, sensual, lascivo, libidinoso, consistindo na finalidade de excitar ou satisfazer o impulso sexual.[233]

Muitas vezes a presença desses elementos psíquicos especiais pode ser decisiva para a definição jurídica de ações praticadas objetivamente

---

[230] FAYET JÚNIOR, Ney. *Aferição da prescrição penal nos crimes habituais*. In. FAYET JÚNIOR, Ney (Org.). *Prescrição penal*: temas controvertidos – doutrina e jurisprudência. Vol. 2. Porto Alegre: Livraria do Advogado, 2009, p. 94. Explica, ainda, o citado autor, à mesma pagina que os elementos subjetivos podem ser divididos entre os *delitos de intenção* e os *delitos de tendência*. Os delitos de intenção são aqueles em que o agente realiza a conduta típica para alcançar outra finalidade específica (como o *animus rem sibi habendi*, do furto, ou o *animus injuriandi*, dos crimes contra a honra). Tais delitos podem ser distinguidos entre os *delitos mutilados de dois lados*, em que o sujeito realiza a ação dolosa como meio executivo para posterior atuação sua que é o fim objetivo pretendido (como por exemplo, no delito de quadrilha ou bando), e os *delitos de resultado cortado*, nos quais o agente realiza a conduta para atingir resultado posterior que não contará com sua intervenção. Já os *delitos de tendência*, a conduta do agente deve orientar-se a uma particular tendência subjetiva, como a volúpia, nos crimes sexuais. Aqui a ação expressa uma disposição interna que não pode se reconhecida por fatores externos. (FAYET JÚNIOR, Ney. *Aferição da prescrição penal nos crimes habituais*. In. FAYET JÚNIOR, Ney (Org.). *Prescrição penal*: temas controvertidos – doutrina e jurisprudência. Vol. 2. Porto Alegre: Livraria do Advogado, 2009, p. 94). Toledo explica a diferença que há entre os tipos penais de resultado mutilados em dois lados entre os congruentes e os incongruentes. Os congruentes são os que permitem a "coincidência entre as partes subjetiva e objetiva (entre o dolo e o acontecimento objetivo). Para a realização do tipo congruente, é necessário e suficiente que o que o tipo objetivo se mantenha dentro da imagem da representação e vontade abrangida pelo dolo – o tipo subjetivo. Há, entretanto, tipos estruturalmente incongruentes quando a lei estende o tipo subjetivo além do objetivo". (TOLEDO, Francisco de Assis. *Princípios básicos de direito penal*. 5.ed. São Paulo: Saraiva, 2002, p. 150-1). Nesse sentido: ZAFFARONI, Eugenio Raúl; PIERANGELI, José Henrique. *Manual de direito penal brasileiro*: Parte Geral. V. 1. 6.ed. São Paulo: Revista dos Tribunais, 2006, p. 431-433.

[231] Nesse sentido: FRAGOSO, Heleno Cláudio. *Direito penal e direitos humanos*. Rio de Janeiro: Forense, 1977, p. 81; MAURACH, Reinhart. *Derecho penal. Parte general*. Vol. 1. Traduzido por Jorge Bofill Genzsch y Enrique Aimone Gibson. Buenos Aires: Astrea, 1994, p. 396; PRADO Luiz Regis. *Comentários ao Código Penal*. 5.ed. São Paulo: Revista dos Tribunais, 2010, p. 668; ROXIN, Claus. *Derecho penal*: parte general. Tomo I. Traduzido por Diego-Manuel Luzón Peña, Miguel Díaz y García Conlledo e Javier de Vicente Remesal. Madri: Civitas, 1999, p. 317; SANTOS, Juarez Cirino dos. *A moderna teoria do fato punível*. Rio de Janeiro: Freitas Bastos, 2000, p. 96.

[232] SANTOS, Juarez Cirino dos. *A moderna teoria do fato punível*. Rio de Janeiro: Freitas Bastos, 2000, p. 96.

[233] Nesse sentido: PRADO Luiz Regis. *Comentários ao Código Penal*. 5.ed. São Paulo: Revista dos Tribunais, 2010, p. 668; ROXIN, Claus. *Derecho penal*: parte general. Tomo I. Traduzido por Diego-Manuel Luzón Peña, Miguel Díaz y García Conlledo e Javier de Vicente Remesal. Madri: Civitas, 1999, p. 317;

idênticas, como por exemplo, "agarrar com violência os seios de uma mulher no elevador pode constituir crime sexual (se com tendência lasciva), crime de injúria (se com intenção de ofender a honra) ou crime de lesões corporais (se ausente qualquer dessas características psíquicas)".[234] Para delimitar a conduta, nesse aspecto, o elemento subjetivo deve caracterizar o dolo do agente em criar o risco juridicamente não permitido para o bem jurídico tutelado. Assim, a conduta do sujeito de pegar no seios de uma mulher, será facilmente identificada como libidinosa, agressiva ou ofensiva, dependendo do comportamento externado, haja vista que a criação do risco proibido para estes três bens jurídicos possui diferente elementos anímicos, que serão traduzidos em seu comportamento.

3.3. CONSUMAÇÃO

Considera-se consumado o crime quando realizados todos os elementos do tipo e efetivada a lesão ao bem jurídico protegido pela norma. Essa é a leitura objetiva do estabelecido pela norma do art. 14, inciso I, do Código Penal.[235] Assim o delito de estupro consuma-se com o efetivo constrangimento ao primeiro ato de libidinagem[236] envolvendo a vítima, mediante o emprego de violência ou grave ameaça, suficiente para afetar a liberdade sexual individual da vítima, independentemente da intenção do agente ser a conjunção carnal ou apenas a prática de atos libidinosos.

Entretanto, há quem condicione a consumação do crime à *"forma eleita pelo agente"*;[237] isso porque a consumação da cópula vagínica exige a conjunção, ainda que parcial, dos órgãos reprodutivos (humanos) mascu-

---

[234] SANTOS, Juarez Cirino dos. *A moderna teoria do fato punível*. Rio de Janeiro: Freitas Bastos, 2000, p. 96.

[235] "Art. 14. Diz-se o crime: I – consumado, quando nele se reúnem todos os elementos de sua definição legal". (Código Penal)

[236] Segundo CUNHA, ato de libidinagem é "gênero que abrange conjunção carnal e vasta enumeração de atos libidinosos". (CUNHA, Rogério Sanches. *Lei 12.015, de 7 de agosto de 2009*. In: GOMES, Luiz Flávio; CUNHA, Rogério Sanches; MAZZUOLI, Valério de Oliveira. *Comentários à reforma criminal de 2009 e à Convenção de Viena sobre o Direito dos Tratados*. São Paulo: Revista dos Tribunais, 2009, p. 40).

[237] No sentido de que a consumação dependerá "da forma escolhida pelo agente" para realizar o crime (se conjunção carnal ou ato libidinoso diverso): NUCCI, Guilherme de Souza. *Crimes contra a dignidade sexual*: comentários à Lei n. 12.015, de 7 de agosto de 2009. São Paulo: Revista dos Tribunais, 2009, p. 17. Explica o citado autor, ainda, que "Tratando-se de conjunção carnal, não se exige a completa introdução do pênis na vagina, nem é necessária a ejaculação. No tocante a outro ato libidinoso, a forma consumativa é mais ampla, pois as maneiras de cometimento do crime são diversificadas. Basta o toque físico eficiente para gerar a lascívia ou o constrangimento efetivo da vítima a se expor sexualmente ao agente para se atingida a consumação. Porém, somente o caso concreto poderá delimitar, com eficiência, a finalização do iter criminis, permitindo ao juiz visualizar a consumação". (Idem. Idem, p. 17). No mesmo sentido: DELMANTO, Celso et al. *Código penal comentado*. 8.ed. São Paulo: Saraiva, 2010, p. 693.

lino e feminino (independente de ejaculação), ao passo que os atos libidinosos diversos consumam-se, de forma mais ampla, na medida em que executados atos com o cunho sexual, lascivo, suficiente para constranger a liberdade sexual da vítima.

Ocorre ser-nos preferível a consumação independente da forma escolhida pelo agente (se conjunção carnal ou ato libidinoso), na medida em que o primeiro ato de libidinagem, praticado mediante violência ou grave ameaça, capaz de constranger a liberdade sexual individual é suficiente para a lesionar o bem jurídico tutelado. Assim, imaginemos o agente que amarra a vítima despida, mediante grave ameaça, de tal sorte que fique exposto o órgão sexual desta, sem, de qualquer sorte, tocar-lhe as partes pudendas ou proferir quaisquer impropérios lascivos, isto é, sem *intenções sexuais*. Tal conduta inicia a execução do crime de estupro, pois cria o risco para a liberdade sexual da vítima, permitindo que o agente desista do feito ou se arrependa dos atos já praticados, respondendo, então, em nosso entender, apenas pelo crime de *cárcere privado*.[238] Entretanto, caso venha o sujeito ativo a alisar lascivamente, em outro momento, as partes pudendas de sua vítima já constrangida, perfectibilizará o tipo do estupro, independentemente se esta conduta é meio para a cópula vagínica ou fim libidinoso em si. Por isso o entendimento de que a descrição e separação do ato sexual reprodutor e dos demais atos sexuais, mantido pela reforma do tipo penal em comento é desnecessária, por supérflua, haja vista serem a culpabilidade e o consequente apenamento idênticos.

Dessarte, o início da execução, dada a amplitude conceitual com que foi talhado o novo tipo, dá-se no primeiro ato de libidinagem capaz de tolher a liberdade sexual da vítima, podendo consumar-se com o contato violento e danoso, com o contato normal (sem violência ou dano físico), ou, mesmo, para alguns, sem contato físico entre autor e vítima.[239] Essa última hipótese, à guisa de exercício, teria lugar na situação em que o sujeito constrangesse a vítima, mediante grave ameaça, a masturbar-se para ele. Isso porque teríamos, em tese, o constrangimento de alguém, mediante grave ameaça, a praticar ato libidinoso, perfectibilizando o tipo de estupro. O importante, nesse sentido, é que o corpo da vítima "entre em jogo", para utilizar a expressão de Hungria,[240] isto é, que a vítima pra-

---

[238] "Art. 148. Privar alguém de sua liberdade, mediante sequestro ou cárcere privado: Pena: reclusão, de 1 (um) a 3 (três) anos. § 1º A pena é reclusão de 2 (dois) a 5 (cinco) anos: V – se o crime é praticado com fim libidinoso". (Código Penal)

[239] CUNHA, Rogério Sanches. Lei 12.015, de 7 de agosto de 2009. In: GOMES, Luiz Flávio; CUNHA, Rogério Sanches; MAZZUOLI, Valério de Oliveira. *Comentários à reforma criminal de 2009 e à Convenção de Viena sobre o Direito dos Tratados*. São Paulo: Revista dos Tribunais, 2009, p. 39.

[240] HUNGRIA, Nelson. *Comentários ao Código Penal*. Vol. VIII. 4.ed. Rio de Janeiro: Forense, 1959, p. 137-138. Nesse mesmo sentido: CAPEZ, Fernando. *Curso de direito penal*: parte especial. Vol. 3. 4.ed. São Paulo: Saraiva, 2006, p. 28; ESTEFAM, André. *Crimes Sexuais*: comentários à Lei n. 12.015/2009.

tique ou deixe que em seu corpo pratiquem o ato libidinoso, de qualquer forma; não bastando que esta, por exemplo, apenas fique assistindo ao ato libidinoso praticado por terceiros (hipótese caracterizadora, em nosso entendimento, de constrangimento ilegal).[241]

Por fim, quanto ao período consumativo, trata-se de crime *instantâneo* (porque o resultado se dá em tempo definível) e *plurissubsistente* (pois pode ser praticado em vários atos),[242] admitindo a tentativa.

3.3.1. Tentativa

A tentativa vem prevista no artigo 14, inciso II, do Código Penal brasileiro[243] e é conceituada como a execução começada de um crime, que não chega a se consumar por circunstâncias alheias à vontade do agente; é, portanto, o "delito imperfeito",[244] no qual não se dá o resultado pretendido pelo agente;[245] por isso, diz-se ser a tentativa "um delito incompleto, de uma tipicidade subjetiva completa, com um defeito na tipicidade objetiva".[246] A análise da tentativa, inicia-se pela delimitação do *iter criminis*[247] o

---

São Paulo: Saraiva, 2009, p. 36-37; ESTEFAM, André et al. *Reforma penal*: comentários às Leis 11.923, 12.012 e 12.015, de 2009. São Paulo: Saraiva, 2010, p. 28-29; FÜHRER, Maximiliano Roberto Ernesto. *Novos crimes sexuais com a feição instituída pela Lei 12.015, de 7 de agosto de 2009*. São Paulo: Malheiros, 2009, p. 159. PRADO, Luiz Regis. *Curso de direito penal brasileiro*. Vol. 3. 3.ed. São Paulo: Saraiva, 2004, p. 267-268.

[241] "Art. 146. Constranger alguém, mediante violência ou grave ameaça, ou depois de lhe haver reduzido, por qualquer meio, a capacidade de resistência, a não fazer o que lei permite, ou a fazer o que ela não manda: Pena: detenção, de 3 (três) meses a 1 (um) ano, ou multa". (Código Penal)

[242] "No crime plurissubsistente sua execução pode desdobrar-se em vários atos sucessivos, de tal sorte que a ação e o resultado típico separam-se espacialmente, como é o caso dos crimes materiais que, em geral são plurissubsistentes". (BITENCOURT, Cezar Roberto. *Teoria geral do delito*: uma visão panorâmica da dogmática penal brasileira. Coimbra: Almedina, 2007, p. 70).

[243] "Art. 14. Diz-se o crime: II – Tentado, quando, iniciada a execução, não se consuma por circunstâncias alheias à vontade do agente". (Código Penal)

[244] CARRARA, Francesco. *Teoría de la tentativa u de la complicidad o del grado en la fuerza física del delito*. Traduzido por Vicente Romero Girón. 2.ed. Madrid: Góngora, 1926, p. 133. No dizer de Wessels "é a manifestação da resolução para o cometimento de um fato punível através de ações que põem em relação direta com a realização do tipo legal, mas que não tenham conduzido à sua consumação" (WESSELS, Johannes. *Direito penal*. Traduzido por Juarez Tavares. Porto Alegre: Fabris, 1976, p. 133).

[245] CALLEGARI, André Luís. *Teoria geral do delito e da imputação objetiva*. 2.ed. Porto Alegre: Livraria do Advogado, 2009, p. 112.

[246] ZAFFARONI, Eugenio Raúl; PIERANGELI, José Henrique. *Da tentativa*. 3.ed. São Paulo: Revista dos Tribunais, 1992, p. 43; SANTOS, Juarez Cirino dos. *Direito penal*. Parte geral. Curitiba: Lumen Juris, 2006, p. 377.

[247] "*Iter Criminis*" ou o caminho do crime é composto por quatro fases. A primeira fase é a da cogitação, ou ideação, na qual o sujeito idealiza, mentaliza, prevê, planeja, deseja a prática do crime, sem, entretanto, sair do plano psicológico, isto é, sem, evidentemente, materializar sua ideia. A segunda fase é a da preparação, onde o agente pratica os atos imprescindíveis à execução do crime, como, por exemplo, a compra da arma, a vigília da vítima, etc. Pode-se dizer que nessa segunda etapa, o agente

agente inicia a execução do delito pretendido, mas não consegue transpor essa etapa por motivos alheios a sua vontade.

Da rápida leitura destes conceitos, depreende-se que os elementos da tentativa são o dolo, o início da execução, e a não consumação do delito, por circunstâncias alheias ao dolo do agente, podendo-se, portanto, falar em *tipo de tentativa*, como generalização de características existentes em toda e qualquer tentativa, quando presentes esses três elementos, a saber: o *subjetivo* (dolo: decisão de realizar o crime), o *objetivo* (ação de execução específica do tipo, criando o risco para o bem jurídico) e o *negativo* (ausência do resultado).[248] O dolo, como já dito, expressa a resolução de realizar o delito, o *dar começo* direto a realização do tipo.[249]

Por essas razões, o início da execução dá-se quando o agente começa a realizar o fato que a lei define como crime (tipo), observando-se, por oportuno, que o comportamento punível vem indicado pelo verbo do tipo praticado, criando o risco para o bem jurídico tutelado, e esse é o

---

materializa o ideado, sem, contudo, ingressar no plano da execução. Esta fase, aliás, não interessa ao direito punitivo e por isso não é punível, salvo as hipóteses em que o legislador tipificou como crime autônomo a preparação de delito futuro [como, por exemplo, o crime de quadrilha ou bando (artigo 288, Código Penal) e o delito de petrechos para a falsificação de moeda (artigo 291) que é preparação para o delito do artigo 289, ambos do Código Penal]. Por fim, elucidativa a lição de Antolisei, para quem "*la fase dell'ideazione si svolge nell'interno della psiche del reo. Essa culmina nella rizoluzione criminosa, la quale di per sé sola, come si è visto, non è punibile ('cogitationis poenam nemo patitur') e ciò non tanto perché difficilmente può accertarsi, quanto perché profondo è l'abisso che intercorre fra il pensiero e il fatto, tra il proposito e la sua attuazione*" (ANTOLISEI, Francesco. Manuale di diritto penale. Parte generale. 16.ed. Milão: Giuffrè, 2003, p. 477). A terceira fase é a da execução, a etapa em que o agente dá início à execução de um tipo, realizando a conduta descrita, por meio da prática do verbo deste, criando o risco de lesão ao bem jurídico. Aqui pode-se dizer que o agente realiza a conduta planejada e preparada. Os atos executórios são puníveis, de acordo com o estabelecido pelo Código Penal, na medida da tentativa, isto é, de acordo com a proximidade da consumação. A quarta e última fase do *"iter criminis"* é a consumação, onde o agente consegue, de modo efetivo, o resultado almejado, realizando a figura típica descrita no artigo da lei penal e lesionando o bem jurídico. Nessa quarta e última parte, pode-se dizer que o sujeito atinge o resultado pretendido quando da ideação, por meio da execução dos atos idealizados e preparados. Note-se que não faz parte do *"iter criminis"* o exaurimento, que consiste nos movimentos de lógica continuação da ação que realiza o verbo típico, e, portanto, já punidos quando da cominação da pena. São exemplos de exaurimento: a gravidez da vítima de estupro, a dor no delito de lesão corporal, dentre outros.

[248] Nesse sentido, a lição de SANTOS, Juarez Cirino dos. *Direito penal*. Parte geral. Curitiba: Lumen Juris, 2006, p. 384.

[249] CALLEGARI, André Luís. *Teoria geral do delito e da imputação objetiva*. 2.ed. Porto Alegre: Livraria do Advogado, 2009, p. 118. O injusto doloso se caracteriza quando uma pessoa toma uma decisão de realizar um fato apesar de conhecer (abarcar intelectualmente) todas as circunstâncias fáticas que vêm a converter este fato em um fato típico, isto é, o autor decide por uma atuação jurídico-penalmente relevante (FEIJÓO SANCHEZ, Bernardo. La distinción entre dolo e imprudencia en los delitos de resultado lesivo. Sobre la normativización del dolo. *Cuadernos de Política Criminal do Instituto Universitário de Criminologia da Universidad Complutense de Madrid*. Madrid, n. 65, p. 269-364, 1998, p. 277). Ver sobre esse tema, ainda: STRUENSEE, Eberhard. *Dolo, tentativa y delito putativo*. Traduzido por Marcelo A. Sancinetti. Buenos Aires: Hammurabi, 1992. Ver também, na esteira desse entendimento: COSTA, José de Faria. As definições legais de dolo e de negligência enquanto problema de aplicação e interpretação das normas definitórias em direito penal. *Boletim da Faculdade de Direito de Coimbra*. Coimbra, n. 69 p. 361-386. 1993.

parâmetro inicial para a verificação da existência ou não da tentativa. Assim, no plano prático, o início da execução do estupro se dá no momento em que passa a existir o risco para a liberdade sexual da vítima. O Código Penal segue o critério objetivo para a aferição da tentativa, isto é, os atos preparatórios distinguem-se dos executórios na medida em que, embora possibilitem a prática do crime, não configuram o início de sua execução. Em virtude dessas razões, no exemplo acima trabalhado, os atos de escolha da vítima, compra da corda para amarrá-la, preparação do local para deixá-la amarrada, a preparação das circunstâncias necessárias para a gravidade da ameaça, etc., em nosso entender, ainda não configuram o início da execução do crime de estupro, haja vista que a liberdade sexual ainda não foi colocada em risco. Num momento mais avançado, portanto, o efetivo constrangimento da vítima, mediante grave ameaça, amarrando-a despida, de tal forma que seu órgão sexual fique exposto, coloca em risco sua liberdade sexual, iniciando-se, por isso, a execução; o primeiro toque lascivo no corpo desta vítima configura a consumação do crime.[250]

Já a não consumação do crime por circunstâncias alheias à vontade do agente é o elemento caracterizador da tentativa, o elemento negativo, por alijar a conduta praticada do resultado pretendido, seja em função da execução iniciada e abandonada; iniciada e impedida pelo próprio agente; iniciada e não consumada por problemas relativos a esfera pessoal do agente, ou, ainda, iniciada e não consumada por interferência de terceiros.

A tentativa, consoante ao exposto no parágrafo único do artigo 14 do Código Penal, é punida com a pena correspondente ao crime consumado, diminuída de um a dois terços. Essa minoração leva em conta o *perigo para o bem jurídico protegido* no tipo penal (teoria do autor ou teoria objetiva, assumindo que o direito penal tem por objetivo a proteção de bens jurídicos), ou o *abalo da confiança jurídica da comunidade* (teoria da impressão, assumindo que a tarefa do direito penal é estabilizar as expectativas normativas da população).[251] O nosso Código Penal adotou a teoria subjetivo-objetiva, partindo da teoria da impressão para punir a vontade contrária a uma norma de conduta, desde que esta venha a ferir profundamente a confiança da coletividade na vigência do ordenamento jurídi-

---

[250] A matéria pode ser assim exposta: os atos preparatórios não são puníveis; os executórios, noutro plano, o são. Nos atos preparatórios, o agente pode não realizar o verbo indicativo da figura típica planejada, se quiser desistir; enquanto nos atos executórios, o agente deve parar a realização do descrito no tipo do crime perpetrado, para desistir de sua consumação. Caso haja dúvida intransponível sobre o caráter preparatório ou executório do ato, deve-se decidir sempre pelo primeiro.

[251] SANTOS, Juarez Cirino dos. *Direito penal*. Parte geral. Curitiba: Lumen Juris, 2006, p. 388-389.

co, e estabelecendo a quantidade de pena pela proximidade da ocorrência do resultado, ou colocação em perigo do objeto protegido pela norma.[252]

Sobre a possibilidade de o crime de estupro admitir a tentativa, entendemos que não há maiores discussões,[253] pois se trata de *crime formal*, cuja prática de qualquer ato libidinoso contra vítima constrangida consuma o crime; e os crimes formais admitem a forma tentada, apenas *"se comportarem um iter que possa ser interrompido"*,[254] como é o caso do estupro.

Entretanto, é digna de breve nota a hipótese aventada no exemplo acima trabalhado, do sujeito que, ameaçando a vítima com arma de fogo, manda que esta se dispa, para que ele possa efetuar a cópula vagínica. Quando a vítima termina de despir-se, sob a ameaça grave de risco de vida, teremos consumado o crime-meio de constrangimento ilegal. Caso, nesse momento, venha o agente a ser impedido por qualquer circunstância alheia a sua vontade, teremos não a tentativa de estupro, mas sim e apenas o crime de constrangimento ilegal. Isso porque, em nossa visão, não haveria, ainda, o início da execução do crime de estupro, isto é, a conduta praticada pelo agente, no exemplo acima descrito, não teria ainda criado o risco de lesão ao bem jurídico protegido pelo tipo do estupro (liberdade sexual), mas sim, criado e realizado o risco contra o bem jurídico protegido pelo tipo do constrangimento ilegal, consistente no constrangimento da liberdade individual (não sexual) da vítima.

Cabe, aqui, uma rápida definição sobre a distinção operacionalizada entre a tentativa perfeita e a imperfeita, que reside, fundamentalmente, na possibilidade ou não de esgotar os atos de execução. Na tentativa dita *perfeita* (acabada, frustrada, ou crime falho), o agente executa todos os atos de execução disponíveis, ou pode realizá-los, mas não consuma o resultado pretendido por motivos alheios a sua vontade, ou por ter o

---

[252] CALLEGARI, André Luís. *Teoria geral do delito e da imputação objetiva*. 2.ed. Porto Alegre: Livraria do Advogado, 2009, p. 118.

[253] Em que pese a sempre abalizada opinião de Delmanto no sentido de ser *"teoricamente possível"* e de *"difícil ocorrência"* na prática. (DELMANTO, Celso et al. *Código penal comentado*. 8.ed. São Paulo: Saraiva, 2010, p. 693). Na prática, vale a leitura de: AZEVEDO, Antonio Junqueira de. Responsabilidade civil. Assalto em estacionamento de supermercado. Estacionamento gratuito como caso de relação contratual de fato. Admissão da prova de não-culpa. Estupro tentado fora do estacionamento, seguido de morte. Falta de relação de causalidade adequada. *Revista dos Tribunais*, São Paulo, ano 86, v. 735, p. 121-128, jan. 1997; SOBRINHO, João Cesar. *Atos de execução na tentativa de estupro*. Justitia, São Paulo, v. 3, p. 35-39, 1941.

[254] BECKER, Marina. *Tentativa criminosa*: doutrina e jurisprudência. São Paulo: Siciliano Jurídico, 2004, p. 249. Inclusive, a autora comenta, mais adiante que *"parte da doutrina não admite a tentativa, no crime de atentado violento ao pudor, previsto no artigo 214 do Código Penal, não sendo pacífico este entendimento. Consideramos que a conduta é fracionável, admitindo a tentativa, uma vez que o elemento material consumativo é a prática de ato libidinoso diverso da conjunção carnal. O emprego de violência ou grave ameaça, visando constranger a vítima, configura início de execução, desde que reste clara a intenção do agente. A fuga da vítima, a intervenção de terceiros e outras circunstâncias podem impedir a consumação, restando plenamente configurada a tentativa"*. (Idem., p. 249-250).

agente *trocado* sua vontade inicialmente dirigida à lesão de um bem jurídico. (Por má pontaria erra todos os disparos: tentativa perfeita; ou erra os dois primeiros disparos e desiste do intento criminoso, abandonando a execução: desistência voluntária; ou, ainda, acerta o primeiro tiro e, arrependido, busca auxílio para minorar as consequências de sua conduta: arrependimento eficaz; ou acerta a vítima, que vem a ser salva no hospital: tentativa perfeita). No crime de estupro, caso o agente inicie o constrangimento da vítima, obrigando-a a despir-se, e amarrando-a de forma a deixar-lhe exposto o órgão sexual (criando o risco para sua liberdade sexual), e a vítima consegue soltar-se e fugir, teremos a tentativa perfeita. Se, ao invés de a vítima fugir, o sujeito apiedar-se da mesma e desamarrá-la, deixando-a escapar, teremos um arrependimento eficaz; e, se antes de amarrá-la, o sujeito abandona a execução do almejado, dá-se a desistência voluntária.

Já na *tentativa imperfeita*, o agente é impedido de continuar executando os atos que havia planejado ou que teria a sua disposição; ou seja, existe uma interferência de terceiros, que não tem o condão de lhe modificar o dolo inicial. (Por exemplo: o agente dispara contra a vítima e é impedido de continuar atirando pela interferência de um terceiro, ou o projétil não estoura etc.). No crime de estupro, no exemplo acima trabalhado, se o agente, após constranger vítima por meio de ameaça, amarrando-a etc., vem a ser impedido de iniciar os atos libidinosos, por ser preso por terceiro, teríamos uma tentativa imperfeita.

Note-se que a distinção figura apenas no plano teórico, e serve para explicitar as situações em que residem a desistência voluntária e o arrependimento eficaz, isto é, que diferenciam e esclarecem a modificação do dolo do agente. Evidentemente, seja a tentativa perfeita ou imperfeita tratamento será o mesmo: redução da pena cominada ao delito consumado de um a dois terços, em função da proximidade com o resultado pretendido, ressalvadas as hipóteses de desistência voluntária e arrependimento eficaz, onde o agente responde apenas pelos atos já praticados, caso estes sejam puníveis (artigo 15 do Código Penal),[255] por força da *troca de dolo*, e as de crime de atentado, onde o verbo nuclear é *tentar*, e se consuma com a simples tentativa, recebendo, portanto, a pena de crime consumado.[256]

---

[255] "Art. 15. O agente que, voluntariamente, desiste de prosseguir na execução ou impede que o resultado se produza, só responde pelos atos já praticados". (Código Penal).

[256] Exemplos: "Art. 352. Evadir-se ou tentar evadir-se o preso ou o indivíduo submetido a medida de segurança detentiva, usando de violência contra a pessoa". (Código Penal); ou "Art. 17. Tentar mudar, com emprego de violência ou grave ameaça, a ordem, o regime vigente ou o Estado de Direito". (Lei n. 7.170/82).

3.3.2. Desistência voluntária

A desistência voluntária consiste numa abstenção de atividade: o sujeito cessa o seu comportamento delituoso. Assim, só ocorre antes de o agente esgotar o processo executório, sendo somente cabível na tentativa perfeita, uma vez que tenha o sujeito a possibilidade de esgotar os atos de execução. Pode acontecer nos crimes materiais ou formais, porém não nos de mera conduta, pois nestes o início da execução já constitui consumação. Possui dois requisitos básicos: 1º) o agente não ter esgotado os atos executórios; 2º) a conduta ter caráter negativo (não continuar a agir). O indivíduo, por força da troca de dolo, demonstrada pelo abandono da execução do tipo e da lesão ao bem jurídico, apenas responde pelos atos já praticados se estes forem puníveis autonomamente. Essa é a regra do artigo 15 do Código Penal. No exemplo já trabalhado do sujeito que amarra a vítima de forma a deixar seus órgãos sexuais expostos (o que inicia a execução do crime de estupro pela criação do risco à liberdade sexual da vítima) e *desiste* de continuar a prática do estupro, abandonando a possível execução dos atos executórios do crime, responderá apenas pelo fato já praticado que, neste caso, constitui crime autônomo (de cárcere privado, art. 148, § 1º, inc. V, do CP).

3.3.3. Arrependimento eficaz

O arrependimento eficaz tem lugar quando o agente, tendo já ultimado o processo de execução do crime, desenvolve nova atividade, impedindo a produção do resultado. Verifica-se, portanto, quando o agente ultimou a fase executiva do delito e, desejando evitar a produção do evento, atua para impedi-lo. Só é possível no crime falho (tentativa perfeita, onde o agente esgota ou pode esgotar os atos de execução) e nos crimes materiais (aqueles que necessitam de um resultado naturalístico). Possui três requisitos básicos: 1º) o esgotamento dos atos executórios; 2º) movimento positivo (o agente tem que agir para evitar o resultado); 3º) efetivo impedimento do resultado. O indivíduo, por força da troca de dolo, demonstrada pelo efetivo momento no sentido de diminuir as consequências dos atos já praticados, responderá apenas por estes, se puníveis autonomamente. Essa é a regra do artigo 15 do Código Penal. No exemplo acima trabalhado, o arrependimento deveria ser caracterizado pelo ato (positivo) de desamarrar a vítima e deixá-la fugir, demonstrando ato capaz de impedir que o resultado (antes pretendido) se produza.

3.4. CLASSIFICAÇÃO DO TIPO

Portanto, o delito de estupro do art. 213 do Código Penal, com a nova redação determinada pela Lei nº 12.015/09 ("constranger alguém, mediante violência ou grave ameaça a ter conjunção carnal ou a praticar ou permitir que com ele se pratique outro ato libidinoso"), é constituído por dois verbos nucleares ("constranger [alguém] a ter conjunção carnal" e "constranger [alguém] a praticar ou permitir que com ele se pratique outro ato libidinoso"), por um sujeito passivo indefinido ("alguém"), e por um modo de execução ("mediante violência ou grave ameaça"), sendo as expressões "violência", "grave ameaça", "conjunção carnal" e "ato libidinoso", elementos normativos de ordem jurídica, podendo ser praticado por qualquer pessoa que constranja o sujeito passivo à prática de conjunção carnal ou qualquer ato libidinoso, por meio de violência ou grave ameaça.

3.4.1. Quanto à modalidade de conduta

Quanto à modalidade de conduta, é *crime formal* (pois se consuma com a simples prática da conduta descrita), de *ação múltipla*, de *conduta variável* ou *de forma livre* (porque pode ser cometido tanto por conjunção carnal como por qualquer outro ato libidinoso), e *comissivo* (pois os verbos do tipo indicam ação).

3.4.2. Quanto aos Sujeitos

Quanto ao sujeito ativo, tem-se que o estupro é crime *comum* (porque pode ser praticado por qualquer pessoa) e *unissubjetivo* (pois pode ser cometido por uma só pessoa); e em relação ao sujeito passivo, trata-se de crime *vago* (porque não explicita sujeito passivo próprio, podendo ser sofrido por qualquer pessoa).

3.4.3. Quanto ao Evento

Quanto ao evento, trata-se de crime de *dano* (porque a consumação exige a lesão ao bem jurídico tutelado).[257]

---

[257] Sobre tal exigência, vide Capítulo 2. E nesse sentido, também, NUCCI, Guilherme de Souza. *Crimes contra a dignidade sexual*: comentários à Lei n. 12.015, de 7 de agosto de 2009. São Paulo: Revista dos Tribunais, 2009, p. 17-18. Estefam, entretanto, afirma tratar-se de "delito de mera conduta, pois a lei não faz a alusão a qualquer resultado naturalístico", que admite a tentativa, por poder "alguém dar início à execução do crime e ver frustrada sua intenção por fatores alheios a sua vontade". (ESTEFAM, André. *Crimes sexuais*: comentários à Lei nº 12.015/2009. São Paulo: Saraiva, 2009, p. 40-41). Em nosso entendimento, o crime de mera conduta é o que se consuma exclusivamente com a conduta do agente, "não sendo relevante para o direito o resultado natural que dela decorra" (PIMENTEL, Manoel Pedro.

3.5. CAUSAS ESPECIAIS DE AUMENTO DE PENA

O atual crime de estupro está sujeito a causas especiais de aumento de pena (majorantes). Assim, aumenta-se da *quarta parte*, quando o crime for cometido com o concurso de duas ou mais pessoas; e de *metade*, se o agente é ascendente, padrasto ou madrasta, tio, irmão, cônjuge, companheiro, tutor, curador, preceptor ou empregador da vítima ou por qualquer outro título tem autoridade sobre ela, decorrentes, estes aumentos, dos incisos I e II do art. 226 do CP, com a redação dada pela Lei nº 11.106/05.[258]

De outra banda, aumenta-se de *metade*, se resulta gravidez; e de um *sexto até a metade*, se o agente transmite à vítima doença sexualmente transmissível de que sabe ou deveria saber ser portador, decorrentes estes aumentos dos incisos III e IV do art. 234-A, incluído pela Lei nº 12.015/09.[259]

3.6. QUALIFICADORAS

O delito de estupro, ademais, está sujeito a duas qualificadoras, circunstâncias que, somadas ao tipo principal, cominam novas penas mínima e máxima para o crime. Assim, estabelece o § 1º o art. 213 que "se da conduta resulta lesão corporal de natureza grave ou se a vítima é menor de 18 (dezoito) ou maior de 14 (catorze) anos", a pena passa a ser de "reclusão, de 8 (oito) a 12 (doze) anos",[260] ao passo que o § 2º estabelece: "se da conduta resulta morte", a pena passa a ser de "reclusão, de 12 (doze) a 30 (trinta) anos".[261]

Dessa forma, são três as situações que qualificam o crime. Duas no § 1º, a idade da vítima e a lesão corporal grave resultante da conduta, e no § 2º, o resultado morte decorrente da conduta.

Crimes de mera conduta. 2.ed. São Paulo: Revista dos Tribunais, 1968, p. 84), pois presume-se a ofensa ao bem jurídico. Característica destes crimes é unissubsistência, não admitindo a tentativa.

[258] "Art. 226. A pena é aumentada: I – de quarta parte, se o crime é cometido com o concurso de 2 (duas) ou mais pessoas; II – de metade, se o agente é ascendente, padrasto ou madrasta, tio, irmão, cônjuge, companheiro, tutor, curador, preceptor ou empregador da vítima ou por qualquer outro título tem autoridade sobre ela". (Art. 1º, Lei nº 11.106/2005)

[259] "Art. 234-A. Nos crimes previstos neste Título a pena é aumentada: III – de metade, se do crime resultar gravidez; e IV – de um sexto até a metade, se o agente transmite à vitima doença sexualmente transmissível de que sabe ou deveria saber ser portador". (Art. 3º, Lei nº 12.015/2009)

[260] Art. 2º, Lei nº 12.015/2009.

[261] Art. 2º, Lei nº 12.015/2009.

3.6.1. A lesão corporal grave e a morte resultantes da conduta

Inicialmente, a norma estabelece como circunstâncias qualificadoras a lesão corporal grave decorrente da conduta, no § 1º, e, da mesma forma, o resultado morte, quando decorrente da ação do agente, no § 2º. Tais figuras estão em parágrafos separados, pois qualificam de forma diferente o delito. A primeira aumenta as penas mínima e máxima para 8 (oito) a 12 (doze) anos, ao passo que a segunda aumenta os patamares para 12 (doze) a 30 (trinta) anos.

Trata-se, antes de qualquer referência, de previsão de crimes qualificados pelo resultado (mais grave não pretendido), o que dá ensejo ao chamado crime preterdoloso. Significa que, em nosso entendimento, a lesão grave ou a morte da vítima, hauridas a título de culpa, decorrentes da dolosa ação praticada para a configuração do tipo (constrangimento à conjunção carnal ou a ato libidinoso diverso, mediante violência ou grave ameaça), qualificam o resultado, permitindo uma punição mais grave ao agente. Houve-se muito bem o legislador ao elencar nos parágrafos do próprio artigo as circunstâncias que o qualificam, facilitando a percepção da proibição.[262]

Outra questão importante sobre as qualificadoras deste crime é a possibilidade de admitirem a tentativa, quando, exclusivamente, a tentativa fique no âmbito da ação dolosa propriamente dita; dito de outra forma, quando o sujeito não consiga levar até o fim a ação dolosamente empreendida, por motivos alheios a sua vontade, e, da violência empregada para assegurar a prática desta ação pretendida, a vítima venha a falecer, contra a vontade ou previsibilidade do agente; na situação em que, por exemplo, o sujeito emprega violência para a consumação de cópula vagínica, não consegue lograr a penetração da vítima, e esta vem a falecer em virtude da violência sofrida. Nesta hipótese, teríamos a ação dolosa não consumada por circunstância alheia à vontade do agente (tentativa de estupro), qualificada pelo resultado morte da vítima (não pretendido pelo agente). Caso o agente tenha o dolo de estupro e ao mesmo tempo dolo de matar a vítima, entendemos tratar-se de concurso material de crimes, resultando no cúmulo material (art. 69, CP), afastando a qualificadora. Isso porque a qualificadora, para existir, exige que da ação dolosa praticada no tipo, resulte (a título de culpa) ou na lesão grave, ou na morte.

---

[262] Em sentido contrário: ESTEFAM, André. *Crimes sexuais*: comentários à Lei nº 12.015/2009. São Paulo: Saraiva, 2009, p. 43-4; NUCCI, Guilherme de Souza. *Crimes contra a dignidade sexual*: comentários à Lei n. 12.015, de 7 de agosto de 2009. São Paulo: Revista dos Tribunais, 2009, p. 26.

3.6.2. A idade da vítima

Por outro lado, o § 1° estabelece "se a vítima é menor de 18 (dezoito) ou maior de 14 (catorze) anos" a pena passa a ser de "reclusão, de 8 (oito) a 12 (doze) anos".[263]

Inicialmente discordamos da crítica lançada por Estefam, no sentido de que há uma lacuna na lei, quando do confronto do art. 213, § 1° e 217-A (estupro de vulnerável).[264] É que o art. 213, em seu § 1°, pune se a vítima é maior de 14 anos e menor de dezoito; ao passo que a norma no art. 217-A pune a conduta contra menor de catorze anos. Por isso, pode-se entender que o sujeito completa os catorze anos a zero hora do dia de seu aniversário. A partir daí estará vivendo seu primeiro dia com catorze anos (catorze anos e algumas horas de vida...). Logicamente, será maior de catorze anos, e, portanto, protegido pela qualificadora. Até a zero hora do dia de seu aniversário de catorze anos, o sujeito é menor de catorze anos, porquanto tenha 13 anos 11 meses 29 dias e algumas horas, e, portanto, menor de catorze anos, a vítima é considerada vulnerável e está amparada pela norma do art. 217-A.

Quer-nos parecer, então, que até completar catorze anos, a vítima é protegida pela norma do art. 217-A, independente de violência, grave ameaça ou consentimento para a prática do ato; após completar catorze anos, a vítima passa a ter autonomia para consentir a prática do ato (que será, então, atípico se praticado com alguém também maior de catorze anos), e ainda goza da proteção da norma qualificadora do art. 213, § 1°, para os casos em que seja vitimada contra a sua vontade a práticas sexuais, até completar dezoito anos; quando então, o agente que lhe prati-

---

[263] Art. 2°, Lei n° 12.015/2009.

[264] "Note-se que o confronto entre os arts. 213, § 1°, e 217-A demonstra que houve uma injustificável lacuna na lei, ou seja, como se deve classificar juridicamente o ato libidinoso forçado praticado com pessoas de exatos 14 anos (vale dizer, no dia do 14° aniversário da vítima)? Uma interpretação puramente literal poderia conduzir à (errônea) conclusão de que há estupro simples. Fundamento: quem possui exatos 14 anos não é alcançado pela qualificadora do § 1° (a qual exige pessoa maior de 14), e, de modo similar, não há estupro de vulnerável (art. 217-A), porque este somente existe quando o sujeito passivo é menor de 14). O absurdo dessa conclusão, todavia, demonstra com ela não se pode anuir. A caracterização do estupro simples deve, desde logo, ser afastada; caso contrário, constranger adolescente no dia de seu 14° aniversário à prática de ato libidinoso, mediante violência ou grave ameaça, seria punido menos severamente que fazê-lo no dia seguinte (até que completasse a idade adulta). É evidente que a *mens legis* jamais foi a de 'presentear' a vítima com semelhante proteção deficiente. Remanescem, então, duas possibilidades: considerar a subsunção ao estupro qualificado (art. 213, § 1°) ou ao estupro de vulnerável (art. 217-A). A pena menor cominada ao primeiro revela que por analogia *in bonam partem*, somente pode ser essa a solução". (ESTEFAM, André. *Crimes sexuais*: comentários à Lei n° 12.015/2009. São Paulo: Saraiva, 2009, p. 45).

car atos libidinosos contra sua vontade será punido pela norma do *caput* do art. 213, pelo estupro simples.[265]

Ao depois, entendemos que esta circunstância aqui descrita apenas pode existir se alcançada pelo dolo do agente, diferentemente da lesão grave e da morte, que se alcançadas pelo dolo do agente dariam ensejo ao concurso material de crimes. A idade da vítima é elemento configurador do tipo (qualidade do sujeito passivo) e, como tal, deve fazer parte da elaboração criminosa, isto é, deve ser parte do aspecto intelectivo e volitivo do agente.[266] Caso contrário, não poderá, em nosso entender, ser-lhe aplicada a pena qualificada. Lembremos que o engano do sujeito sobre a idade da vítima faria desaparecer tal qualificadora em função de um erro de tipo (art. 20, *caput*, CP).

3.6.3. Concurso de qualificadoras

Ademais, bem salienta Delmanto que, se concorrem as duas circunstâncias qualificadoras do § 1º, uma qualificará o crime, e a outra será valorada no cálculo da pena, sendo a qualificadora relativa à idade da vítima irretroativa, por força do art. 1º do Código Penal e do art. 5º, inc. XXXIX, da Constituição Federal.[267] Da mesma forma, se concorrerem a qualificadora relativa à idade da vítima, do § 1º, e a relativa à morte da vítima, do § 2º; aplica-se a pena estabelecida no § 2º, de doze a trinta anos de reclusão, levando-se em consideração a idade da vítima para a dosimetria da pena.[268]

Destarte, foram vistos, os elementos que compõem o tipo incriminador em seus aspectos subjetivo e objetivo, estruturantes do tipo do art. 213 do CP, com a nova redação dada pela Lei nº 12.015/09, para possibilitar

---

[265] Nesse mesmo sentido: LEAL, João José; LEAL, Rodrigo José. Estupro comum e a figura do estupro de pessoa vulnerável: novo tipo penal unificado. *Revista Magister de Direito Penal e Processual Penal*. Porto Alegre, v. 6, n. 32, p. 52-77, out./nov. 2009, p. 61.

[266] "*Constituyen el punto de referencia del dolo todos los elementos del tipo objetivo*". (JESCHECK, Hans-Heinrich. *Tratado de derecho penal*. Parte general. 4.ed. Traduzido por José Luis Manzanares Samaniego. Granada: Comares, 1993, p. 265).

[267] DELMANTO, Celso *et al*. *Código penal comentado*. 8.ed. São Paulo: Saraiva, 2010, p. 694.

[268] "Há que se separar, em face de diversa natureza jurídica, as situações expostas no § 1º do art. 213. Valendo-se de fórmula prática, com o fito de utilizar a mesma faixa de pena, inseriu-se na mesma norma um resultado qualificador e uma qualificadora. Em outros termos, a primeira parte do § 1º trata de crime qualificado pelo resultado (se da conduta lesão corporal de natureza grave); a segunda parte do § 1º cuida de mera qualificadora (ser a vítima menor de 18 anos e maior de 14 anos)". (NUCCI, Guilherme de Souza. *Crimes contra a dignidade sexual*: comentários à Lei n. 12.015, de 7 de agosto de 2009. São Paulo: Revista dos Tribunais, 2009, p. 25). Ainda, alerta o citado autor que "Aliás, desde logo, observe-se o equívoco da inserção da partícula alternativa ou, quando o correto é e. afinal, o menor de 14 anos, se estuprado, incide na figura do art. 217-A (estupro de vulnerável). Quanto ao maior de 18 anos, aplica-se apenas o caput. Protege-se, então, com a figura qualificada o menor de 18 anos e maior de 14 anos". (Idem. Idem, p. 25).

uma melhor compreensão da matéria objeto deste trabalho, lembrando, por fim, que estes elementos são os responsáveis pela descrição da conduta incriminada pelo legislador, garantindo a legalidade e a tipicidade.[269]

3.7. Pena

A pena cominada para o ato de constranger alguém, mediante violência ou grave ameaça, a ter conjunção carnal ou a praticar ou permitir que com ele se pratique outro ato libidinoso, é de reclusão de 6 (seis) a 10 (dez) anos. Pela amplitude da descrição típica, caberá ao magistrado, por meio da técnica apurada e de senso do justo a aplicação da pena mínima (idêntica à do homicídio) para casos efetivamente merecedores de tanto, na medida em que uma simples apalpadela nas partes pudendas da vítima, por meio de grave ameaça, constituirá o estupro consumado; ao passo que, por exemplo, deixar a vítima despida amarrada de forma que sua genitália fique exposta, por horas a fio, sem que o agente efetivamente consume o estupro, abandonando sua execução, permitirá sua punição, por, no máximo, à penas no art. 148, § 1º, inc. V, insto é, 2 (dois) a 5 (cinco) anos de reclusão, em que pese, nesse segundo evento, a possibilidade de dano psicológico ser mais grave.

---

[269] BRANDÃO, Cláudio. *Teoria jurídica do crime*. Rio de Janeiro: Forense, 2001, p. 57.

4. O estupro de vulnerável

O tipo que ora se passa a analisar tem a seguinte redação: "Art. 217-A. Ter conjunção carnal ou praticar outro ato libidinoso com menor de 14 (catorze) anos" e comina para tanto uma pena de 8 (oito) a 15 (quinze) anos de reclusão. Tal norma tutela a dignidade sexual dos vulneráveis,[270] isto é, das "pessoas incapazes de externar seu consentimento racional e seguro de forma plena",[271] colocando este crime no rol dos considerados hediondos, tanto em sua forma simples, quanto em sua forma qualificada.[272] Analisaremos, a seguir, topicamente cada aspecto relativo à tipicidade.

---

[270] "Vulnerável: passível de lesão, despido de proteção". (NUCCI, Guilherme de Souza. *Crimes contra a dignidade sexual*: comentários à Lei n. 12.015, de 7 de agosto de 2009. São Paulo: Revista dos Tribunais, 2009, p. 35). "Aquela que pode ser vulnerada, atacada; frágil". (ESTEFAM, André. *Crimes sexuais*: comentários à Lei nº 12.015/2009. São Paulo: Saraiva, 2009, p. 58). "Vulneráveis são as pessoas que os italianos denominam *persone handicappate*, objeto de proteção especial pela lei de 5 de fevereiro de 1992: "*È persona handicappata colui che presenta una minorazione fisica, psichica o sensoriale, stabilizzata o progressiva, che è causa di difficoltà di apprendimento, di relazione o di integrazione lavorativa e tale da determinare un processo di svantaggio sociale o di emarginazione. La persona handicappata ha diritto alle prestazione stabilite in suo favore in relazione alla natura e alla consistenza della minorazione, alla capacità complessiva individuale residua e alla efficacia delle terapie riabilitative*". (TOURINHO FILHO, Fernando da Costa. *Crimes Contra a Liberdade Sexual, em Face da Nova Lei. Magister*, Porto Alegre. Data de inserção: 15/12/2009. Disponível em: www.editoramagister.com/doutrina_ler.php?id=617. Data de acesso: 24/12/2009).

[271] NUCCI, Guilherme de Souza. *Crimes contra a dignidade sexual*: comentários à Lei n. 12.015, de 7 de agosto de 2009. São Paulo: Revista dos Tribunais, 2009, p. 33. Nesse sentido: BARROS, Flávio Monteiro de. *Crimes contra a dignidade sexual*. Araçatuba: MB, 2010, p. 41; CAPANO, Evandro Fabiani. *Dignidade sexual*: comentários aos novos crimes do Título VI do Código Penal (art. 213 a 234-B) alterados pela Lei 12.015/2009. São Paulo: Saraiva, 2010, p. 65; ESTEFAM, André. *Crimes sexuais*: comentários à Lei n. 12.015/2009. São Paulo: Saraiva, 2009, p. 64; FÜHRER, Maximiliano Roberto Ernesto. *Novos crimes sexuais com a feição instituída pela Lei 12.015, de 7 de agosto de 2009*. São Paulo: Malheiros, 2009, p. 175; PIERANGELI, José Henrique; SOUZA, Carmo Antônio de. *Crimes sexuais*. Belo Horizonte: Del Rey, 2010, p. 55.

[272] Como se lê no Art. 1º, inc. VI, da Lei nº 8.072/1990, com a redação dada pela Lei nº 12.015/2009.

4.1. SUJEITOS

4.1.1. Sujeito Ativo

A norma do art. 217-A não estabelece expressamente sujeito ativo próprio, podendo, portanto, ser praticado por qualquer pessoa,[273] homens e mulheres, independente de sua idade, opção sexual ou qualquer outra circunstância. Basta que consiga, de qualquer forma, ter conjunção carnal ou outro ato libidinoso com menor de catorze anos. Imaginemos, para exemplificar, que uma mulher ministre estimulantes sexuais a um menor de catorze anos e o obrigue a praticar conjunção carnal com vítima também menor de catorze anos. Teríamos como sujeito ativo do crime de estupro de vulnerável (na modalidade de *"praticar ato libidinoso"*) a mulher que ministra os estimulantes. Da mesma forma, se pensarmos uma adolescente de quinze anos que seduz um menino de doze anos e com ele pratica, delicada e apaixonadamente, diversos atos sexuais, incluindo a conjunção carnal, também ela pratica (formalmente) o tipo penal. No primeiro exemplo, o sujeito ativo pratica outro ato libidinoso com os menores de catorze anos; no segundo, o sujeito ativo pratica os dois verbos típicos com a vítima. Por isso, trata-se de crime comum quanto ao sujeito ativo, isto é, crime que pode ser praticado por qualquer pessoa.

4.1.2. Sujeito Passivo

Quanto ao sujeito passivo, o tipo em comento traz uma característica para distingui-lo, devendo, portanto, o sujeito passivo, necessariamente, ser *"menor de 14 [catorze] anos"*, estabelecendo limite legal de defesa aos adolescentes, independentemente do gênero e de sua prévia experiência sexual.[274] Assim, até a zero hora do dia em que a vítima do estupro com-

---

[273] Nesse sentido: BARROS, Flávio Monteiro de. *Crimes contra a dignidade sexual*. Araçatuba: MB, 2010, p. 42; CAPANO, Evandro Fabiani. *Dignidade sexual*: comentários aos novos crimes do Título VI do Código Penal (art. 213 a 234-B) alterados pela Lei 12.015/2009. São Paulo: Saraiva, 2010, p. 65; ESTEFAM, André. *Crimes sexuais*: comentários à Lei n. 12.015/2009. São Paulo: Saraiva, 2009, p. 67; FÜHRER, Maximiliano Roberto Ernesto. *Novos crimes sexuais com a feição instituída pela Lei 12.015, de 7 de agosto de 2009*. São Paulo: Malheiros, 2009, p. 177; NUCCI, Guilherme de Souza. *Crimes contra a dignidade sexual*: comentários à Lei n. 12.015, de 7 de agosto de 2009. São Paulo: Revista dos Tribunais, 2009, p. 36; PIERANGELI, José Henrique; SOUZA, Carmo Antônio de. *Crimes sexuais*. Belo Horizonte: Del Rey, 2010, p. 55.

[274] Nesse sentido: BARROS, Flávio Monteiro de. *Crimes contra a dignidade sexual*. Araçatuba: MB, 2010, p. 42; DELMANTO, Celso et al. *Código penal comentado*. 8.ed. São Paulo: Saraiva, 2010, p. 704; ESTEFAM, André. *Crimes sexuais*: comentários à Lei n. 12.015/2009. São Paulo: Saraiva, 2009, p. 67; FÜHRER, Maximiliano Roberto Ernesto. *Novos crimes sexuais com a feição instituída pela Lei 12.015, de 7 de agosto de 2009*. São Paulo: Malheiros, 2009, p. 177; NUCCI, Guilherme de Souza. *Crimes contra a dignidade sexual*: comentários à Lei n. 12.015, de 7 de agosto de 2009. São Paulo: Revista dos Tribunais, 2009, p. 36; PIERANGELI, José Henrique; SOUZA, Carmo Antônio de. *Crimes sexuais*. Belo Horizonte: Del Rey, 2010, p. 56. Em outro sentido, sustentando se tratar de *crime comum* quanto ao sujeito

pleta catorze anos, independente de sua vontade, o Estado pune aquele que lhe fizer qualquer ato libidinoso ou conjunção carnal. A partir do primeiro segundo do dia em que completa catorze anos, a vítima estará protegida, como já dissemos antes, pela norma do § 1º do art. 213 do Código Penal,[275] punido com pena um pouco mais branda, de 8 (oito) a 12 (doze) anos de reclusão, caso venha a ser vítima de qualquer ato libidinoso contra a sua vontade. Dessa forma, quanto ao sujeito passivo, pode-se dizer que se trata de crime próprio, pois exige uma especial condição do sujeito para figurar no polo passivo da conduta: ser menor de catorze anos.

4.2. O TIPO OBJETIVO

Novamente, devemos referir que também esta estrutura do tipo, adequada aos ditames político-criminais, está composta pelos tipo objetivo e subjetivo, sendo o primeiro constituído pela tipicidade formal, que ostenta os elementos suficientes à descrição da conduta a ser praticada pelo agente, e a tipicidade material, que estabelece os requisitos necessários à imputação do resultado lesivo ao bem jurídico ao sujeito que o pratica.[276] Tais aspectos (formal e material) do tipo objetivo devem ser abrangidos pelo tipo subjetivo, que, como já dissemos, foi substituído pela tipicidade objetiva no núcleo típico, ocupando, apenas, lugar indispensável à tipicidade.

4.2.1. Tipo Objetivo Formal

O tipo objetivo formal é responsável pelo desenho da figura típica, sendo dividido em verbo típico, objeto material, elementos circunstanciais e elementos normativos.

4.2.1.1. Verbo Típico

Igualmente ao delito do art. 213,[277] acima trabalhado, o estupro de vulnerável possui dois verbos típicos: *"ter conjunção carnal"* e *"praticar ou-*

---

passivo: CAPANO, Evandro Fabiani. *Dignidade sexual*: comentários aos novos crimes do Título VI do Código Penal (art. 213 a 234-B) alterados pela Lei 12.015/2009. São Paulo: Saraiva, 2010, p. 65;

[275] "§ 1º Se da conduta resulta lesão corporal de natureza grave ou se a vítima é menor de 18 (dezoito) anos ou maior de 14 (catorze) anos: Pena – reclusão, de 8 (oito) a 12 (doze) anos". (Art. 217-A, Código Penal).

[276] ROXIN, Claus. *Derecho penal*: parte general. Tomo I. Traduzido por Diego-Manuel Luzón Peña, Miguel Díaz y García Conlledo e Javier de Vicente Remesal. Madri: Civitas, 1999, p. 305.

[277] "Art. 213. Constranger alguém, mediante violência ou grave ameaça, a ter conjunção carnal ou a praticar ou permitir que com ele se pratique outro ato libidinoso. Pena: reclusão, de 6 (seis) a 10 (dez) anos". (Código Penal).

tro ato libidinoso", abrangendo as mesmas condutas que a norma do estupro, independentemente do constrangimento para tanto. Isso porque, em função da idade da vítima, à norma não interessa o constrangimento ou a vontade desta para a prática da conduta incriminada, por isso os verbos típicos *"ter"*, significando conquistar, possuir, adquirir, e *"praticar"*, no sentido de fazer, realizar, levar a efeito, executar, determinam a ação típica, repelindo a ideia de violência (sempre associada ao estupro).[278] Assim, se um menor de catorze anos constrange mediante violência uma vítima maior de dezoito à prática de ato libidinoso, pratica, indubitavelmente, estupro (art. 213 do CP); se a vítima escolhida for, entretanto, menor de catorze, empregada, igualmente, a violência, ter-se-á a imputação por estupro de vulnerável (art. 217-A, CP); ao passo que, nessa última hipótese, caso não haja o emprego de violência, e a vítima consinta o ato praticado, haverá estupro de vulnerável *bilateral*,[279] isto é, ambos os agentes praticam (formalmente) o tipo, que merecerá uma análise acurada sobre a tipicidade material, para gerar a imputação.

4.2.1.2. Objeto Material

O tipo em comento não descreve objeto material, que seria a *coisa* sobre a qual recai a ação do sujeito ativo. Aqui, trata-se de crime contra a dignidade sexual da *pessoa*, sendo o objeto material, na maioria das vezes, a própria pessoa menor de catorze anos com quem se pratique conjunção carnal ou ato libidinoso. Por isso a norma, sensível ao sentimento humano, confunde o objeto material com o sujeito passivo.

4.2.1.3. Elementos Circunstanciais

Os elementos circunstanciais do tipo são os relativos a condições de tempo, lugar, modo de execução e outras que permitem melhor descrever a conduta proibida pelo legislador. No tipo em comento não há descrição de elementos circunstanciais para o desenho da figura típica, o que nos leva a afirmar que se trata de crime de forma livre, quanto à execução.

4.2.1.4. Elementos Normativos

Se nos transparece que a norma ostenta, ainda, elementos normativos de ordem jurídica (*"conjunção carnal"* e *"ato libidinoso"*) e outro de

---

[278] Nesse sentido: BARROS, Flávio Monteiro de. *Crimes contra a dignidade sexual*. Araçatuba: MB, 2010, p. 43; DELMANTO, Celso et al. *Código penal comentado*. 8.ed. São Paulo: Saraiva, 2010, p. 704; PIERANGELI, José Henrique; SOUZA, Carmo Antônio de. *Crimes sexuais*. Belo Horizonte: Del Rey, 2010, p. 56.

[279] NETTO, Alamiro Velludo Salvador. Estupro bilateral: um exemplo de limite. *Boletim do IBCCrim*. São Paulo, ano 17, n. 202, p. 8-9, set. 2009.

ordem cultural ("*menor de catorze anos*"), sendo os primeiros dois ligados aos conceitos jurídicos sob tais títulos, e o terceiro ligado à prova documental da idade da vítima.

Sobre isso, inclusive, acreditamos que deve valer a interpretação mais benéfica em caso de dúvida sobre a real idade da vítima. Imagine-se, por exemplo, que a vítima identifique catorze anos e alguns meses na carteira de identidade e aparente não ter mais de dez anos, em função de sua compleição física; ou que não tenha registro de nascimento, mas diga-se maior de catorze anos, embora não o pareça. Qualquer que seja o caso, nos exemplos acima, a idade da vítima é suficiente para afastar a norma do art. 217-A, tornando a conduta atípica, se consentida pela adolescente (aparentemente maior de catorze). Tal solução por nós apresentada está de acordo com a norma penal, que visa a proteger a vítima menor de catorze anos de abusos sexuais, independentemente de sua vontade.

O problema desta norma estanque aparecerá nos casos em que os agentes queiram praticar relações sexuais *saudáveis*, no curso de um relacionamento ainda que breve (ou duradouro), como parte de sua iniciação sexual, antes de completar catorze anos.[280] Nessa hipótese, os agentes colocam-se mutuamente em uma situação de risco iminente ("*estupro bilateral*"),[281] pois a conduta configura o tipo do art. 217-A do CP, e enquanto não vier à tona, perante a autoridade policial, aos pais ou aos responsáveis, não interessará ao Direito; entretanto, se, por exemplo, logo após as práticas sexuais os adolescentes terminam o relacionamento e um deles se sente traído ou usado, poderá fazer uso da norma penal para desforra pessoal, na medida em que fora, formalmente, vítima do crime de estupro de vulnerável, bastando para tanto que tenha duas testemunhas que possam relatar a relação mantida e os comportamentos de ambos, na constância do relacionamento. Parece-nos evidente que caberá ao juiz a difícil missão de avaliar a conduta dos agentes para absolver o estuprador, baseado em critérios objetivos. É que, com a norma do art. 217-A, ampliou-se sobremaneira o espectro do "*estuprador*", podendo ele tanto ser o doente

---

[280] Vide, aliás, a forte crítica lançada por Estefam, com a qual concordamos, sobre a rigidez do critério utilizado pela norma penal, "pois pode haver indivíduos que, apesar de não terem atingido a idade citada, possuam consciência e maturidade sexual, justamente por esta razão, entendemos que o conceito de vulnerabilidade não pode ser absoluto (apesar da nítida intenção do legislador em assim considerá-lo), admitindo prova em contrário, notadamente quando se tratar de adolescentes (indivíduos com 12 anos já completados)". (ESTEFAM, André. *Crimes sexuais*: comentários à Lei n. 12.015/2009. São Paulo: Saraiva, 2009, p. 59-62). No mesmo sentido: NETTO, Alamiro Velludo Salvador. Estupro bilateral: um exemplo de limite. *Boletim do IBCCrim*, São Paulo, ano 17, n. 202, p. 8-9, set. 2009.

[281] NETTO, Alamiro Velludo Salvador. *Estupro bilateral*: um exemplo de limite. *Boletim do IBCCrim*, São Paulo, ano 17, n. 202, p. 8-9, set. 2009.

mental, que visava ao prazer por meio da violência e da opressão do sexo oposto, até adolescentes na descoberta da vida sexual.

Em que pese a tentativa da norma penal em alijar do debate a capacidade de compreensão do ato praticado, consubstanciada na maturidade suficiente para entender o ato e assumir, eventualmente, suas consequências, por meio da substituição da violência presumida pelo elemento normativo idade da vítima no tipo, quer nos parecer mais adequado aos tempos ser indispensável ao juízo a efetiva cognição sobre a capacidade intelectual e consciência sobre o ato para caracterizar o tipo em comento. Isso porque a norma não trouxe significativa mudança. É que a legislação anterior fazia presumir a violência quando a vítima fosse menor de catorze anos, alienada ou débil mental (circunstâncias que deveriam ser conhecidas pelo agente), ou ainda, nos casos em que a vítima não pudesse oferecer resistência por qualquer motivo,[282] valendo as mesmas circunstâncias para o atentado violento ao pudor. A Lei nº 12.015/09, em seu art. 7º, revogou expressamente a norma contida no art. 224, terminando com a presunção de violência, em função da idade da vítima,[283] e, por meio de seu art. 3º acrescentou, dentre outros, o art. 217-A e seus parágrafos,[284] ao Código Penal, em substituição à combinação do art. 213 com o art. 223 e com o art. 224 do CP, trazendo a lume, sob o título de *estupro de vulnerável*, a punição para todo aquele que venha a ter conjunção carnal ou pratique outro ato libidinoso com menor de catorze anos, ou pessoa sem o necessário discernimento para a prática do ato, seja por enfermidade ou deficiência mental, seja por não poder, de qualquer forma, prestar resistência. Ao estender a proteção do *caput* aos sujeitos descritos no §1º, a norma permitiu a exegese mais branda, no sentido de poder exigir-se do sujeito menor de catorze anos, a consciência sobre a conduta praticada, tal como antes, relativamente à presunção de violência *relativa* (que permitia ao menor de catorze anos a prática de atos sexuais, desde que maduro o suficiente para conhecer suas consequências e determinar sua vontade) ou *absoluta* (que impedia o menor de realizar atos sexuais em função da idade). Destarte, nos parece mais aceitável e adequado aos tempos em que

---

[282] "Art. 224. Presume-se a violência, se a vítima: a) não é maior de 14 (catorze) anos; b) é alienada ou débil mental, e o agente conhecia esta circunstância; c) não pode, por qualquer outra causa, oferecer resistência". (Código Penal).

[283] "Art. 7º Revogam-se os arts. 214, 216, 223, 224 e 232 do Decreto-lei nº 2848, de 7 de dezembro de 1940 – Código Penal, e a Lei nº 2.252, de 1º de junho de 1954". (Lei nº 12.015/2009).

[284] "Art. 217-A. Ter conjunção carnal ou praticar outro ato libidinoso com menor de 14 (catorze) anos: Pena – reclusão, de 8 (oito) a 15 (quinze) anos. § 1º Incorre na mesma pena quem pratica as ações descritas no caput com alguém que, por enfermidade de deficiência mental, não tem o necessário discernimento para a prática do ato, ou que, por qualquer outra causa, não pode oferecer resistência. § 2º Vetado. § 3º Se da conduta resulta lesão corporal de natureza grave: Pena – reclusão, de 10 (dez) a 20 (vinte) anos. § 4º Se da conduta resulta morte: Pena – reclusão, de 12 (doze) a 30 (trinta) anos". (Lei nº 12.015/2009).

vivemos a norma punir com todo o seu rigor o sujeito que *abusa* sexualmente de indivíduo menor de catorze anos, não impedindo que o mesmo, consciente do ato e suas consequências, possa descobrir e desenvolver sua sexualidade. O termo abusar aqui está empregado no sentido de *tirar vantagem*, isto é, valer-se, o maior de idade, da ingenuidade, inexperiência ou desinformação do menor de catorze relativamente à sua sexualidade, para alcançar o ato sexual. O ponto de corte aqui, deverá ser a criação e realização do risco não permitido para a liberdade sexual; o que pressupõe ao menor de catorze possa a consciência do que vem a ser esse bem juridicamente tutelado, bem como de sua extensão e consequências, para de forma segura e objetiva, determinar se ele pode ou não usufruir de sua sexualidade.

4.2.2. Tipo Objetivo Material

O tipo objetivo material, como acima referido, diz respeito à possibilidade de imputação segura de um resultado lesivo ao bem jurídico (ou que o tenha colocado em perigo de lesão) ao seu autor, "quando o comportamento do autor cria um risco não permitido para o objeto da ação, quando o risco se realiza no resultado concreto, e este resultado se encontra dentro do alcance do tipo".[285]

Inicialmente, é de ver-se que o bem jurídico tutelado pela norma em comento é, como se pode ler no título do Capítulo II do Título VI do Código Penal, a *dignidade sexual* dos vulneráveis, o que nos leva ao entendimento claro no sentido de que a conduta perpetrada pelo sujeito ativo deve inicialmente criar um risco de lesão a essa dignidade sexual, realizar a lesão propriamente dita, e esta lesão deve estar no alcance do tipo. É indispensável, nesse talante, ser o vulnerável consultado sobre a consciência que tenha de sua dignidade sexual, se tem conhecimento e consciência sobre as consequências de sua utilização; se é capaz de consentir ao ato sexual com responsabilidade. Isso porque a norma penal generalizou a proibição para os menores de catorze anos no *caput*, indicando que os indivíduos menores de catorze anos não podem exercer sua sexualidade, e flexibilizou-a, na letra do §1°, em qualquer caso, quando se puder identificar no sujeito o necessário discernimento para a prática de atos sexuais. Assim, o ponto de corte objetivo para determinar a imputação é a criação do risco para a dignidade sexual do vulnerável.

---

[285] ROXIN, Claus. A teoria da imputação objetiva. *Revista Brasileiro de Ciências Criminais*. São Paulo, Ano 9, n. 38, p. 11-31, abr.-jun., 2002, p. 13. Detalhadamente em: ROXIN, Claus. *Derecho penal*: parte general. Tomo I. Traduzido por Diego-Manuel Luzón Peña, Miguel Díaz y García Conlledo e Javier de Vicente Remesal. Madri: Civitas, 1999, p. 362-411. No mesmo sentido: CANCIO MELIÁ, Manuel. *Líneas básicas de la teoria de la imputación objetiva*. Mendoza: Cuyo, 2001, p. 52.

4.2.2.1. Criação de um risco não permitido

Entende-se por criação de risco não permitido para a dignidade sexual quaisquer atos que potencialmente desencadeiem um curso causal de lesão ao bem jurídico protegido. Assim, quando um menor de catorze anos convida outro menor de catorze anos para irem juntos ao cinema, ou para nadar no clube, ou para tomar banho juntos etc., deve analisar, o julgador, discernimento dos jovens em concurso relativamente aos atos praticados, para determinar se há ou não criação de risco para a dignidade sexual do vulnerável. Como dito anteriormente, a norma não pretende amarrar o vulnerável a uma realidade assexuada, mas sim, propiciar o seu pleno desenvolvimento sexual, sem abusos ou quaisquer outros problemas, para que respeitado o vulnerável, tenhamos um adolescente consciente da importância de sua sexualidade.

4.2.2.2. Realização do risco não permitido

Já a realização do risco não permitido, criado pelo agente ou terceiro, é a efetiva lesão ao bem jurídico tutelado, isto é, o ato libidinoso que fere a dignidade sexual do vulnerável. Aqui temos, por exemplo, o menor de catorze anos que aceita o convite de outro menor de catorze para irem juntos ao cinema e lá é surpreendido, durante a sessão, com lascivos toques em suas partes pudendas. Inicialmente, a conduta de convidar o menor para assistir a um filme no cinema não cria o risco para sua dignidade sexual, por si só, mas os toques lascivos não apenas realizam o risco não permitido pela norma, como também deixam transparecer a intenção por trás do convite. Aqui teríamos o crime de estupro de vulnerável, pois perfectibilizados os tipos objetivo (formal e material) e subjetivo.

De outra banda, se os menores de catorze anos combinam o cinema para aproveitarem a situação e descobrir e exercitar sua sexualidade, mutuamente, não nos parece haver realização de risco não permitido pela norma, nem lesão à dignidade sexual, em que pese a tipicidade formal plena. Isso porque a norma quer evitar o abuso sexual do menor de catorze anos, que em tese, não teria como dissentir do ato frente ao maior, seja por qualquer razão. No exemplo, a descoberta da sexualidade não só é permitida, em nosso entender, como deve ser incentivada, respeitados, sempre, os limites da vontade. É que, como já dissemos, a proibição do *caput* sofre uma flexibilização, relativa ao discernimento necessário para o ato, no § 1º do artigo em comento. E essa flexibilização permite a descoberta da sexualidade e seu exercício, quando o sujeito tenha pleno discernimento dos atos que pratica.

4.2.2.3. Alcance do tipo

Essa etapa final da imputação objetiva do resultado exige que o resultado produzido pelo perigo criado pelo agente esteja descrito pelo tipo penal. No crime de estupro de vulnerável, o alcance do tipo ganha especial contorno, em face da amplitude dos conceitos tratados, pois dependo da conduta, o risco realizado poderá ser alcançado por outros tipos (como, por exemplo, cárcere privado, ou mesmo alguma contravenção) ou, ainda, não ser alcançado por tipo algum (nos casos em que os menores estão descobrindo e/ou desenvolvendo sua sexualidade).

4.2.3. Tipo Subjetivo

O tipo subjetivo refere-se, basicamente, à intencionalidade, isto é, ao dolo descrito pelo verbo do tipo e aos demais elementos subjetivos do injusto típico. É de referir-se que o tipo subjetivo mais comum, no direito penal é o doloso, sendo o tipo subjetivo imprudente uma exceção, inclusive com estrutura distinta.

No crime de estupro de vulnerável, o tipo subjetivo é exclusivamente doloso,[286] não se concebendo a hipótese de prática das condutas descritas no tipo por imperícia, imprudência ou negligência, características do tipo subjetivo culposo. Se a lei não previu a modalidade culposa, ela não existe.

4.2.3.1. Dolo

O dolo deve compreender a noção de vontade livre e consciente de realizar a ação proibida, lesando o bem jurídico tutelado, ou seja, significa conhecer[287] e querer[288] os elementos objetivos do tipo penal.[289] O objeto do

---

[286] PIERANGELI, José Henrique; SOUZA, Carmo Antônio de. *Crimes sexuais*. Belo Horizonte: Del Rey, 2010, p. 21; BARROS, Flávio Monteiro de. *Crimes contra a dignidade sexual*. Araçatuba: MB, 2010, p. 16; PRADO Luiz Regis. *Comentários ao Código Penal*. 5.ed. São Paulo: Revista dos Tribunais, 2010, p. 668.

[287] O primeiro dos elementos do dolo (o conhecimento – aspecto intelectivo), exige que o sujeito esteja consciente de sua conduta e conheça os elementos que caracterizam proibição, (MUÑOZ CONDE, Francisco. *Teoria geral do delito*. Traduzido por Juarez Tavares e Luiz Regis Prado. Porto Alegre: Fabris, 1998, p. 57-58). Isso "significa que é absolutamente irrelevante avaliar se o autor da conduta buscava o prazer sexual. O que se deve exigir é a compreensão do agente (não da vítima) acerca da natureza libidinosa do ato que pratica". (ESTEFAM, André. *Crimes sexuais*: comentários à Lei n. 12.015/2009. São Paulo: Saraiva, 2009, p. 39).

[288] O segundo elemento do dolo, o volitivo, quer significar que, além de representar a proibição, deve o agente querer criar o risco que sabe ser proibido para o bem jurídico, e "este querer não se confunde com o desejo ou com os motivos do sujeito". (MUÑOZ CONDE, Francisco. *Teoria geral do delito*. Traduzido por Juarez Tavares e Luiz Regis Prado. Porto Alegre: Fabris, 1998, p. 58).

[289] Nesse sentido: DIAS, Jorge de Figueiredo. *Sobre a construção dogmática do fato punível. In Questões fundamentais de direito penal revisitadas*. São Paulo: Revista dos Tribunais, 1999, p. 226; FRAGOSO,

dolo, a partir da teoria da imputação objetiva, é o resultado objetivamente imputável.[290] Significa dizer que "o decisivo é que o autor seja consciente das circunstâncias de fato que configurem o risco proibido".[291] Nesse passo, ensina Sancinetti que "o relevante para atuar com dolo, portanto, não é quanto deseje o autor o resultado desvalorado, mas que grau de risco proibido assume como possível".[292] Dessa forma, se pode afirmar que o dolo é a vontade consciente de realizar a ação proibida, criando um risco não permitido para o bem jurídico tutelado, consubstanciado na realização do tipo penal objetivo ou na assunção do risco de produzi-lo. O dolo direto é exigido no crime de estupro de vulnerável,[293] isto é, o tipo exige que o sujeito conheça as circunstâncias de fato e queira realizar a conduta de ter conjunção carnal ou praticar outro ato libidinoso com menor de catorze anos, ou que não possua discernimento necessário para o ato, ou, ainda, com pessoa que, em razão de qualquer circunstância, não possa oferecer resistência. O dolo direto significa conhecer estas circunstâncias fáticas todas e querer realizar o ato. Nesse contexto, diferentemente do estupro, o estupro de vulnerável admite a modalidade de dolo eventual.[294]

Heleno Cláudio. *Direito penal e direitos humanos*. Rio de Janeiro: Forense, 1977, p. 80; JESCHECK, Hans-Heinrich. *Tratado de derecho penal*. Parte general. 4.ed. Traduzido por José Luis Manzanares Samaniego. Granada: Comares, 1993, p. 264; MONTT DIAZ, Bernardo. *Contenido de voluntad necesario al dolo*. Santiago de Chile: Editorial Jurídica de Chile, 1968, p. 24; ROXIN, Claus. *Derecho penal*: parte general. Tomo I. Traduzido por Diego-Manuel Luzón Peña, Miguel Díaz y García Conlledo e Javier de Vicente Remesal. Madri: Civitas, 1999, p. 415; WELZEL, Hans. *Direito penal*. Traduzido por Afonso Celso Rezende. Campinas: Romana, 2003, p. 119.

[290] STRUENSEE, Eberhard. *Dolo, tentativa y delito putativo*. Traduzido por Marcelo A. Sancinetti. Buenos Aires: Hammurabi, 1992, p. 95.

[291] SANCINETTI, Marcelo A. *Subjetivismo e imputación objetiva en derecho penal*. Bogotá: Centro de Investigaciones de Derecho Penal y Filosofía del Derecho de la Universidad Externado de Colombia, 1996, p. 64. Nesse sentido, Silva afirma que a teoria do risco "afirma a existência do dolo quando o agente tem conhecimento de estar produzindo um risco indevido (tipificado) na realização de um comportamento ilícito". (SILVA, David Medina da. *O crime doloso*. Porto Alegre: Livraria do Advogado, 2005, p. 58).

[292] SANCINETTI, Marcelo A. *Subjetivismo e imputación objetiva en derecho penal*. Bogotá: Centro de Investigaciones de Derecho Penal y Filosofía del Derecho de la Universidad Externado de Colombia, 1996, p. 65.

[293] "Dolo, consistente na vontade livre e consciente de praticar as condutas incriminadas, sabendo o agente que a vítima é menor de 14 anos". (DELMANTO, Celso et al. *Código penal comentado*. 8.ed. São Paulo: Saraiva, 2010, p. 705). "Em todos os casos (menor de 14 anos, enfermo ou deficiente mental, sem discernimento, ou acometido de outra causa de redução da capacidade de resistência), é fundamental a abrangência do dolo do agente. O autor do crime precisa ter ciência de eu a relação sexual se dá com pessoa em qualquer das situações descritas no art. 217-A. Se tal não se der, ocorre erro de tipo, afastando-se o dolo e não mais sendo possível a punição, visto inexistir a forma culposa". (NUCCI, Guilherme de Souza. *Crimes contra a dignidade sexual*: comentários à Lei n. 12.015, de 7 de agosto de 2009. São Paulo: Revista dos Tribunais, 2009, p. 38).

[294] Nesse sentido: BARROS, Flávio Monteiro de. *Crimes contra a dignidade sexual*. Araçatuba: MB, 2010, p. 44; CAPANO, Evandro Fabiani. *Dignidade sexual*: comentários aos novos crimes do Título VI do Código Penal (art. 213 a 234-B) alterados pela Lei 12.015/2009. São Paulo: Saraiva, 2010, p. 65; ESTEFAM, André. *Crimes sexuais*: comentários à Lei nº 12.015/2009. São Paulo: Saraiva, 2009, p. 66; FÜHRER, Maximiliano Roberto Ernesto. *Novos crimes sexuais com a feição instituída pela Lei 12.015, de*

4.2.3.2. Especiais elementos subjetivos

Os especiais elementos do tipo subjetivo são as motivações ou tendências que impulsionam a conduta dolosa. A descrição do tipo de estupro de vulnerável não possui expressamente elemento subjetivo; entretanto, segundo a abalizada doutrina, se trata de um tipo penal de *tendência*.[295] Isso porque, "nos crimes sexuais, a tendência voluptuosa adere à ação típica, atribuindo o caráter sexual ao comportamento do autor, cuja ação aparece carregada de libido".[296] São delitos em que o sujeito expressa um ânimo lúbrico, sensual, lascivo, libidinoso, consistindo na finalidade de excitar ou satisfazer o impulso sexual.[297]

4.3. CONSUMAÇÃO

Este delito consuma-se com a efetiva prática do primeiro ato de libidinagem envolvendo a vítima, realizando o risco para sua dignidade sexual, independentemente da forma escolhida pelo sujeito ativo para a prática da conduta (se via conjunção carnal ou outro ato libidinoso).[298] No exemplo da adolescente que convida um menor de catorze anos para dormir consigo, o primeiro toque lascivo dela no corpo do menor consuma o crime. Se praticar diversos atos libidinosos e diversas vezes a conjunção carnal, nesse mesmo contexto de ação, teremos consumado o crime de estupro de vulnerável, uma vez. A repetição de atos deverá ser valorada pelo julgador na dosagem da pena.

---

7 de agosto de 2009. São Paulo: Malheiros, 2009, p. 177; NUCCI, Guilherme de Souza. *Crimes contra a dignidade sexual*: comentários à Lei n. 12.015, de 7 de agosto de 2009. São Paulo: Revista dos Tribunais, 2009, p. 36; PIERANGELI, José Henrique; SOUZA, Carmo Antônio de. *Crimes sexuais*. Belo Horizonte: Del Rey, 2010, p. 59.

[295] Nesse sentido: FRAGOSO, Heleno Cláudio. *Direito penal e direitos humanos*. Rio de Janeiro: Forense, 1977, p. 81; MAURACH, Reinhart. *Derecho penal. Parte general*. Vol. 1. Traduzido por Jorge Bofill Genzsch y Enrique Aimone Gibson. Buenos Aires: Astrea, 1994, p. 396; PRADO Luiz Regis. *Comentários ao Código Penal*. 5.ed. São Paulo: Revista dos Tribunais, 2010, p. 668; ROXIN, Claus. *Derecho penal*: parte general. Tomo I. Traduzido por Diego-Manuel Luzón Peña, Miguel Díaz y García Conlledo e Javier de Vicente Remesal. Madri: Civitas, 1999, p. 317; SANTOS, Juarez Cirino dos. *A moderna teoria do fato punível*. Rio de Janeiro: Freitas Bastos, 2000, p. 96.

[296] SANTOS, Juarez Cirino dos. *A moderna teoria do fato punível*. Rio de Janeiro: Freitas Bastos, 2000, p. 96.

[297] Nesse sentido: NUCCI, Guilherme de Souza. *Crimes contra a dignidade sexual*: comentários à Lei n. 12.015, de 7 de agosto de 2009. São Paulo: Revista dos Tribunais, 2009, p. 36. PRADO Luiz Regis. *Comentários ao Código Penal*. 5.ed. São Paulo: Revista dos Tribunais, 2010, p. 668; ROXIN, Claus. *Derecho penal*: parte general. Tomo I. Traduzido por Diego-Manuel Luzón Peña, Miguel Díaz y García Conlledo e Javier de Vicente Remesal. Madri: Civitas, 1999, p. 317. Em sentido contrário, sustentou Estefam: "em nosso sentir, basta a natureza objetiva do ato; a lei não exige que o autor do fato busque satisfazer sua lascívia". (ESTEFAM, André. *Crimes sexuais*: comentários à Lei n. 12.015/2009. São Paulo: Saraiva, 2009, p. 65).

[298] Em sentido contrário: DELMANTO, Celso *et al*. *Código penal comentado*. 8.ed. São Paulo: Saraiva, 2010, p. 705.

Por fim, ainda quanto ao período consumativo, trata-se de crime *instantâneo* (porque o resultado se dá em tempo definível) e *plurissubsistente* (pois é praticado em vários atos), admitindo, pois, a tentativa.

4.3.1. Tentativa

A tentativa é possível, embora alguns autores de escol a tenham por difícil comprovação.[299] Isso porque na análise do *iter criminis*, o início da execução, que se dá com o primeiro ato criador do risco de lesão à dignidade sexual da vítima vulnerável, poderá se confundir com a consumação, se o ato em questão for libidinoso, haja vista se tratar de crime formal, isto é, que dispensa a análise de resultado naturalístico.[300] A simples conduta libidinosa do agente consuma o crime. Entretanto, se a criação do risco à dignidade sexual do vulnerável não se tratar de ato libidinoso, é perfeitamente aceitável a possibilidade de o agente ser impedido por circunstâncias alheias a sua vontade, nos termos do art. 14, inc. II, do CP. Assim, no exemplo da adolescente de quinze anos que convida o menino de doze para dormir consigo, seduzindo-o, e almejando com ele praticar atos libidinosos diversos, apenas começará a executar o crime quando iniciar a prática de atos de efetiva criação de risco de lesão à dignidade sexual do menor; pois, até lá, não terá passado dos atos preparatórios (o convite em si, o deitarem-se juntos, a escolha do pijama, a preparação do quarto, o esconderijo dos preservativos etc.). Nessa hipótese, caso a adolescente venha a despir-se sob as cobertas para provocar o menor de doze, e comece a se insinuar, teremos, então, a *criação do risco não permitido*, iniciando a execução. Se nesse momento ela é impedida por um terceiro, ou o menor sai correndo, terá lugar a tentativa de estupro de vulnerável, caso o menor não tenha o discernimento necessário para consentir na prática dos atos. Entretanto, se o menor tiver o discernimento e a consciência necessários para praticar o ato, a conduta será, em nosso entender, atípica.

---

[299] Nesse sentido: DELMANTO, Celso *et al*. *Código penal comentado*. 8.ed. São Paulo: Saraiva, 2010, p. 705; FÜHRER, Maximiliano Roberto Ernesto. *Novos crimes sexuais com a feição instituída pela Lei 12.015, de 7 de agosto de 2009*. São Paulo: Malheiros, 2009, p. 179; NUCCI, Guilherme de Souza. *Crimes contra a dignidade sexual*: comentários à Lei n. 12.015, de 7 de agosto de 2009. São Paulo: Revista dos Tribunais, 2009, p. 36.

[300] Nesse sentido: BARROS, Flávio Monteiro de. *Crimes contra a dignidade sexual*. Araçatuba: MB, 2010, p. 44; ESTEFAM, André. *Crimes sexuais*: comentários à Lei n° 12.015/2009. São Paulo: Saraiva, 2009, p. 67; FÜHRER, Maximiliano Roberto Ernesto. *Novos crimes sexuais com a feição instituída pela Lei 12.015, de 7 de agosto de 2009*. São Paulo: Malheiros, 2009, p. 179; NUCCI, Guilherme de Souza. *Crimes contra a dignidade sexual*: comentários à Lei n. 12.015, de 7 de agosto de 2009. São Paulo: Revista dos Tribunais, 2009, p. 36; PIERANGELI, José Henrique; SOUZA, Carmo Antônio de. *Crimes sexuais*. Belo Horizonte: Del Rey, 2010, p. 60.

4.3.2. Desistência voluntária

A norma do art. 15 do Código Penal, que estabelece a *ponte de ouro*[301] que o Estado oferece, por razões de política-criminal, para o executor do crime voltar atrás em sua decisão de lesionar o bem jurídico tutelado, e *abandonar* a execução iniciada do crime, tendo a possibilidade de continuar executando-o, permitindo que seja responsabilizado penalmente apenas pelos atos já praticados, se típicos.[302]

Assim, no exemplo acima trabalhado, se a adolescente, após despir-se e insinuar-se ao menor de catorze anos que tem sob as cobertas de sua cama, isto é, iniciar a execução do crime de estupro de vulnerável pela criação efetiva de risco à dignidade sexual do vulnerável, desistir da conduta, abandonando a continuidade da execução, virando-se para o outro lado e dormindo, por exemplo, caberia o reconhecimento da desistência voluntária, permitindo que ela fosse responsabilizada apenas pelos atos anteriores, se típicos. No caso, sua exposição nua ao menor poderia em tese e no máximo configurar contravenção penal de importunação ofensiva ao pudor,[303] e jamais a tentativa de estupro de vulnerável.

---

[301] LISZT, Franz von. *Tratado de derecho penal*. T. III. 4.ed. Traduzido por Luis Jiminez de Asúa. Madrid: Reus, 1929, p. 20. Nesse mesmo sentido: ANTOLISEI, Francesco. *Manuale di diritto penale*. Parte generale. 16.ed. Milão: Giuffrè, 2003, p. 509; BOCKELMANN, Paul; VOLK, Klaus. *Direito penal*. Parte geral. Traduzido por Gercélia Batista de Oliveira Mendes. Belo Horizonte: Del Rey, 2007, p. 264; CADOPPI, Alberto; VENEZIANI, Paolo. *Elementi di diritto penale*. Parte genenerale. 3.ed. Padova: Cedam, 2007, p. 405; DELMANTO, Celso et al. *Código penal comentado*. 8.ed. São Paulo: Saraiva, 2010, p. 141. FIANDACA, Giovanni; MUSCO, Enzo. *Direito penal*. Parte generale. 5.ed. Bologna: Zanichelli, 2007, p. 473; MANTOVANI, Ferrando. *Principi di diritto penale*. Padova: Cedam, 2002, p. 243; PADOVANI, Tullio. *Diritto penale*. 8.ed. Milano: Giuffrè, 2006, p. 277; WELZEL, Hans. *Direito penal*. Traduzido por Afonso Celso Rezende. São Paulo: Romana, 2003, p. 282. "A expressão ponte de ouro, utilizada por von Liszt encontra consagração na doutrina de vários países. Na Itália acabou por se converter na máxima *"Al nemico que sfugge, ponte d'oro"*. Já havia sido utilizada por Tolstói, em Ana Karênina, cap. XIV, com idêntico significado". (BECKER, Marina. *Tentativa criminosa*: doutrina e jurisprudência. São Paulo: Siciliano Jurídico, 2004, p. 210 [nota 374]).

[302] Sobre o tema, ver: ANTOLISEI, Francesco. *Manuale di diritto penale*. Parte generale. 16.ed. Milão: Giuffrè, 2003, p. 506-511; BOCKELMANN, Paul; VOLK, Klaus. *Direito penal*. Parte geral. Traduzido por Gercélia Batista de Oliveira Mendes. Belo Horizonte: Del Rey, 2007, p. 261-266; CADOPPI, Alberto; VENEZIANI, Paolo. *Elementi di diritto penale*. Parte genenerale. 3.ed. Padova: Cedam, 2007, p. 405-408; FIANDACA, Giovanni; MUSCO, Enzo. *Direito penal*. Parte generale. 5.ed. Bologna: Zanichelli, 2007, p. 472-477; FRAGOSO, Heleno Cláudio. *Lições de Direito Penal*. Parte geral. 16.ed. Rio de Janeiro: Forense, 2003, p. 303; JIMENEZ DE ASÚA, Luis. *Principios de derecho penal*: la ley y el delito. 4.ed. Buenos Aires: Abeledo-Perrot, 2005, p. 484-486; MANTOVANI, Ferrando. *Principi di diritto penale*. Padova: Cedam, 2002, p. 243-245; MAURACH, Reinhart. *Derecho penal*. Parte general. Vol. 2. Traduzido por Jorge Bofill Genzsch. Buenos Aires: Astrea, 1995, p. 69-82; PADOVANI, Tullio. *Diritto penale*. 8.ed. Milano: Giuffrè, 2006, p. 277-279; WELZEL, Hans. *Direito penal*. Traduzido por Afonso Celso Rezende. São Paulo: Romana, 2003, p. 282-286; ZAFFARONI, Eugenio Raúl; PIERANGELI, José Henrique. *Da tentativa*. 3.ed. São Paulo: Revista dos Tribunais, 1992, p. 92.

[303] "Art. 61. Importunar alguém, em lugar público ou acessível ao público, de modo ofensivo ao pudor." (Decreto-Lei nº 3.688/1941).

4.3.3. Arrependimento eficaz

Já o arrependimento eficaz, também ponte de ouro do art. 15 do CP, tem lugar na situação em que o sujeito, podendo consumar o delito, pratica movimento em sentido contrário ao já praticado no início da execução, tendente a evitar que se dê a consumação do crime, e permite, igualmente, que o sujeito apenas responda criminalmente pelos atos anteriormente praticados, se típicos (e nunca pelo crime inicial). No exemplo acima trabalhado, a adolescente teria, depois de iniciar a execução, deveria vestir-se, relhar com o menino e dormir, ou mesmo, sair da cama e dormir em outro quarto, praticando, assim, movimentos corpóreos no sentido contrário aos que deram início da execução (despir-se e insinuar-se), impedindo a consumação.

4.4. CLASSIFICAÇÃO DO TIPO

Assim, temos que o crime de estupro de vulnerável do art. 217-A do Código Penal, inserido pela Lei n° 12.015/09 (*"ter conjunção carnal ou praticar outro ato libidinoso com menor de 14 (catorze) anos"*), está constituído por dois verbos típicos (*"ter conjunção carnal"* e *"praticar outro ato libidinoso"*), um sujeito passivo definido (*"menor de 14 (catorze) anos"*), sendo as expressões *"conjunção carnal"* e *"ato libidinoso"*, elementos normativos de ordem jurídica, e *"menor de 14 (catorze) anos"*, elemento normativo de ordem cultural.

4.4.1. Quanto à modalidade de conduta

Quanto à modalidade de conduta, é *crime formal* (pois se consuma com a simples prática da conduta descrita), de *ação múltipla*, de *conduta variável* ou *de forma livre* (porque pode ser cometido tanto por conjunção carnal como por qualquer outro ato libidinoso), e *comissivo* (pois os verbos do tipo indicam ação), e *plurissubsistente* (pois pode ser praticado por meio de vários atos).

4.4.2. Quanto aos Sujeitos

Quanto ao sujeito ativo, é crime *comum* (porque pode ser praticado por qualquer pessoa)[304] e *unissubjetivo* (pois pode ser cometido por uma só pessoa); e em relação ao sujeito passivo trata-se de crime *próprio* (porque distingue o sujeito passivo das demais pessoas em função da idade,

---

[304] Nesse sentido: NUCCI, Guilherme de Souza. *Crimes contra a dignidade sexual*: comentários à Lei n. 12.015, de 7 de agosto de 2009. São Paulo: Revista dos Tribunais, 2009, p. 36.

exigindo que o sujeito passivo seja menor de 14 (catorze) anos, deficiente mental, ou impossibilitado de consentir).

4.4.3. Quanto ao Evento

Quanto ao evento, é crime *instantâneo* (pois o resultado se dá de maneira definida no tempo) e de *dano* (porque a consumação exige a lesão ao bem jurídico tutelado).

4.5. EXTENSÃO DO CONCEITO DE VULNERABILIDADE

É considerada, ainda, pessoa vulnerável, igualmente aos menores de catorze anos, as pessoas que não tenham o necessário discernimento para entender o ato sexual praticado, seja por enfermidade ou deficiência mental, seja por estar (em função de qualquer outra causa) impossibilitada momentaneamente. Essa é a regra estabelecida pelo § 1º do art. 217-A: "Incorre na mesma pena quem pratica as ações descritas no caput com alguém que, por enfermidade ou deficiência mental, não tem o necessário discernimento para a prática do ato, ou que, por qualquer outra causa, não pode oferecer resistência".

Por discernimento, deve-se entender a faculdade de optar por algo, seguindo um critério, de forma consciente de suas consequências. A norma, ao referir o necessário discernimento, quer significar o conhecimento das "conseqüências sociais, morais e físicas que envolvem o relacionamento sexual",[305] permitindo a capacidade de escolha da vítima, baseada em critérios seus próprios (diferentes do puro instinto); o que pode, portanto, ser periciável.

Por enfermidade ou deficiência mental deve-se compreender toda patologia mental capaz "apenas de reduzir, sem extinguir, a capacidade de discernimento",[306] exigindo-se do perito a "afirmação de que a enfermidade ou deficiência mental impeça a vítima de se autodeterminar, e de oferecer resistência ao agente".[307] Nesse campo, a doutrina propõe a distinção entre os enfermos e deficientes mentais em dois grupos: os com-

---

[305] FÜHRER, Maximiliano Roberto Ernesto. *Novos crimes sexuais com a feição instituída pela Lei 12.015, de 7 de agosto de 2009*. São Paulo: Malheiros, 2009, p. 178.

[306] PIERANGELI, José Henrique; SOUZA, Carmo Antônio de. *Crimes sexuais*. Belo Horizonte: Del Rey, 2010, p. 58; FÜHRER, Maximiliano Roberto Ernesto. *Novos crimes sexuais com a feição instituída pela Lei 12.015, de 7 de agosto de 2009*. São Paulo: Malheiros, 2009, p. 178.

[307] PIERANGELI, José Henrique; SOUZA, Carmo Antônio de. *Crimes sexuais*. Belo Horizonte: Del Rey, 2010, p. 59. Nesse sentido: BARROS, Flávio Monteiro de. *Crimes contra a dignidade sexual*. Araçatuba: MB, 2010, p. 42-43; DELMANTO, Celso *et al*. *Código penal comentado*. 8.ed. São Paulo: Saraiva, 2010, p. 704.

pletamente impossibilitados de apresentar o necessário discernimento no contexto sexual para consentir validamente no ato, para os quais existe a proteção da norma, na medida em que coíbe esta o *abuso* da deficiência ou enfermidade para a consecução do ato; e, de outro lado, os enfermos e deficientes mentais que podem apresentar o discernimento necessário para o ato no contexto sexual, os quais podem exercitar sua sexualidade na busca de sua cura ou atenuação de seu sofrimento.[308]

Por impossibilidade de oferecer resistência, deve-se entender qualquer causa diferente da idade inferior a catorze anos e enfermidades ou deficiências mentais, que porventura retire do sujeito a capacidade de autodeterminar-se, impondo sua vontade contra a do sujeito ativo. Aqui calham os exemplos das vítimas que por força de álcool, drogas, tetraplegia, temor reverencial profundo, estado de coma, sono profundo, e "demais fragilidade física ou mental, por doença ou por idade", ficam inteiramente à mercê do sujeito ativo.[309]

Trata-se de estender a antiga proteção do art. 224,[310] que estabelecia a presunção de violência para os casos em que a vítima fosse menor de catorze anos ou fosse alienada ou débil mental, ou, ainda, nas hipóteses em que por qualquer razão a vítima não pudesse oferecer resistência. Isso porque, na norma antiga, para configurar o delito de estupro (do antigo artigo 213) era elemento do tipo a violência ou grave ameaça e o abuso sexual de pessoa alienada mental não necessariamente exigia violência; daí a preocupação da norma penal antiga em estabelecer a *presunção de violência*, para atender aos casos em que o agente abusava sexualmente de vítimas, impossibilitadas por qualquer meio de oferecer resistência, sem usar de violência física.

Tal presunção gerou alguns problemas, como saber se a vítima menor de 14 (catorze) anos tinha ou não discernimento para consentir com a

---

[308] Nesse sentido: BARROS, Flávio Monteiro de. *Crimes contra a dignidade sexual*. Araçatuba: MB, 2010, p. 42-43; FÜHRER, Maximiliano Roberto Ernesto. *Novos crimes sexuais com a feição instituída pela Lei 12.015, de 7 de agosto de 2009*. São Paulo: Malheiros, 2009, p. 178; NUCCI, Guilherme de Souza. *Crimes contra a dignidade sexual*: comentários à Lei n. 12.015, de 7 de agosto de 2009. São Paulo: Revista dos Tribunais, 2009, p. 39; PIERANGELI, José Henrique; SOUZA, Carmo Antônio de. *Crimes sexuais*. Belo Horizonte: Del Rey, 2010, p. 58-59.

[309] Nesse sentido: BARROS, Flávio Monteiro de. *Crimes contra a dignidade sexual*. Araçatuba: MB, 2010, p. 43; FÜHRER, Maximiliano Roberto Ernesto. *Novos crimes sexuais com a feição instituída pela Lei 12.015, de 7 de agosto de 2009*. São Paulo: Malheiros, 2009, p. 178; NUCCI, Guilherme de Souza. *Crimes contra a dignidade sexual*: comentários à Lei n. 12.015, de 7 de agosto de 2009. São Paulo: Revista dos Tribunais, 2009, p. 40; PIERANGELI, José Henrique; SOUZA, Carmo Antônio de. *Crimes sexuais*. Belo Horizonte: Del Rey, 2010, p. 59.

[310] "Art. 224. Presume-se a violência, se a vítima: a) não é maior de 14 (catorze) anos; b) é alienada ou débil mental, e o agente conhecia esta circunstância; c) não pode, por qualquer outra causa, oferecer resistência". (Decreto-Lei nº 2.848/1940).

prática sexual, o que relativizaria a presunção de violência, permitindo a absolvição do agente pelo delito de estupro.[311]

Dessa forma e com esta nova redação, a legislação tornou-se mais clara e direta, igualando aos menores de catorze anos, as pessoas que padecem de enfermidade ou deficiência mental, que não demonstrem o discernimento necessário para a prática de atos sexuais. A estas pessoas, que não têm o necessário discernimento, chamamos de vulneráveis. Entretanto, a norma a elas iguala um grupo distinto de pessoas, que possuem o discernimento necessário para a prática de atos sexuais (e idade adequada à sua prática consensual), mas que por qualquer razão não possam oferecer resistência; a essas, denominamos *vulnerabilizadas*, para melhor diferenciação.

Assim se o sujeito ativo, maior de dezoito anos, entorpece por meio de qualquer estupefaciente outro sujeito, também maior de dezoito anos, a ponto de este último perder o discernimento necessário para avaliar a prática dos atos sexuais propostos, que vêm a efetivamente se consumar, haverá crime de estupro de vulnerável, mesmo a vítima sendo maior de dezoito anos, em função de ter obtido os atos libidinosos por meio de artifício que dificulte ou impossibilite a resistência da vítima. Entretanto, caso a vítima entregue-se conscientemente ao estado de embriaguez completa para divertir-se e venha a ter relações sexuais com terceiro, embriagado ou não, em local público, e, após a relação caia em si e não tenha gostado da situação em que se encontra, não há que se pensar em estupro,[312] haja

---

[311] Sobre tal aspecto, merecem nota algumas letras publicadas antes da edição da nova lei, a guisa de exemplo, que se encontram em: BEZERRA, Silvino. Crime de estupro: o desvirginamento de uma demente, embora maior, constitue crime de estupro. *Justitia*. Porto Alegre, ano 1, v. 1, fasc. 6, p. 577-579. out. 1932; CARNEIRO, José Carlos Scalambrini. Estupro e atentado violento ao pudor: violência real e presumida. *Revista dos Tribunais*. ano 86, v. 741, p. 521-527, jul. 1997; CERNICCHIARO, Luiz Vicente. Estupro: violência presumida. *Revista Jurídica*, Porto Alegre, ano 19, v. 228, p. 44-45, out. 1996; CHAVES, Raul. O direito repressivo e a debilidade mental. *Revista do Conselho Penitenciário Federal*. Brasília, v. 27, p. 45-51, 1971; COUTO, Sérgio da Silva. Estupro incestuoso: filha menor de 14 anos. *Advocacia Dinâmica: Boletim Informativo Semanal*. n. 24, p. 417-426, 2005; FERREIRA NETO, Francisco Borges. A presunção de violência pela menoridade no crime de estupro. *Revista da Escola da Magistratura do Estado de Rondônia*. Porto Velho, p. 211-220, maio. 2000; KARAN, Maria Lucia Pereira. Estupro e presunção de violência a liberdade sexual do adolescente. *Discursos Sediciosos: Crime Direito e Sociedade*. Rio de Janeiro, v. 1, n. 2, p. 277-284. 1996; MARTINS, Silvia Helena Furtado. Fixação da pena mínima nos delitos de estupro e atentado violento ao pudor, praticados mediante violência ficta, em razão da idade da vítima. *Revista Brasileira de Ciências Criminais*. São Paulo, ano 1, n. 3, p. 192-197, jul./set. 1993; MUSTAFA, José Augusto. Alienada mental: presunção absoluta de violência no crime de estupro. *Justitia*. São Paulo, ano 55, v. 164, p. 29-33, out./dez. 1993; SILVA, Sergio Paulo Ribeiro da. A menor de catorze anos e o delito de estupro. *In Verbis*. Rio de Janeiro, n. 9, p. 10-11. 1997; SOUZA, Adriano Augusto Streicher de. Estupro e atentado violento ao pudor praticados contra vítima menor de 14 anos. Correlação entre as leis 8.069/90 e 8.072/90. Uma nova visão. *Revista dos Tribunais*. São Paulo, ano 83, v. 707, p. 420-424, set. 1994.

[312] Exemplo retirado de: NUCCI, Guilherme de Souza. *Crimes contra a dignidade sexual*: comentários à Lei n. 12.015, de 7 de agosto de 2009. São Paulo: Revista dos Tribunais, 2009, p. 41.

vista que a criação do risco e a realização deste para o bem jurídico da vítima foi por ela mesma praticado. A autocolocação em perigo exclui a imputação do resultado a terceiros.[313]

Com esta equiparação, a determinação legislativa, em nosso entender, deixou aberta possibilidade de os menores de catorze anos, que tenham discernimento necessário para a prática de atos sexuais, possam desenvolver de forma saudável, e exercitar, sua sexualidade, impedindo o *abuso* de menores sem o devido discernimento.

4.6. CAUSAS ESPECIAIS DE AUMENTO DE PENA

O § 2º do art. 217-A do Código Penal, que trazia disposições sobre o aumento de pena de metade caso houvesse o concurso de garantidor, foi corretamente vetado. Isso porque tal disposição já consta, de forma mais explícita no art. 226, inc. II, do Código Penal,[314] e por isso, entendemos, bem aplicado o veto.

Assim, apenas será possível o concurso de causa especial de aumento de pena na hipótese de combinação entre o art. 217-A (com ou sem o seu § 1º) com o art. 226, inc. II, todos do Código Penal. Exemplifica-se com a situação de o padrasto praticar atos libidinosos com a vítima, menor de 14 anos. Estará sujeito às penas no art. 217-A (8 [oito] a 15 [quinze] anos), aumentada de metade, em função de ser padrasto, por força do art. 226, inc. II, do CP. Em outro exemplo, o casamento de um maior de dezoito com menor de catorze, em algum momento se consumaria, em tese, e formalmente, o crime de estupro de vulnerável com a pena aumentada de metade (*"cônjuge"*); entretanto, em nosso entendimento, se o sujeito menor de catorze anos tem discernimento para entender o que significa o casamento e suas responsabilidades, deve ser-lhe reconhecido também o discernimento para a prática de atos sexuais, afastando a tipicidade material da conduta.

4.7. QUALIFICADORAS

São circunstâncias qualificadoras todas as que, somadas ao tipo principal, cominam novas penas mínima e máxima. Tais disposições estavam

---

[313] ROXIN, Claus. *Derecho penal*: parte general. Tomo I. Traduzido por Diego-Manuel Luzón Peña, Miguel Díaz y García Conlledo e Javier de Vicente Remesal. Madrid: Civitas, 1999, p. 389.

[314] "Art. 226. A pena é aumentada: II – de metade, se o agente é ascendente, padrasto ou madrasta, tio, irmão, cônjuge, companheiro, tutor, curador, preceptor ou empregador da vítima ou por qualquer outro título tem autoridade sobre ela". (Lei nº 11.106/2005).

antes atreladas à combinação dos arts. 213, 223[315] e 224, o que por vezes gerava certa confusão. A tipificação do estupro de vulnerável, em seus §§ 3º e 4º, soma ao tipo principal as circunstâncias lesão corporal grave e morte, respectivamente, incrementando as penas.

4.7.1. A lesão corporal grave resultante da conduta

O § 3º do art. 217-A do Código Penal traz a qualificadora da lesão corporal grave, aumentando os patamares mínimo e máximo da pena do estupro de vulnerável [de 8 (oito) a 15 (quinze) anos] para 10 (dez) a 20 (vinte) anos, quando da conduta resultar lesão corporal grave.[316] É de ver-se que a norma ao referir a lesão corporal grave está dispondo tanto o previsto no § 1º do art. 129, como no § 2º.[317]

Assim, se da conduta do sujeito, voltada à lesão da dignidade sexual do vulnerável, no intento de praticar um determinado ato libidinoso, provocar a debilidade permanente de membro ou a perda de membro, por exemplo, em função de falta de técnica nas amarras empregadas para a prática de atos libidinosos, o sujeito terá a pena aumentada para o mínimo de dez e máximo de vinte anos.

4.7.2. A morte resultante da conduta

O mesmo vale para o § 4º, do art. 217-A, que estabelece como qualificadora a morte resultante da conduta do agente em estuprar vulnerável.[318] Se a técnica empregada para lograr o ato libidinoso determinar a morte do sujeito passivo, a pena deverá ser determinada entre o mínimo de doze anos e o máximo de trinta anos.

---

[315] "Art. 223. Se da violência resulta lesão corporal de natureza grave: Pena – reclusão de 8 (oito) a 12 (doze) anos. Parágrafo único. Se do fato resulta morte: Pena – reclusão, de 12 (doze) a 25 (vinte e cinco) anos". (Lei nº 8.072/1990).

[316] "§ 3º Se da conduta resulta lesão corporal de natureza grave: Pena – reclusão, de 10 (dez) a 20 (vinte) anos". (Lei nº 12.015/2009).

[317] "Art. 129. Ofender a integridade corporal ou a saúde de outrem: Pena – detenção, de três meses a um ano. § 1º Se resulta: I – Incapacidade para as ocupações habituais, por mais de trinta dias; II – perigo de vida; III – debilidade permanente de membro, sentido ou função; IV – aceleração de parto: Pena – reclusão, de um a cinco anos. § 2º Se resulta: I – Incapacidade permanente para o trabalho; II – enfermidade incurável; III – perda ou inutilização do membro, sentido ou função; IV – deformidade permanente; V – aborto: Pena – reclusão, de dois a oito anos". (Código Penal).

[318] "§ 4º Se da conduta resulta morte: Pena – reclusão, de 12 (doze) a 30 (trinta) anos". (Lei nº 12.015/2009).

4.8. PENA

A pena cominada para o ato de ter conjunção carnal ou praticar outro ato libidinoso com menor de catorze anos, ou pessoa que em razão de enfermidade ou deficiência mental que não possua o necessário discernimento para o ato, ou, ainda, pessoa que de qualquer sorte não possa oferecer resistência, é de reclusão de oito a dez anos. Pela amplitude da descrição típica, caberá ao magistrado, por meio da técnica apurada e de senso do justo a aplicação da pena mínima (maior que a do homicídio simples) para casos efetivamente merecedores de tanto, na medida em que uma simples apalpadela nas partes pudendas de vítima menor de catorze anos constituirá o estupro de vulnerável consumado; ao passo que outras condutas talvez psicologicamente mais graves sejam atípicas. As penas, entretanto, aumentam para reclusão de dez a vinte anos, se da conduta resultar lesão corporal grave, conforme se lê no § 2º, e para reclusão de doze a trinta anos, se da conduta empregada para o estupro resultar a morte do vulnerável, como disposto no § 3º do art. 217-A.

5. Notas sobre o concurso intertemporal de normas

A norma é válida durante seu período de vigência, isto é, desde sua publicação até sua revogação. Sua aplicação retroativa ou ultrativa é proibida[319] e dependente do concurso que se estabelece entre a norma vigente e a que lhe sucede.[320] Assim, o concurso intertemporal de normas penais ocorre quando há sucessão de leis penais no tempo,[321] quando a lei anterior perde sua vigência pela entrada em vigor de nova lei regulando a mesma matéria,[322] permitindo, às vezes, que a lei vigente no tempo da ação não seja a mesma do momento em que o crime venha a ser julgado. Nessa hipótese, surge o conflito de leis e a necessidade de regras para resolvê-lo.[323] E para embasar o concurso, é necessário determinar-se o exato tempo em que se considera praticado o crime, pois "a punibilidade e a pena se determinam de acordo com a lei penal vigente ao tempo do fato".[324] O nosso Código Penal adotou expressamente a teoria da ação,[325] em seu art. 4º, ao dizer: "Considera-se praticado o crime no momento da ação ou omissão, ainda que outro seja o momento do resultado",[326] em detrimento das demais teorias a respeito.[327] Assim, no momento em que o

---

[319] MAURACH, Reinhart. *Derecho penal*. Parte general. Vol. 1. Traduzido por Jorge Bofill Genzsch e Enrique Aimone Gibson. Buenos Aires: Astrea, 1994, p. 195-196.

[320] BRUNO, Aníbal. *Direito penal*. Parte geral. T. I. 5.ed. Rio de Janeiro: Forense, 2003, p. 159.

[321] CARVALHO, Américo A. Taipa de. *Sucessão de leis penais*. Coimbra: Coimbra, 1990, p. 77.

[322] BITENCOURT, Cezar Roberto. *Tratado de direito penal*. Parte geral. 11.ed. Vol. I. São Paulo: Saraiva, 2007, p. 160.

[323] BRUNO, Aníbal. *Direito penal*. Parte geral. T. I. 5.ed. Rio de Janeiro: Forense, 2003, p. 159.

[324] WELZEL, Hans. *Direito penal*. Traduzido por Afonso Celso Rezende. São Paulo: Romana, 2003, p. 67.

[325] FRAGOSO, Heleno Cláudio. *Lições de direito penal*. Parte geral. 16.ed. Rio de Janeiro: Forense, 2003, p. 118.

[326] Art. 4º, Código Penal.

[327] Além da teoria da atividade, que considera o crime praticado no momento em que se dá a ação; a teoria do resultado, que considera o crime praticado no momento do resultado; e a teoria da ubiqüidade, que em sua modalidade dita "pura", considera o crime praticado em todos os seus momentos,

agente pratica a ação está transgredindo o preceito contido na norma e só então pode a lei penal exercer a sua função intimidatória; portanto, como regra geral considera-se praticado o crime no momento da ação.

Em razão disso, e a partir daí, a sucessão de leis penais no tempo pode gerar quatro hipóteses bem distintas, a saber: a descriminalização, a nova lei mais benéfica, a incriminação e a nova lei mais grave.

5.1. A DESCRIMINALIZAÇÃO

A descriminalização é a situação em que a lei posterior deixa de considerar como ilícito penal fato anteriormente incriminado. Vale dizer, a nova lei é mais benéfica ao sujeito que anteriormente havia praticado um fato considerado crime, e que, pela lei nova, passa a ser considerado fato normal da vida cotidiana; ou seja, a lei nova retira do fato o caráter de proibido.[328] Por isso, a *abolitio criminis*, permite, por força do art. 2º do Código Penal, a retroatividade da lei penal mais benéfica (dito em outras palavras: a aplicação da lei nova e seus efeitos a fatos anteriores a sua entrada em vigor), devendo cessar, em virtude disso, a execução e demais efeitos penais de sentença condenatória,[329] e dentre eles a própria punibilidade do agente.[330] Isso porque, pela edição da nova norma, o Estado reconhece ser desnecessária a proibição da conduta, tornando injustificável a punição ou execução de eventual pena aplicada.[331]

---

e em sua modalidade dita "delimitada", estabelece que o crime deve ser considerado praticado ou no momento da ação ou no do resultado.

[328] Nesse sentido: BITENCOURT, Cezar Roberto. *Tratado de direito penal*. Parte geral. 11.ed. Vol. I. São Paulo: Saraiva, 2007, p. 164.

[329] "Ninguém pode ser punido por fato que lei posterior deixa de considerar crime, cessando em virtude dela a execução e os efeitos penais da sentença condenatória". (Art. 2º, Código Penal). Importante ressaltar que os efeitos civis da condenação não são atingidos pela descriminalização.

[330] "Extingue-se a punibilidade pela retroatividade de lei que não mais considera o fato como criminoso." (Art. 107, inc. III, Código Penal).

[331] BRUNO, Aníbal. *Direito penal*. Parte geral. T. I. 5.ed. Rio de Janeiro: Forense, 2003, p. 162. Nesse sentido, Ferri: "É a conquista irrevogável, contra os abusos medievos, realizada na justiça penal pelo movimento reformador iniciado por César Beccaria. E é inútil repetir as evidentes razões justificativas. Mas, em todos os casos, o cidadão que tem praticado um facto punido pela lei deve ficar sujeito ás consequencias, que a lei nova, pelas mudadas condições sociais veio dispôr. Se esta não considera mais este facto como crime seria injusto, pois que não se torna necessário (para a defesa social) punir-lhe o autor ou executar-lhe a condenação e os efeitos penais. A lei não é norma religiosa ou moral ou de conveniencia social e a estas – mais do que as lei não penais – pertencerá esse facto, no caso ora figurado". (FERRI, Henrique. *Princípios de Direito Criminal*: o criminoso e o crime. Traduzido por Luiz de Lemos D'Oliveira. São Paulo: Saraiva, 1931, p. 141).

A Lei nº 12.015/2009, que em seu art. 7º determinou a revogação[332] do art. 214 do CP,[333] ou seja, do atentado violento ao pudor, causou algum rumor, quando de sua publicação, em face da possibilidade de ter se consubstanciado em *abolitio criminis*. Porém, tal não ocorreu. É que a proibição antes constante do art. 214, foi incorporada, por força do art. 2º da referida Lei, ao art. 213 do CP, estabelecendo a redação por nós examinada.[334] Desta forma, a Lei nº 12.015/2009 não operou abolição de qualquer conduta incriminada.

5.2. A NOVA LEI MAIS BENÉFICA

A retroatividade da lei mais benéfica é marca também da hipótese de a nova legislação, ao invés de descriminalizar, apenas suavizar algum aspecto (qualquer aspecto) relativo ao crime, desde que o benefício ao agente seja evidente. É a regra expressa no parágrafo único do art. 2º do Código Penal,[335] isso porque "se a nova lei julgou que fatos daquele gênero se deviam regular pelo novo regime, menos rigoroso, não se tolera a aplicação do mais severo, que já não corresponde à vontade vigente do Estado".[336] Tal entendimento deriva de norma constitucional, desenhada no art. 5º, inc. XL, CF/88.[337]

A Lei em comento constitui-se em lei penal mais benéfica, exclusivamente em relação aos casos em que houve condenação pelas anteriores figuras do estupro e do atentado violento ao pudor, quando praticados em concurso material. Isso porque, tal situação, pela atual redação típica, tor-

---

[332] "Art. 7º. Revogam-se os arts. 214, 216, 223, 224 e 232 do Decreto-lei nº 2.848, de 7 de dezembro de 1940 – Código Penal, e a Lei nº 2.252, de 1º de junho de 1954." (Lei nº 12.015/2009).

[333] "Art. 214. Constranger alguém, mediante violência ou grave ameaça, a praticar ou permitir que com ele se pratique ato libidinoso diverso da conjunção carnal. Pena: reclusão de dois a sete anos." (Código Penal).

[334] "Art. 2º. O Título VI da Parte Especial do Decreto-Lei no 2.848, de 7 de dezembro de 1940 – Código Penal, passa a vigorar com as seguintes alterações: 'Art. 213. Constranger alguém, mediante violência ou grave ameaça, a ter conjunção carnal ou a praticar ou permitir que com ele se pratique outro ato libidinoso: Pena – reclusão, de 6 (seis) a 10 (dez) anos. § 1º. Se da conduta resulta lesão corporal de natureza grave ou se a vítima é menor de 18 (dezoito) ou maior de 14 (catorze) anos: Pena – reclusão, de 8 (oito) a 12 (doze) anos. § 2º. Se da conduta resulta morte: Pena – reclusão, de 12 (doze) a 30 (trinta) anos'." (Lei nº 12.015/2009).

[335] "A lei posterior, que de qualquer modo favorecer o agente, aplica-se aos fatos anteriores, ainda que decididos por sentença condenatória transitada em julgado". (Art. 2º, parágrafo único, Código Penal).

[336] BRUNO, Aníbal. *Direito penal*. Parte geral. T. I. 5.ed. Rio de Janeiro: Forense, 2003, p. 163.

[337] "Art. 5º. Todos são iguais perante a lei, sem distinção de qualquer natureza, garantindo-se aos brasileiros e aos estrangeiros residentes no país, a inviolabilidade do direito à vida, à liberdade, à igualdade, à segurança e à propriedade nos termos seguintes: XL. A lei penal não retroagirá, salvo para beneficiar o réu". (Constituição Federal de 1988).

nou-se crime único, uma vez que a conduta descrita no antigo artigo 214, foi incorporada, como visto, pelo art. 213, tornando-se estupro também os atos libidinosos diversos da conjunção carnal praticados com qualquer pessoa mediante violência. Se o agente fora condenado a seis anos pelo estupro e seis anos pelo atentado violento ao pudor, resultando em doze anos de reclusão a cumprir, por exemplo, a legislação atual constitui-se em nova lei mais benéfica, pois, se aplicada retroativamente ao caso, permitiria a aplicação de *uma* pena de seis a dez anos pela prática das duas condutas típicas descritas pela atual redação, podendo, talvez, ser-lhe aplicada pena de digamos sete anos. Pena esta, evidentemente, menor que a anteriormente aplicada. Por esse motivo entendemos ser possível, nestes casos específicos de concurso material entre as antigas figuras, o reconhecimento de nova lei mais benéfica,[338] a permitir a imediata aplicação desta benesse normativa.[339] Ao tornar-se crime único, operou-se uma mudança benéfica na esfera penal devendo a lei, por sua vez, retroagir para alcançar os fatos pretéritos. Assim, todo aquele que foi condenado anteriormente em concurso material por ter praticado as duas condutas nucleares do tipo num mesmo contexto fático deverá ser beneficiado com a alteração. Caso o agente já esteja cumprindo pena, competirá ao juiz da execução corrigi-la aplicando a lei mais benéfica, por força do art. 66, inc. I, da Lei de Execuções Penais,[340] e da Súmula nº 611 do STF.[341]

---

[338] "Em relação àqueles que cometeram, em concurso material, estupro e atentado violento ao pudor, antes do advento do novo diploma, observar-se-á a regra do parágrafo único do art. 2º do CP". (TOURINHO FILHO, Fernando da Costa. *Crimes Contra a Liberdade Sexual, em Face da Nova Lei*. Editora Magister – Porto Alegre. Data de inserção: 15/12/2009. Disponível em: www.editoramagister.com/doutrina_ler.php?id=617. Data de acesso: 24/12/2009). Nesse sentido: LEAL, João José; LEAL, Rodrigo José. *Estupro comum e a figura do estupro de pessoa vulnerável: novo tipo penal unificado*. Revista Magister de Direito Penal e Processual Penal. Porto Alegre, v. 6, n. 32, p. 52-77, out./nov. 2009, p. 62.

[339] Entretanto, em nosso entender, o raciocínio acima esposado, não pode ser aplicado para os condenados exclusivamente pelo delito de atentado violento ao pudor. Isso porque, neste caso, a nova legislação substituiu a rubrica da conduta de *"atentado violento ao pudor"* para *"estupro"*, mas a conduta em si, o constrangimento de alguém à prática de qualquer ato libidinoso, contrário a sua vontade, em qualquer situação continua socialmente reprovável, isto é, a conduta permanece proibida e por isso não passível de receber a benesse legislativa. (Nesse sentido: CAPANO, Evandro Fabiani. *Dignidade sexual*: comentários aos novos crimes do Título VI do Código Penal (art. 213 a 234-B) alterados pela Lei 12.015/2009. São Paulo: Saraiva, 2010, p. 45). Da mesma forma, as condenações em que o antigo atentado violento ao pudor pertencia à cadeia delitiva, de modo a provocar o aumento de pena previsto no art. 71, não merece qualquer reforma, haja vista que a proibição permanece intacta. Imaginemos, pois, um estupro e um atentado violento ao pudor praticados dentro dos limites do crime continuado, a permitir a exacerbação da pena, dentro dos moldes legais, de um sexto à metade. Quer-nos parecer que, pelo fato de a legislação nova ter fundido as figuras do estupro e do atentado violento ao pudor numa só figura típica, o aumento de pena resultante do reconhecimento da continuidade delitiva deveria ser mantido. Isso porque, se a norma penal hoje vigente considera tais fatos como uma figura típica única (de conteúdo variável), se praticadas as condutas em contextos de ação distintos não há falar-se em crime único; e, ademais, a proibição relativa ao atentado violento ao pudor continua existindo.

[340] "Art. 66. Compete ao Juiz da execução: I – aplicar aos casos julgados lei posterior que de qualquer modo favorecer o condenado". (Art. 66, inc. I, Lei nº 7.210/1984).

5.3. A CRIMINALIZAÇÃO

A criminalização, por sua vez, trata da situação em que a lei nova passa a considerar como ilícito penal fato anteriormente irrelevante para o mundo jurídico-penal. É dizer: a nova legislação, a partir de sua entrada em vigor, passa a considerar como crime o fato lícito anteriormente praticado pelo agente; e, por força do art. 1º do Código Penal,[342] tal disposição legislativa mais grave será irretroativa, isto é, não alcançará os fatos praticados antes de sua vigência.[343] A Lei nº 12.015/2009 trouxe uma criminalização de conduta antes desinteressante ao espectro jurídico: o constrangimento de homem à conjunção carnal. É que a norma no antigo art. 213 do Código Penal previa apenas a proibição de constrangimento de mulher, mediante violência ou grave ameaça à conjunção carnal. A atual proibição deste artigo, entretanto, incluiu na proibição as condutas descritas quando praticadas contra homens, na medida em que a norma estabelece, como visto, como sujeito passivo não mais o termo *"mulher"*, mas o termo *"alguém"*, criminalizando a conduta antes desinteressante para o direito penal, consubstanciada na violência sexual contra homens. Tal criminalização, entretanto, em obediência aos ditames do princípio da legalidade, deverá ser aplicada aos fatos cometidos após sua entrada em vigor.[344]

5.4. A NOVA LEI MAIS GRAVE

O mesmo vale para a nova lei mais grave, que se caracteriza pela situação em que a lei posterior, sem alterar a estrutura básica do tipo, cria uma circunstância que prejudique o réu: o princípio da anterioridade (consequência lógica do principio da legalidade) veda sua aplicação aos fatos praticados antes de sua vigência. A irretroatividade da lei penal

---

[341] STF. Súmula nº 611: "Transitada em julgado a sentença condenatória, compete ao juízo das execuções a aplicação de lei mais benigna".

[342] "Não há crime sem lei anterior que o defina. Não há pena sem prévia cominação legal." (Art. 1º, Código Penal).

[343] "É essa uma exigência fundamental em qualquer regime de Direito. Seria verdadeiramente intolerável, pelo menos para a consciência jurídica atual, que a segurança e a tranqüilidade do indivíduo que pratica um ato dentro a zona de licitude deixada livre pelo Estado se vissem, ameaçadas por lei subseqüente, que viesse a alcançar com a sua definição de punibilidade aquele ato anterior. Essa garantia se abriga atrás do princípio *nullum crimen sine lege*, em que ainda hoje se funda o sistema punitivo da quase totalidade dos povos cultos". (BRUNO, Aníbal. *Direito penal*. Parte geral. T. I. 5.ed. Rio de Janeiro: Forense, 2003, p. 161).

[344] O art. 6º da Lei nº 12.015 determina que sua entrada em vigor na data de sua publicação, o que ocorreu no dia 07 de agosto de 2009.

mais grave tem esteio na Constituição,[345] para "impedir que alguém seja punido por um fato que, ao tempo do cometimento, não era delito, ou de impedir que ao condenado seja aplicada uma pena mais grave do que aquela legalmente prevista ao tempo da realização do fato delituoso".[346]

A Lei nº 12.015/2009 é rica em exemplos para essa figura, quase todos consistentes em incremento de pena mais grave à situações análogas. Assim, inicialmente, a nova redação do art. 213 cominou penas de oito a doze anos de reclusão, em seu §1º, para o estupro praticado contra vítimas com idade entre catorze e dezoito anos, contra a pena de seis a dez anos antes cominada. Outro exemplo é a cominação de pena mais grave, de doze a trinta anos de reclusão, para a morte resultante do estupro, por força do §4º do atual art. 213, contra a antiga cominação de doze a vinte e cinco anos de reclusão para a combinação dos arts. 213 e 223, parágrafo único. Ainda, constitui nova lei mais grave o art. 217-A, ao cominar pena de oito a quinze anos de reclusão para o estupro dos vulneráveis, o que na legislação anterior era punido, pela combinação dos arts. 213 e 224, alíneas *a*, *b* e *c*, com penas de seis a dez anos de reclusão. Da mesma forma o § 3º do art. 217-A, que comina pena de dez a vinte anos de reclusão para o resultado lesão corporal grave decorrente do estupro de vulnerável, o que antes era punido com penas de oito a doze, como se lê na combinação dos arts. 213, 224 e 223, *caput*. Por fim, no que tange ao estupro, o § 4º do art. 217-A comina pena de doze a trinta anos para a morte resultante do estupro de vulnerável, pena superior a que dispunha a antiga combinação dos arts. 213, 224 e 223, parágrafo único, doze a vinte e cinco.

5.5. EXCEÇÕES

Estas quatro hipóteses de sucessão de leis penais têm apenas duas exceções:[347] a sucessão ocorrente no seio das leis temporária e excepcional

---

[345] "Art. 5º. Todos são iguais perante a lei, sem distinção de qualquer natureza, garantindo-se aos brasileiros e aos estrangeiros residentes no país, a inviolabilidade do direito à vida, à liberdade, à igualdade, à segurança e à propriedade nos termos seguintes: II. Ninguém será obrigado a fazer ou deixar de fazer alguma coisa senão em virtude da lei; XXXIX. Não há crime sem anterior que o defina, nem pena sem prévia cominação legal". (Constituição Federal de 1988).

[346] ZAFFARONI, Eugenio Raúl; PIERANGELI, José Henrique. *Manual de direito penal brasileiro*. Parte geral. Vol. I. 6.ed. São Paulo: Revista dos Tribunais, 2006, p. 197. É de referir ainda o art. 9º da Convenção Americana sobre Direitos Humanos que expressa: "Ninguém pode ser condenado por ações ou omissões que, no momento em forem cometidas, não sejam delituosas, de acordo com o direito aplicável. Tampouco se pode impor pena mais grave que a aplicável no momento da perpetração do delito. Se depois da perpetração do delito a lei dispuser a imposição de pena mais leve, o delinqüente será por isso beneficiado". (Art. 9º, Decreto nº 678/1992).

[347] Deixando de lado, é claro, a hipótese de *lex tertia*, em que há uma combinação dos aspectos mais benéficos das normas em concurso, feita pelo Juiz, em benefício do réu, no momento da sentença. Esta situação divide a doutrina do país entre os que aceitam tal combinação, com base na retroati-

e a sucessão ocorrente durante a continuidade delitiva ou a permanência do delito.

5.5.1. Leis temporária e excepcional

Na primeira das exceções, diferenciadas as figuras da lei temporária e da lei excepcional em função de sua vigência, que na primeira é delimitada pela própria norma (casos de autorrevogação)[348] e na segunda visa a atender situações excepcionais da vida social (tais como epidemias, guerras, revoluções etc.),[349] a ultra-atividade destas leis é o que lhe dá sentido de existência, uma vez que se aplicado fosse o princípio da retroatividade da lei penal mais benéfica depois de expirado o prazo de validade da norma penal temporária, ou cessada a excepcionalidade, o agente seria beneficiado com a nova norma, retirando o caráter de intimidação que as normas penais excepcional e temporária necessitam para existir.[350] A Lei nº 12.015/2009 não trouxe qualquer norma temporária ou excepcional.

---

vidade da lei mais benigna e no princípio da legalidade (BITENCOURT, Cezar Roberto. *Tratado de direito penal*. Parte geral. 11.ed. Vol. I. São Paulo: Saraiva, 2007, p. 168; MARQUES, José Frederico. *Curso de direito penal*. V. I. São Paulo, Saraiva, 1954, p. 191-192; TOLEDO, Francisco de Assis. *Princípios básicos de direito penal*. 5.ed. São Paulo: Saraiva, 2002, p. 37), e os que não a aceitam, ao argumento que não é dada ao juiz capacidade para legislar, mas sim para aplicar a lei vigente; ou como dizem Zaffaroni e Pierangeli: "o juiz não pode criar uma terceira lei porque estaria aplicando um texto que, em momento algum, teve vigência." (ZAFFARONI, Eugenio Raúl; PIERANGELI, José Henrique. *Manual de direito penal brasileiro*. Parte geral. Vol. I. 6.ed. São Paulo: Revista dos Tribunais, 2006, p. 199; No mesmo sentido: FRAGOSO, Heleno Cláudio. *Lições de direito penal*. Parte geral. 16.ed. Rio de Janeiro: Forense, 2003, p. 126; HUNGRIA, Nelson. *Comentários ao Código Penal*. Vol. I. T. I. Rio de Janeiro: Forense, 1958, p. 121; BRUNO, Aníbal. *Direito penal*. Parte geral. T. I. 5.ed. Rio de Janeiro: Forense, 2003, p. 165). O Supremo Tribunal Federal tem acatado esse último posicionamento.

[348] FRAGOSO, Heleno Cláudio. *Lições de direito penal*. Parte geral. 16.ed. Rio de Janeiro: Forense, 2003, p. 117.

[349] Nas palavras de Zaffaroni e Pierangeli: "chama-se, usualmente, de "lei excepcional" aquela que limita a sua vigência a um tempo determinado, incerto, mas caracterizado pela presença de uma circunstância excepcional. Não se deve confundir este conceito com o do tipo circunstanciado, que é uma lei penal ordinária que considera delito uma ação ou agrava a pena para uma ação típica, quando há a concorrência de certas circunstâncias (guerra, catástrofe etc.). A lei excepcional é aquela que, frente a uma circunstância extraordinária, perde vigência. A segunda conserva a sua vigência e volta a ser aplicada cada vez que a circunstância volte a se apresentar". (ZAFFARONI, Eugenio Raúl; PIERANGELI, José Henrique. *Manual de direito penal brasileiro*. Parte geral. Vol. I. 6.ed. São Paulo: Revista dos Tribunais, 2006, p. 199).

[350] "A lei excepcional ou temporária, embora decorrido o período de sua duração ou cessadas as circunstâncias que a determinaram, aplica-se ao fato praticado durante sua vigência" (*Art. 3º, Código Penal*). Nesse sentido: BRUNO, Aníbal. *Direito penal*. Parte geral. T. I. 5.ed. Rio de Janeiro: Forense, 2003, p. 166. MAURACH, Reinhart. *Derecho penal*. Parte general. Vol. 1. Traduzido por Jorge Bofill Genzsch e Enrique Aimone Gibson. Buenos Aires: Astrea, 1994, p. 204; ZAFFARONI, Eugenio Raúl; PIERANGELI, José Henrique. *Manual de direito penal brasileiro*. Parte geral. Vol. I. 6.ed. São Paulo: Revista dos Tribunais, 2006, p. 200.

5.5.2. Crimes permanentes ou continuados

Já na segunda das exceções, se houver concurso intertemporal no curso de crimes permanentes (aqueles que se perpetuam no tempo) ou continuados (na forma do art. 71, CP),[351] aplica-se, como regra, a lei mais nova, pois a atividade criminosa ocorreu na vigência desta última, por força da Súmula 711 do Supremo Tribunal Federal,[352] em que pesem alguns autores[353] a considerarem inconstitucional por violar o princípio da irretroatividade da lei penal mais grave.

Aqui podemos imaginar uma continuidade de estupros ocorrida entre os dias seis e oito de agosto de 2009. Várias vezes. Imaginemos, primeiramente, que a vítima fosse um homem, a quem o sujeito ativo ministrara estimulantes sexuais, e com quem mantivesse cópula vagínica diversas vezes. Levando-se em consideração que a norma passou a viger no dia de sua publicação, 07 de agosto de 2009, todas as condutas anteriores a essa data (praticadas, então no dia 06) caracterizariam no máximo o crime de constrangimento ilegal (dado que o atentado violento ao pudor não se tipificaria pela prática de conjunção carnal, e o estupro exigia mulher no polo passivo), a solução apresentada pela Súmula antes destacada nos parece efetivamente ferir o princípio da irretroatividade da lei mais benéfica; entretanto, a matéria é trabalhada no campo das exceções aos ditames do concurso intertemporal de normas, exatamente para permitir que se aplique a nova norma, independente de sua gravidade ou benesse. Nesse caso, o sujeito ativo deveria ser responsabilizado por toda as condutas da cadeia delitiva (praticada, como já dito, entre 06 e 08 de agosto de 2009), ficando a mercê da nova norma, que incrimina a conduta por ele praticada, com pena de seis a dez anos de reclusão, acrescida do aumento correspondente ao crime continuado.[354]

---

[351] "Quando o agente, mediante mais de uma ação ou omissão, pratica dois ou mais crimes da mesma espécie e, pelas condições de tempo, lugar, maneira de execução e outras semelhantes, devem os subseqüentes ser havidos como continuação do primeiro, aplica-se-lhe a pena de um só dos crimes, se idênticas, ou a mais grave, se diversas, aumentada, em qualquer caso, de um sexto a dois terços". (Art. 71, Código Penal).

[352] STF, Súmula nº 711: "A lei penal mais grave aplica-se ao crime continuado ou ao crime permanente, se a sua vigência é anterior à cessação da continuidade ou da permanência".

[353] Exemplificativamente, e por todos: BITENCOURT, Cezar Roberto. *Tratado de direito penal*. Parte geral. 11.ed. Vol. I. São Paulo: Saraiva, 2007, p. 174.

[354] Sobre esse tópico, mais aprofundadamente, ver: FAYET JÚNIOR, Ney. *Do crime continuado*. 2.ed. Porto Alegre: Livraria o Advogado, 2010, p. 222-229.

6. O estupro como crime de ação múltipla

A doutrina distingue os delitos de um só ato (furto) dos de vários atos (roubo = furto + violência).[355] Entre essas figuras existem os delitos mistos alternativos, que possuem várias condutas opcionais, submetidas à mesma cominação de penas, permitindo que a prática de uma, ou todas, as condutas descritas seja havida como crime único,[356] e não como um concurso de crimes.[357] Exemplo disso é o delito de lesões corporais, do art. 129 do CP,[358] no qual há duas condutas expressas no mesmo tipo, "e não dois tipos independentes. A prática de qualquer uma das condutas

---

[355] TOURINHO FILHO, Fernando da Costa. *Crimes Contra a Liberdade Sexual, em Face da Nova Lei*. Editora Magister – Porto Alegre. Data de inserção: 15/12/2009. Disponível em: www.editoramagister.com/doutrina_ler.php?id=617. Data de acesso: 24/12/2009.

[356] Nesse sentido: BITENCOURT, Cezar Roberto. *Tratado de direito penal*. Parte geral. 11.ed. Vol. I. São Paulo: Saraiva, 2007, p. 215; DOTTI, René Ariel. *Curso de direito penal*. Parte geral. 3.ed. São Paulo: Revista dos Tribunais, 2010, p. 455; JESCHECK, Hans-Heinrich. *Tratado de Derecho Penal*. Parte General. Traduzido por Miguel Olmedo Caradenete, Granada: Comares, 2002, p. 285.

[357] O concurso de crimes é a situação em que mais de um crime é praticado (FRAGOSO, Heleno Cláudio. *Lições de direito penal*. Parte geral. 16.ed. Rio de Janeiro: Forense, 2003, p. 439), ocorrendo várias ações e vários resultados, praticados "pelo mesmo e único sujeito ativo" (MARQUES, José Frederico. *Curso de direito penal*. Vol. II. São Paulo: Saraiva, 1956, p. 335; BITENCOURT, Cezar Roberto. *Tratado de direito penal*. Parte geral. 11.ed. Vol. I. São Paulo: Saraiva, 2007, p. 592; DOTTI, René Ariel. *Curso de direito penal*. Parte geral. 3.ed. São Paulo: Revista dos Tribunais, 2010, p. 627), dando ensejo aos sistemas do cúmulo material (pelo qual é aplicada uma pena para cada crime cometido, somando-as, ao final) e da exasperação (pelo qual se aplicam a pena mais grave dos crimes em concurso, aumentando-a proporcionalmente, pelo acréscimo de uma cota-parte que sirva para representar a punição pelos demais resultados). Ainda, é de se referir os sistemas da *absorção* e do *cúmulo jurídico*, não aplicáveis pela legislação brasileira. No sistema da absorção, aplica-se somente a pena do crime mais grave, por entender-se nela absorvidas as penas menores. No sistema do cúmulo jurídico aplica-se uma média ponderada entre as várias penas previstas para os diversos crimes. Nesse sentido: BITENCOURT, Cezar Roberto. *Tratado de direito penal*. Parte geral. 11.ed. Vol. I. São Paulo: Saraiva, 2007, p. 592-593; COSTA JR., Paulo José da. *Curso de direito penal*. 9.ed. São Paulo: Saraiva, 2008, p. 214-215; FAYET JÚNIOR, Ney. *Do crime continuado*. 2.ed. Porto Alegre: Livraria o Advogado, 2010, p. 75-78; NORONHA, E. Magalhães. *Direito penal*. Vol. I. 32.ed. São Paulo: Saraiva, 1997, p. 274-275; NUCCI, Guilherme de Souza. *Manual de direito penal*. Parte geral. 3.ed. São Paulo: Revista dos Tribunais, 2007, p. 451-452.

[358] "Art. 129. Ofender a integridade corporal ou a saúde de outrem: Pena – detenção, de três meses a um ano." (Código Penal).

constitui crime. E se o agente, ao ofender a integridade corporal acarreta dano à saúde da vítima, o crime continua o mesmo".[359]

O mesmo ocorre com o novo delito de estupro. A prática do constrangimento de alguém à cópula vagínica mediante violência e, momentos depois e no mesmo contexto de ação, a prática de novo constrangimento, agora, a ato libidinoso diverso da conjunção carnal, também mediante violência, identifica dois *atos*, é verdade, mas do mesmo tipo, e, portanto, um só crime. Isso porque o verbo típico, como já dissemos, comporta essas duas modalidades acima descritas e a lesão à liberdade sexual é una.

Assim, o crime de estupro, com a redação que lhe foi dada pela Lei nº 12.015/2009, passou a ser crime de ação múltipla, de conduta variável, não mais permitindo a possibilidade de concurso material entre o estupro e a prática de atos libidinosos quaisquer, no mesmo contexto de ação, como bem ocorria na vigência da antiga tipificação.[360]

---

[359] TOURINHO FILHO, Fernando da Costa *Crimes Contra a Liberdade Sexual, em Face da Nova Lei*. Editora Magister – Porto Alegre. Data de inserção: 15/12/2009. Disponível em: www.editoramagister.com/doutrina_ler.php?id=617. Data de acesso: 24/12/2009. Outros exemplos: art. 135: "Deixar de prestar assistência, quando possível fazê-lo sem risco pessoal, à criança abandonada ou extraviada, ou à pessoa inválida ou ferida, ao desamparo ou em grave e iminente perigo; ou não pedir, nesses casos, o socorro da autoridade pública: Pena – detenção, de um a seis meses, ou multa". (Art. 135, Código Penal). "Adquirir, receber, transportar, conduzir ou ocultar, em proveito próprio ou alheio, coisa que sabe ser produto de crime, ou influir para que terceiro, de boa-fé, a adquira, receba ou oculte: Pena – reclusão, de um a quatro anos, e multa". (Art. 180, Código Penal). "Dar parto alheio como próprio; registrar como seu o filho de outrem; ocultar recém-nascido ou substituí-lo, suprimindo ou alterando direito inerente ao estado civil: Pena – reclusão, de dois a seis anos". (Art. 242, Código Penal). Estes são alguns exemplos de tipos penais mistos alternativos, pois descrevem várias condutas por meio das quais, juntas ou isoladamente, o sujeito pode consumar o tipo penal.

[360] Denomina-se concurso material de crimes, a hipótese em que o agente pratica várias ações, obtendo vários resultados, cada um como consequência de uma ação, com desígnios autônomos, isto é, dolo sobre todos os resultados, seja direto ou eventual. O concurso se resolve pela aplicação do cúmulo material (temperado) das penas aplicadas, ou seja, aplicam-se ao autor do fato as penas relativas a cada um dos crimes, somando-as ao final. Explica Costa Júnior que o "temperamento consistiu na fixação de um teto máximo de trinta anos (art. 75). O réu, ainda que condenado a pena superior, não cumprirá mais de trinta anos. Pena superior equivaleria à prisão perpétua". (COSTA Jr., Paulo José da. *Curso de direito penal*. 9.ed. São Paulo: Saraiva, 2008, p. 215. No mesmo sentido: FAYET JÚNIOR, Ney. *Do crime continuado*. 2.ed. Porto Alegre: Livraria o Advogado, 2010, p. 79; FRAGOSO, Heleno Cláudio. *Lições de direito penal*. Parte geral. 16.ed. Rio de Janeiro: Forense, 2003, p. 441; NORONHA, E. Magalhães. *Direito penal*. Vol. I. 32.ed. São Paulo: Saraiva, 1997, p. 268; NUCCI, Guilherme de Souza. *Manual de direito penal*. Parte geral. 3.ed. São Paulo: Revista dos Tribunais, 2007, p. 543; SANTOS, Juarez Cirino dos. *Direito penal*. Parte geral. Curitiba: Lúmen Juris, 2006, p. 416-417). Assim, o resultado do cálculo da pena será composto pela soma das penas aplicadas para cada um dos delitos praticados. Exemplifica-se a hipótese de alguém praticar cinco crimes de estupro, por meio de várias ações, contra vítimas diferentes, distintas e com circunstâncias de tempo, lugar, e modo de execução, igualmente distintas. A pena deverá ser aplicada individualmente para cada crime de estupro (atendendo a todas as etapas do cálculo, pois cada crime pode ter montantes diversos de pena a ser considerado em relação às circunstâncias modificadoras da pena, como, por exemplo, se um dos crimes de estupro resultou em morte da vítima (§4º, art. 213, CP) e outro foi cometido contra cônjuge (art. 213, c/c 226, inc. II, CP), devendo, ao final, serem somadas as penas aplicadas, ao que o Código expressa *"aplicação cumulativa de penas"*. Aliás, este concurso está previsto no art. 69 do Código Penal, com a seguinte redação: "Quando o agente, mediante mais de uma ação ou omissão, pratica dois ou mais crimes, idênticos ou não, aplicam-se cumulativamente as penas privativas de liberdade em

É que a antiga redação do delito de estupro ostentava apenas uma ação, danosa, é verdade,[361] mas única. No caso, a modalidade de conduta expressa no verbo típico era constranger à conjunção carnal. Por esse motivo, quando o agente praticava além da conjunção carnal, outra conduta libidinosa com a mesma vítima, antevia-se um concurso de crimes, restando para a solução do conflito o concurso material, como regra, pois entendia a jurisprudência pátria que o estupro e o atentado violento ao pudor eram crimes de espécies diferentes, o que impedia o reconhecimento da continuidade delitiva.[362] [363]

---

que haja incorrido. No caso de aplicação cumulativa de penas de reclusão e de detenção, executa-se primeiro aquela. § 1º. ao agente tiver sido aplicada pena privativa de liberdade, não suspensa, por um dos crimes, para os demais será incabível a substituição de que trata o art. 44 deste Código. §2º. Quando forem aplicadas penas restritivas de direitos, o condenado cumprirá simultaneamente as que forem compatíveis entre si e sucessivamente as demais". (Art. 69. Código Penal). Lembra Costa Júnior que "a pluralidade de condutas que o concurso material pressupõe poderá ser objeto de diversos processos, que irão gerar várias sentenças". (COSTA Jr., Paulo José da. *Curso de direito penal*. 9.ed. São Paulo: Saraiva, 2008, p. 215). Nesse sentido: NORONHA, E. Magalhães. *Direito penal*. Vol. I. 32.ed. São Paulo: Saraiva, 1997, p. 269.

[361] Como explica Noronha: "o indivíduo que acomete uma mulher para manter relações carnais, violando assim, o seu direito de escolha, postergando a liberdade que ela tem de dispor do corpo, demonstra instintos brutais, dignos de severa repressão. (...) Atacando sua vítima, abusando da desproporção de forças existentes, para saciar seus instintos libidinosos, o estuprador nega um direito que tem raízes profundas na biologia e revela completa ausência de sentimentos humanos, demonstrando extrema periculosidade". (NORONHA, Edgard Magalhães. *Crimes contra os costumes*. Comentários aos arts. 213 a 226, e 108 n. VII do Código Penal. São Paulo: Saraiva, 1943, p. 13).

[362] Em que pese o posicionamento da doutrina em sentido contrário, a jurisprudência vinha entendendo nesse sentido. Assim, e sobre essa temática, ver, dentre outros tantos: DAL POZZO, Antonio Araldo Ferraz; ARAÚJO, Alcyr Menna Barreto de. Estupro e atentado violento ao pudor contra a mesma vítima. Hipótese de tentativa de estupro seguida de atentado violento ao pudor consumado. Distinção logicamente inviável entre atos libidinosos diversos da conjunção carnal (tentativa de estupro) e atos libidinosos diversos da conjunção carnal (atentado violento ao pudor). Continuidade delitiva reconhecida. Recurso especial conhecido mais improvido. *Justitia*, São Paulo, ano 55, v. 163, p. 145-153, jul./set. 1993; VIGLIAR, Ana Claudia Carvalho. Continuidade delitiva entre os crimes de estupro e atentado violento ao pudor. *Revista Brasileira de Ciências Criminais*. São Paulo, v. 8, p. 198-206. 1994.

[363] Inicialmente, deve-se referir que o crime continuado nada mais é do que uma ficção jurídica. (COSTA Jr., Paulo José da. *Curso de direito penal*. 9.ed. São Paulo: Saraiva, 2008, p. 218). Entretanto, é digno de nota que há duas teorias sobre a natureza jurídica do crime continuado. A primeira é a de que o crime continuado constitui uma ficção jurídica, na medida em que a lei determina um tratamento especial ao concurso material, quando concorrentes determinadas situações, sendo partidários dessa teoria, dentre outros, Costa Júnior, Fragoso, Pimentel, Lopes, Carrara e Manzini. A segunda teoria é que sugere ser o crime continuado uma realidade, na medida em que ele é composto por vários atos, sem que tais atos correspondam a um resultado, ou seja, o crime continuado é fático, pois sua materialização pode dar-se por meio de diversos atos que compõem condutas, que por sua vez constituem delitos, partindo-se da ideia de desvaloração jurídica unitária do comportamento humano final e nada tendo de jurídico. São partidários dessa teoria, dentre outros, Balestra, Delitala, Alimena, Zaffaroni, como explica Nucci. (NUCCI, Guilherme de Souza. *Manual de direito penal*. Parte geral. 3.ed. São Paulo: Revista dos Tribunais, 2007, p. 458). Basileu Garcia, por exemplo, filia-se à teoria da realidade (GARCIA, Basileu. *Instituições de direito penal*. Vol. I. T. II. 3.ed. São Paulo: Max Limonad, 1956, p. 513). Sobre esse tema, ver: FAYET JÚNIOR, Ney. *Do crime continuado*. 2.ed. Porto Alegre: Livraria o Advogado, 2010, p. 83-90). O crime continuado caracteriza-se por ser uma exceção ao concurso de crimes, na modalidade do cúmulo material, aplicável quando um agente comete dois

O estupro admitia tanto o concurso material como a continuação delitiva (e jamais o concurso formal),[364] dependendo da unidade de desíg-

---

ou mais crimes, idênticos ou não e, em face da semelhantes circunstancias, os crimes subsequentes possam ser havidos como continuação do primeiro (Nesse sentido: FAYET JÚNIOR, Ney. *Do crime continuado*. 2.ed. Porto Alegre: Livraria o Advogado, 2010, p. 55; FRAGOSO, Heleno Cláudio. *Lições de direito penal*. Parte geral. 16.ed. Rio de Janeiro: Forense, 2003, p. 445; GARCIA, Basileu. *Instituições de direito penal*. Vol. I. T. II. 3.ed. São Paulo: Max Limonad, 1956, p. 511). "É imprescindível", explica Fayet Júnior, "haver pluralidade de condutas sucessivas – ensejadoras de delitos da mesma espécie – as quais são realizadas nas mesmas condições de tempo, lugar e modo, e ainda outras que se apresentam como assemelhadas". (FAYET JÚNIOR, Ney. *Do crime continuado*. 2.ed. Porto Alegre: Livraria o Advogado, 2010, p. 68). A pena, nessa hipótese, a ser aplicada será a mais grave das cominadas entre os crimes em concurso (caso distintas) ou uma delas, se idênticos os crimes, acrescida em qualquer caso de um sexto até dois terços, em função da quantidade de delitos praticados. Essa é a regra do art. 71 do Código Penal, que tem a seguinte redação: "Quando o agente, mediante mais de uma ação ou omissão, pratica dois ou mais crimes da mesma espécie e, pelas condições de tempo, lugar, maneira de execução e outras semelhantes, devem os subsequentes ser havidos como continuação do primeiro, aplica-se-lhe a pena de um só dos crimes, se idênticas, ou a mais grave, se diversas, aumentada, em qualquer caso, de um sexto a dois terços. Parágrafo único. Nos crimes dolosos, contra vítimas diferentes, cometidos com violência ou grave ameaça à pessoa, poderá o juiz, considerando a culpabilidade, os antecedentes, a conduta social e a personalidade do agente, bem como os motivos e as circunstâncias, aumentar a pena de um só dos crimes, se idênticas, ou a mais grave, se diversas, até o triplo, observadas as regras do parágrafo único do art. 70 e do art. 75 deste Código". (Art. 71, Código Penal).

[364] O concurso formal de crimes, inicialmente, distingue-se do concurso material pela quantidade de ações praticadas pelo autor; se no concurso material são necessárias várias ações, no concurso formal o agente atinge vários resultados por meio de uma só ação, como ensinava Frederico Marques (MARQUES, José Frederico. *Curso de direito penal*. Vol. II. São Paulo: Saraiva, 1956, p. 345). E lembra o citado autor, à mesma página, que "o conceito de ação e omissão é eminentemente naturalista. A conduta humana, tal como se realiza no mundo natural, é que servirá de suporte para a qualificação jurídica de que resulta o fato típico. Este contém em si elementos normativos, pois a adequação típica o exige. A conduta humana, porém, é um trecho da realidade, isto é, um acontecimento do mundo natural em que incidirá a norma jurídica". Nesse sentido, Fragoso explicara que a "ação é comportamento voluntário dirigido a um fim. Não se confunde com ato, que é o movimento corpóreo. Uma só ação pode ser constituída de vários atos, que ganham unidade por serem uma só manifestação de vontade. Assim, quem efetua vários disparos par matar a vítima pratica uma só ação, embora realize diversos atos". (FRAGOSO, Heleno Cláudio. *Lições de direito penal*. Parte geral. 16.ed. Rio de Janeiro: Forense, 2003, p. 441). Assim, haverá concurso formal quando o agente praticar uma ação e obtiver vários resultados, idênticos ou não (Nesse sentido: COSTA Jr., Paulo José da. *Curso de direito penal*. 9.ed. São Paulo: Saraiva, 2008, p. 216). O importante e que caracteriza o tratamento penal mais brando para o concurso formal não é a unidade de conduta, mas, sim, a unidade do elemento subjetivo que coordena a ação (Nesse sentido: COSTA Jr., Paulo José da. *Curso de direito penal*. 9.ed. São Paulo: Saraiva, 2008, p. 216; MARQUES, José Frederico. *Curso de direito penal*. Vol. II. São Paulo: Saraiva, 1956, p. 347; NORONHA, E. Magalhães. *Direito penal*. Vol. I. 32.ed. São Paulo: Saraiva, 1997, p. 268). A partir dessa característica, podemos diferenciar o concurso formal próprio (dito heterogêneo ou perfeito) do impróprio (dito homogêneo ou imperfeito), pelo dolo relativo a cada resultado. Por isso, diz-se o concurso formal próprio, na situação em que o agente, mediante uma só ação, pratica dois ou mais resultados, tendo a intenção de atingir apenas um dos resultados; a pena a ser aplicada é a relativa ao crime mais grave (independentemente do dolo), acrescida de um sexto até a metade (relativo ao resultado não pretendido, tendo como critério o número de resultados alcançados). Nesse sentido: "o que se mostra indeclinável à configuração do concurso ideal próprio é a unidade do elemento subjetivo, pois, se o elemento subjetivo doloso se apresentar como plúrimo, o concurso formal denominar-se-á de imperfeito (impróprio), hipótese em que as penas se somarão". (FAYET JÚNIOR, Ney. *Do crime continuado*. 2.ed. Porto Alegre: Livraria o Advogado, 2010, p. 63). Essa é a razão pela qual o concurso formal próprio é dito heterogêneo: os resultados são obtidos com diferentes elementos subjetivos, é dizer, que o dolo relativo aos resultados não é o mesmo. É o que estabelece a primeira parte do art. 70 do Código Penal, que tem a seguinte redação: "Quando o agente, mediante uma só ação ou

nio e do contexto de ação. Assim, cometia estupro em concurso material aquele que resolvesse abusar (independente da quantidade de vezes) de vítimas diferentes, mediante violência ou grave ameaça, em situações diferentes. Já para caracterizar o crime continuado, como visto, seria necessário o reconhecimento de semelhantes circunstâncias de tempo, lu-

---

omissão, pratica dois ou mais crimes, idênticos ou não, aplica-se-lhe a mais grave das penas cabíveis ou, se iguais, somente uma delas, mas aumentada, em qualquer caso, de um sexto até metade". (Art. 70, Código Penal). Já o concurso formal impróprio é a situação em que, por meio de uma só ação, o sujeito atinge dois ou mais resultados todos pretendidos, seja com dolo direto ou eventual. Por isso a pena, nessa hipótese, é aplicada cumulativamente, como no concurso material; para evitar que o sujeito ativo se aproveitasse de uma benesse legislativa quando pretendesse todos os resultados. Daí dizer-se homogêneo ou imperfeito o concurso formal impróprio, os desígnios autônomos de que fala a lei, referem-se às vontades de obtenção sobre cada resultado, por meio da conduta única. Basileu Garcia exemplifica com a hipótese de uma "cozinheira que pretende assassinar as pessoas da família para a qual trabalha, e coloca um tóxico na refeição que será servida" (GARCIA, Basileu. *Instituições de direito penal*. Vol. I. T. II. 3.ed. São Paulo: Max Limonad, 1956, p. 500); Nucci traz a hipotética situação de um sujeito enfileirar várias pessoas para matá-las com um único tiro de arma profícua para tanto (NUCCI, Guilherme de Souza. *Manual de direito penal*. Parte geral. 3.ed. São Paulo: Revista dos Tribunais, 2007, p. 454); em qualquer caso não se lhes aplicaria (à cozinheira e ao sujeito) a regra do concurso formal (próprio), pois atuam tais agentes com desígnios autônomos sobre os resultados, devendo, as penas, serem somadas. É de fazer-se, nesse momento, pequena reflexão sobre a expressão *desígnios autônomos* para dirimir eventuais dúvidas sobre a possibilidade de reconhecimento ou não do concurso material quando um dos resultados é havido por dolo eventual. A expressão em si, segundo Fragoso, significa "vontade deliberadamente dirigida aos diversos fins", e por isso, "exclui o dolo eventual" (FRAGOSO, Heleno Cláudio. *Lições de direito penal*. Parte geral. 16.ed. Rio de Janeiro: Forense, 2003, p. 442). Nos exemplos acima transcritos, da cozinheira e do atirador, há, inegavelmente diferenciação entre os resultados dolosos hauridos pelos agentes; entretanto, em nenhuma das citadas hipóteses há dolo eventual. Isso porque o dolo eventual, como visto acima (1.2.), é composto pelos seguintes elementos: previsibilidade do resultado, não vontade de realização do resultado previsto e assunção do risco de produção do resultado não querido e previsto. Nos exemplos acima, os resultados são, em nosso entender, pretendidos pelos agentes, diretamente, caracterizando dolo direto (e não dolo eventual). Importante lembrar que, em que pese essa figura somente aceitar o dolo direto para sua caracterização, excluindo-se a figura do dolo eventual, o dolo sobre os resultados podem ser tanto o de primeiro quanto o de segundo graus. Dolo direto de primeiro grau tem como conteúdo um sujeito uma finalidade determinada, representada pelo autor como de produção certa ou possível dentro de seu âmbito de atuação juridicamente relevante, excluídos resultados acidentais. Já o dolo direito de segundo grau tem por conteúdo os efeitos secundários da ação principal, representados como certos ou necessários, independentemente de serem desejados ou não pelo autor. (Nesse sentido, dentre outros: BITENCOURT, Cezar Roberto. *Tratado de direito penal*. Parte geral. 11.ed. Vol. I. São Paulo: Saraiva, 2007, p. 270-271; SANTOS, Juarez Cirino dos. *Direito penal*. Parte geral. Curitiba: ICPC; Lúmen Juris, 2006, p. 137-138). Santos traz o exemplo do sujeito que decide explodir seu navio com o objetivo de fraudar o seguro, apesar de representar como certa a morte da tripulação e de passageiros (SANTOS, Juarez Cirino dos. *Direito penal*. Parte geral. Curitiba: Lúmen Juris, 2006, p. 139). Note-se que é o citado exemplo é caso de concurso formal impróprio, onde os resultados típicos são hauridos como necessários a consecução do fim proposto, realizados por meio de única ação. Tal modalidade está expressa na segunda parte do art. 70 do Código Penal, com a seguinte redação: "As penas aplicam-se, entretanto, cumulativamente, se a ação ou omissão é dolosa e os crimes concorrentes resultam de desígnios autônomos, consoante o disposto no artigo anterior". (Art. 70, Código Penal). Entretanto, é de lembrar-se que as regras do concurso formal foram elaboradas para propiciar ao réu um tratamento mais brando que o concurso material (Nesse sentido: COSTA Jr., Paulo José da. *Curso de direito penal*. 9.ed. São Paulo: Saraiva, 2008, p. 217; NORONHA, E. Magalhães. *Direito penal*. Vol. I. 32.ed. São Paulo: Saraiva, 1997, p. 268), e por isso não se pode olvidar da regra do parágrafo único do art. 70, que estabelece que, em qualquer hipótese do concurso formal, mas especificamente no heterogêneo, as penas aplicadas não podem exceder a que seriam cabíveis, caso reconhecido o concurso material.

gar, modo de execução ou qualquer outra que torne os subsequentes atos como continuação do primeiro. Assim, caso se tratasse da mesma vítima, ou de crime praticado com o mesmo modo de execução, estaríamos diante de um estupro continuado.[365]

Com a nova redação, o crime de estupro passou a ter múltiplas ações e, na atualidade, se o agente além da cópula vagínica intentar outro ato libidinoso contra a mesma vítima, no mesmo contexto de ação, haverá crime único.[366] Isso porque, insiste-se, a lesão ao bem jurídico tutelado é a mesma. A diversidade de ações praticadas contra o mesmo sujeito passivo não fará aparecer *outra* lesão ao bem jurídico, mas sim, *maior* lesão. E isso deve ser repreendido com a medida da pena.

Claro está que, em contextos de ação distintos, pode, evidentemente, ter-se o concurso material ou o crime continuado. Imaginemos, à guisa de exemplo, que o sujeito, utilizando-se de um revólver para constranger cinco vítimas diferentes, em cinco dias diferentes (uma por dia), e com elas mantenha conjunção carnal e atos libidinosos no mesmo contexto de ação, poderemos ter, relativamente ao conjunto da obra concurso material ou crime continuado, dependendo, cada uma das hipóteses, do reconhecimento, pelo legislador, das circunstâncias do art. 71. Entretanto, na conduta contra cada vítima individualmente, mesmo que se tenha a prática desses atos libidinosos e conjunções carnais múltiplas, no mesmo contexto de ação, teremos crime único. Explica-se: caso o sujeito arraste uma das vítimas do exemplo acima para seu covil, onde a mantém amarrada por doze horas, e pratica com ela, a cada hora, um ato libidinoso diverso, incluindo a conjunção carnal, teremos crime único de estupro contra esta vítima (atendidas, evidentemente, suas circunstâncias pessoais). Isso porque a lesão à sua liberdade sexual é una, e cada ato pode lesionar *mais*, mas não *outra vez* o bem jurídico (haja vista o mesmo contexto de ação), devendo ser punida tal lesão com a medida da pena.

---

[365] Excelente exemplo traz à baila Noronha, ao referir: "Suponha-se o seguinte caso, não difícil de ocorrer. Um indivíduo nutre avassaladora paixão por uma mulher, que, entretanto, sabedora do seu desejo o repele. Certo dia, por qualquer circunstância, torna-se senhor de um segredo seu que, revelado, lhe causará um grave e injusto dano. Ameaça-a então de divulgá-lo. Aterrada e pondo esse bem ameaçado acima da própria honra, ela acede aos seus desejos. Dispondo então da vítima, a seu talante, convenciona encontros com ela e a possui inúmeras vezes. Não duvidamos encontrar aí um caso de estupro continuado: a resolução do agente é uma só, dominando todos os atos e expedientes por ele empregados: possuir o corpo da vítima..." (NORONHA, Edgard Magalhães. *Crimes contra os costumes*. Comentários aos arts. 213 a 226, e108 n. VII do Código Penal. São Paulo: Saraiva, 1943, p. 51). Nesse mesmo sentido: GRECO FILHO, Vicente. Uma interpretação de duvidosa dignidade (sobre a nova lei dos crimes contra a dignidade sexual). *Revista do Tribunal Regional Federal da Primeira Região*. Brasília, ano 21, n. 11, p. 59-61, nov. 2009, p. 61.

[366] Nesse sentido: GRECO, Alessandra Orcesi Pedro; RASSI, João Daniel. *Crimes contra a dignidade sexual*. São Paulo: Atlas, 2010, p. 144.

7. Ação penal

A ação penal atualizou-se para acompanhar as novas normas penais relativas ao estupro. Atualmente, procede-se mediante ação penal pública condicionada a representação, como regra, e, nos casos de a vítima ser menor de 18 (dezoito) anos ou vulnerável, procede-se mediante ação penal pública incondicionada.[367]

Torna, sem dúvida, mais coerente a ação penal com o crime de estupro, na medida em que, retira do debate a pobreza da vítima, e permite, caso não queira esta expor sua intimidade, sendo maior de dezoito e plenamente capaz, que não proceda a representação;[368] entretanto, em se

---

[367] Tal modificação veio a lume, no bojo do art. 2º da Lei n 12.015/2009, com a seguinte redação: "Art. 225. Nos crimes definidos nos Capítulos I e II deste Título, procede-se mediante ação penal pública condicionada à representação Parágrafo único. Procede-se, entretanto, mediante ação penal pública incondicionada se a vítima é menor de 18 (dezoito) anos ou pessoa vulnerável". (Lei nº 12.015/09).

[368] NUCCI, Guilherme de Souza. *Crimes contra a dignidade sexual*: comentários à Lei n. 12.015, de 7 de agosto de 2009. São Paulo: Revista dos Tribunais, 2009, p. 62. Vide, inclusive, excelente explanação sobre situações relativas à ação penal frente a nova lei, ora em comento, em: ALVES, Leonardo Barreto Moreira. Ação penal nos crimes contra a dignidade sexual após a lei n. 12.015/09. *Revista Magister de Direito Penal e Processual Penal*. Porto Alegre, v. 6, n. 33, p. 85-94, dez.2009/jan. 2010; LEAL, João José; LEAL, Rodrigo José. Estupro comum e a figura do estupro de pessoa vulnerável: novo tipo penal unificado. *Revista Magister de Direito Penal e Processual Penal*. Porto Alegre, v. 6, n. 32, p. 52-77, out./nov. 2009; LOPES JÚNIOR, Aury Celso Lima. A problemática em torno da ação penal nos crimes contra a dignidade sexual (Lei 12.015/2009). *Boletim IBCCrim*. São Paulo, ano 17, n. 207, p. 4-5, fev. 2010; MOREIRA, Rômulo de Andrade. Ação penal nos crimes contra a liberdade sexual e nos delitos sexuais contra vulnerável – a Lei nº 12.015/2009. *Revista Magister de Direito Penal e Processual penal*. Porto Alegre, n. 31, p. 84-92, ago./set., 2009. Já sobre o procedimento antigo, são dignos de nota, dentre outros, os seguintes comentários: CAMPOS, Carmen Hein de. Usos e abusos jurídicos da sexualidade feminina: comentários sobre atentado violento ao pudor e aplicação do princípio da insignificância. *Boletim do IBCCrim*. São Paulo, ano 11, n. 130, p. 729-730. set. 2003; FERRARI, Patrícia Madianeira Mino; GOMES, André Luís Callegaro Nunes. Os interesses da vítima na ação penal. *Revista dos Tribunais*. São Paulo, ano 94, v. 834, p. 442-455, abr. 2005; GARCIA, Basileu. Da ação penal. *Revista Forense*. Rio de Janeiro, ano, 100, volume comemorativo t. 7, p. 211-226, 2006; GRINOVER, Ada Pellegrini. As condições da ação penal. *Revista Brasileira de Ciências Criminais*. São Paulo, n. 69, p. 179-199, nov./dez. 2007; LIMA FILHO, Moacyr Pitta. Ação penal: estupro. *Revista do Magistrado*. ano 1, n. 1, p. 61-62, ago. 2004; MARQUES, José Frederico. Da ação penal. *Justitia*. Rio de Janeiro, ano 8, v. 11, p. 41-47, abr./jun. 1952; MEDINA, Julio César Meira. Ação penal no crime de estupro. *Revista do Direito*. Santa Cruz do Sul, n. 4, p. 63-70, dez. 1995; MIRABETE, Julio Fabbrini. Estupro, atentado violento ao pudor e rapto violento: a Súmula 608 do STF diante do artigo 88 da Lei nº 9099/95. *Doutrina*. v. 1, p. 117-121. 1996; PEDROSO, Fernando de Almeida. Ação penal pública condicionada. *Revista de Direito Penal*. Rio de Janeiro, n. 25, p. 61-87, jan./jun. 1978; SIQUEIRA, Geraldo Batista de. Estupro:

tratando de menor de dezoito, ou vulnerável, a ação penal será pública incondicionada, adequando a ação penal à maior proteção para os vulneráveis.

---

crime de ação privada. *Revista dos Tribunais*. São Paulo, ano 64, v. 482, p. 277-281, dez. 1975; SOUZA, Aélio Paropat. Ação pública incondicionada no estupro. *Revista dos Tribunais*. São Paulo, ano 86, v. 743, p. 483-494, set. 1997; STRECK, Lenio Luiz. Constituição e bem jurídico: a ação penal nos crimes de estupro e atentado violento ao pudor. O sentido hermenêutico constitucional do art. 225 do código penal. *Revista da Ajuris: Associação dos Juízes do Rio Grande do Sul*. ano 33, n. 101, p. 179-191, mar. 2006; TOURINHO FILHO, Fernando da Costa. *Crimes contra a liberdade sexual, em face da nova lei*. Editora Magister. Porto Alegre. Data de inserção: 15/12/2009. Disponível em: www.editoramagister.com/doutrina_ler.php?id=617. Data de acesso: 24/12/2009.

8. Extinção da punibilidade

É digno de nota, por fim, a questão pertinente ao casamento da vítima excluir ou não a punibilidade do agressor.[369] As Ordenações Filipinas puniam com morte o estuprador, qualquer fosse a sorte com a estuprada. O casamento da vítima passou a extinguir a punibilidade do agressor, nas legislações posteriores, incluindo os Códigos de 1830,[370] de 1890,[371] e de 1940,[372] mantido nas modificações operadas em 1977[373] e em 1984,[374] até sua revogação em 2005.[375]

---

[369] Sobre a possibilidade de extinção da punibilidade pelo casamento do agressor com a vítima, ver: FAYET JÚNIOR, Ney. Da extinção da punibilidade pela união estável da vítima com terceiro. *Revista de Estudos Criminais*. Porto Alegre, Ano 1, N. 3, p. 91-95, 2001; FAYET JÚNIOR, Ney. Da extinção da punibilidade pela união estável da vítima com terceiro. *Revista Ibero-Americana de Ciências Penais*. Porto Alegre, ano 2, n. 3, p. 67-71, mai.-ago., 2001; PEQUENO, Sandra Maria Nascimento de Souza. Do casamento do ofensor com a vítima como causa de extinção de punibilidade nos crimes de estupro e atentado violento ao pudor. *Revista da Escola da Magistratura do Estado de Rondônia*. Porto Velho, edição especial, p. 33-50. 2000.

[370] O Código do Império previa no art. 219: "Deflorar mulher virgem, menor de dezasete annos. Penas – de desterro para fóra da comarca, em que residir a deflorada, por um a tres annos, e de dotar a esta. Seguindo-se o casamento, não terão lugar as penas"; e no art. 225: "Não haverão as penas dos tres artigos antecedentes os réos, que casarem com as offendidas". (Lei de 16 de dezembro de 1830).

[371] No Código Criminal da República, o art. 276 estabelecia: "nos casos de defloramento, como nos de estupro de mulher honesta, a sentença que condemnar o criminoso o obrigará a dotar a offendida. Paragrapho unico. Não haverá logar imposição de pena si seguir-se o casamento a aprazimento do representante legal da offendida, ou do juiz dos orphãos, nos casos em que lhe compete dar ou supprir o consentimento, ou a aprazimento da offendida, si for maior". (Decreto nº 847/1890).

[372] No Código penal de 1940, de 7 de dezembro, vinha a prevista no art. 108, com a seguinte redação: "Extingue-se a punibilidade: VII – pelo casamento do agente com a ofendida, nos crimes contra os costumes, definidos nos capítulos I, II e III do Titulo VI da Parte Especial". (Decreto-Lei nº 2.848/1940).

[373] Em 1977, a Lei nº 6.416, de 24 de maio, determinou a inclusão do inciso IX, ao art. 108, com a seguinte redação: "IX – pelo casamento da vítima com terceiro, nos crimes referidos no inciso anterior, salvo se cometido com violência ou grave ameaça e se ela não requerer o prosseguimento da ação penal no prazo de sessenta dias a contar a celebração". (Lei nº 6.416/1977).

[374] Com a alteração da Parte Geral, determinada pela Lei 7.209, de 11 de julho de 1984, a possibilidade de extinção da punibilidade daquele que casa com a vítima passou para o art. 107, com a seguinte redação: "Extingue-se a punibilidade: VII – pelo casamento do agente com a vítima, nos crimes contra os costumes, definidos nos Capítulos I, II e III do Título VI da Parte Especial deste código; VIII – pelo casamento da vítima com terceiro, nos crimes referidos no inciso anterior, se cometidos sem violência real ou grave ameaça e desde que a ofendida não requeira o prosseguimento do inquérito policial ou da ação penal no prazo de sessenta dias a contar da celebração". (Lei nº 7.209/1984).

A partir da entrada em vigor da Lei nº 12.015/2009, o casamento da vítima, maior de dezoito anos, com seu agressor sexual poderá extinguir a punibilidade, não mais por força de lei, mas pelo reconhecimento do instituto da renúncia tácita (art. 104, CP),[376] dado que a ação penal para o crime de estupro, do art. 213, é pública condicionada à representação,[377] e a ofendida poderá renunciar tacitamente ao seu direito de representação, ao praticar ato incompatível com a vontade de processar criminalmente: o casamento.[378]

O mesmo não se diga sobre a vítima menor de dezoito, para quem a ação penal é pública incondicionada, não permitindo, portanto, a renúncia ao direito de representação, pois não lhe é exigida a representação para o processamento de seu agressor. Assim, mesmo que venha a contrair bodas com o agressor, este será processado pelo estupro. Mais uma vez, nota-se a proteção da norma estendida aos vulneráveis.

---

[375] Tais disposições, (os incisos VII e VIII do art. 107), por fim, foram revogadas pelo art. 5º da Lei nº 11.106, de 28 de março de 2005. (*Lei nº 11.106/2005*).

[376] "Art. 104. O direito de queixa não pode ser exercido quando renunciado expressa ou tacitamente. Parágrafo único – Importa renúncia tácita ao direito de queixa a prática de ato incompatível com a vontade de exercê-lo; não a implica, todavia, o fato de receber o ofendido a indenização do dano causado pelo crime" (Código Penal).

[377] "Art. 225. Nos crimes definidos nos Capítulos I e II deste Título, procede-se mediante ação penal pública condicionada à representação. Parágrafo único. Procede-se, entretanto, mediante ação penal pública incondicionada se a vítima é menor de 18 (dezoito) anos ou pessoa vulnerável" (Lei nº 12.015/2009).

[378] ESTEFAM, André et al. *Reforma penal:* comentários às Leis 11.923, 12.012 e 12.015, de 2009. São Paulo: Saraiva, 2010, p. 23.

Bibliografia

ABUCHAIM, Ricardo. O estupro entre cônjuges: uma abordagem atualizada. *Revista da Faculdade de Direito*. Pelotas, v. 39, n. 15, p. 189-194, mai. 1995.

ADAM, Barbara; BECK, Ulrich; LOON, Joost Van. *The risk society and beyond*: critical issues for social theory. London: Sage Publications, 2000. 232p.

ADRIANO, Adriana Aparecida. Atentado violento ao pudor: a intensidade da pena diante da diversidade de condutas que o caracterizam. *Revista da ESMESC: Escola Superior da Magistratura do Estado de Santa Catarina*. Florianópolis, v. 15, n. 21, p. 421-435, jan. 2008.

ALBUQUERQUE, Mário Pimentel. *Princípio da confiança no direito penal*: uma introdução ao estudo do sujeito em face da teoria da imputação objetiva funcional. Rio de Janeiro: Lumen Juris, 2006. 181p.

ALMEIDA, Cândido Mendes de. *Ordenações Filipinas*. Livros IV e V. Coimbra: Fundação Calouste Gulbenkian, 1985. 1513p.

ALVES, Leonardo Barreto Moreira. Ação penal nos crimes contra a dignidade sexual após a lei n. 12.015/09. *Revista Magister de Direito Penal e Processual Penal*. Porto Alegre, v. 6, n. 33, p. 85-94, dez.2009/jan. 2010.

AMERICANO, Odin I. do Brasil. *Dos crimes contra os costumes*. Comentários em tôrno do Código Penal. São Paulo: Revista dos Tribunais, 1943. 235p.

ANTOLISEI, Francesco. *Manuale di diritto penale*. Parte generale. 16.ed. Milão: Giuffrè, 2003. 863p.

AZEVEDO, André Boiani e. *Assédio Sexual*: aspectos penais. Curitiba: Juruá, 2006. 143p.

AZEVEDO, Antonio Junqueira de. Responsabilidade civil. Assalto em estacionamento de supermercado. Estacionamento gratuito como caso de relação contratual de fato. Admissão da prova de não culpa. Estupro tentado fora do estacionamento, seguido de morte. Falta de relação de causalidade adequada. *Revista dos Tribunais*. São Paulo, ano 86, v. 735, p. 121-128, jan. 1997.

BACIGALUPO, Enrique. Sobre a teoria da ação finalista e sua significação no direito penal. *Revista Ibero-Americana de Ciências Penais*. Porto Alegre, ano 5, n. 10, p. 105-120, jan.-jun., 2004.

BARATTA, Alessandro. Funções instrumentais e simbólicas do Direito Penal. Lineamentos de uma teoria do bem jurídico. *Revista Brasileira de Ciências Criminais*. São Paulo, ano 2, n. 5, p. 5-24, jan.-mar., 1994.

BARROS, Flávio Monteiro de. *Crimes contra a dignidade sexual*. Araçatuba: MB, 2010. 95p.

BAUMAN, Zygmunt. *Capitalismo parasitário*. Traduzido por Eliana Aguiar. Rio de Janeiro: Jorge Zahar, 2010. 92p.

——. *Confiança e medo na cidade*. Traduzido por Eliana Aguiar. Rio de Janeiro: Jorge Zahar, 2009. 94p.

——. *Medo líquido*. Traduzido por Carlos Alberto Medeiros. Rio de Janeiro: Jorge Zahar, 2008. 239p.

BECK, Ulrich. *La sociedade del riesgo*: hacia una nueva modernidade. Barcelona: Paidós, 1998. 393p.

BECKER, Marina. *Tentativa criminosa*: doutrina e jurisprudência. São Paulo: Siciliano Jurídico, 2004. 398p.

BELING, Ernest Von. *La doctrina del delito-tipo*. Traduzido por Sebastián Soler. Buenos Aires: El Foro, 2002. 342p.

BEZERRA, Silvino. Crime de estupro: o desvirginamento de uma demente, embora maior, constitue crime de estupro. *Justitia*. Porto Alegre, ano 1, v. 1, fasc. 6, p. 577-579. out. 1932.

BITENCOURT, Cezar Roberto. *Teoria geral do delito*: uma visão panorâmica da dogmática penal brasileira. Coimbra: Almedina, 2007. 503p.

———. *Tratado de direito penal*. Parte especial. 3.ed. Vol. IV. São Paulo: Saraiva, 2008. 439p.

———. *Tratado de direito penal*. Parte geral. 11.ed. Vol. I. São Paulo: Saraiva, 2007. 754p.

BOCKELMANN, Paul; VOLK, Klaus. *Direito penal*. Parte geral. Traduzido por Gercélia Batista de Oliveira Mendes. Belo Horizonte: Del Rey, 2007. 448p.

BRANDÃO, Cláudio. *Teoria jurídica do crime*. Rio de Janeiro: Forense, 2001. 256p.

BRASIL. Constituição da República Federativa do Brasil de 1988. *Diário Oficial da República Federativa do Brasil*. Brasília, 05 out. 1988. Fonte disponível em http://www.planalto.gov.br/ccivil_03/constituicao/constituicao.htm, capturado em 24/12/2009.

———. Decreto nº 678, de 6 de novembro de 1992. Promulga a Convenção Americana sobre Direitos Humanos (Pacto de São José da Costa Rica), de 22 de novembro de 1969. *Diário Oficial da República Federativa do Brasil*. Brasília, 06 nov. 1992. Fonte disponível em: http://www.planalto.gov.br/ccivil_03/decreto/D0678.htm, capturado em 24/12/2009.

———. Decreto nº 847, de 11 de outubro de 1890: Código Penal dos Estados Unidos do Brazil. Promulga o Código Penal. *Diário Oficial da República Federativa do Brasil*. Rio de Janeiro. 11 out. 1890. Disponível em: http://www6.senado.gov.br/legislacao/ListaPublicacoes.action?id=66049&tipoDocumento=DEC& tipoTexto=PUB. Acesso em 17-03-2011.

———. Decreto nº 4.388, de 25 de setembro de 2002: Promulga o Estatuto de Roma do Tribunal Penal Internacional. *Diário Oficial da República Federativa do Brasil*. Brasília. 25 set. 2002. Fonte disponível em: https://www.planalto.gov.br/ccivil_03/decreto/2002/d4388.htm, capturado em 17-03-2011.

———. Decreto-Lei nº 2.848, de 7 de dezembro de 1940: Código Penal. *Diário Oficial da República Federativa do Brasil*. Rio de Janeiro. 07 dez. 1940. Fonte disponível em: http://www.planalto.gov.br/ccivil_03/Decreto-Lei/Del2848.htm, capturado em 24/12/2009.

———. Decreto-Lei nº 3.688, de 3 de outubro de 1941: Lei das Contravenções Penais. *Diário Oficial da República Federativa do Brasil*. Rio de Janeiro. 03 out. 1941. Fonte disponível em: http://www.planalto.gov.br/ccivil_03/Decreto-Lei/Del3688.htm, capturado em 24/12/2009.

———. Justificações do Projeto de Lei do Senado nº 253, de 2004, publicado sob a rubrica da Lei 12.015, de 07 agosto de 2009. Fonte disponível em www.planalto.gov.br/legislaçao, capturado em 24/12/2009.

———. Lei de 16 de dezembro de 1830: Codigo Criminal do Imperio do Brazil. Rio de Janeiro, 08 de jan. de 1831. Disponível em: https://www.planalto.gov.br/ccivil_03/leis/lim/lim-16-12-1830.htm. Acesso em 17-03-2011.

———. Lei nº 6.416, de 24 de maio de 1977: Altera dispositivos do Código Penal (Decreto-lei número 2.848, de 7 de dezembro de 1940), do Código de Processo Penal (Decreto-lei número 3.689, de 3 de outubro de 1941), da Lei das Contravenções Penais (Decreto-lei número 3.688, de 3 de outubro de 1941), e dá outras providências. Diário Oficial da República Federativa do Brasil. Brasília. 24 mai. 1977. Fonte disponível em: http://www.planalto.gov.br/ccivil_03/Leis/L6416.htm, capturado em 24/12/2009.

———. Lei nº 7.170, de 14 de dezembro de 1983. Define os crimes contra a segurança nacional, a ordem política e social, estabelece seu processo e julgamento e dá outras providências. *Diário Oficial da República Federativa do Brasil*. Brasília. 14 dez. 1983. Fonte disponível em: http://www.planalto.gov.br/ccivil_03/Leis/L7170.htm, capturado em 24/12/2009.

———. Lei nº 7.209, de 11 de julho de 1984. Altera dispositivos do Decreto-Lei nº 2.848, de 7 de dezembro de 1940, Código Penal, e dá outras providências. *Diário Oficial da República Federativa do Brasil*. Brasília, 11 jul. 1984. Fonte disponível em: http://www.planalto.gov.br/ccivil_03/Leis/1980-1988/L7209.htm, capturado em 24/12/2009.

———. Lei nº 8.072, de 25 de julho de 1990. Dispõe sobre os crimes hediondos, nos termos do art. 5º, inciso XLIII, da Constituição Federal, e determina outras providências. *Diário Oficial da República Federativa do Brasil*. Brasília, 25 jul. 1990. Fonte disponível em: http://www.planalto.gov.br/ccivil_03/Leis/L8072.htm, capturado em 24/12/2009.

——. Lei nº 8.930, de 06 de setembro de 1994. Dá nova redação ao art. 1º da Lei no 8.072, de 25 de julho de 1990, que dispõe sobre os crimes hediondos, nos termos do art. 5º, inciso XLIII, da Constituição Federal, e determina outras providências. *Diário Oficial da República Federativa do Brasil*. Brasília, 06 set. 1994. Fonte disponível em: http://www.planalto.gov.br/ccivil_03/Leis/L8930.htm, capturado em 24/12/2009.

——. Lei nº 11.106, de 28 de março de 2005. Altera os arts. 148, 215, 216, 226, 227, 231 e acrescenta o art. 231-A ao Decreto-Lei no 2.848, de 7 de dezembro de 1940 – Código Penal e dá outras providências. *Diário Oficial da República Federativa do Brasil*. Brasília. 28 mar. 2005. Fonte disponível em: http://www.planalto.gov.br/ccivil_03/_Ato2004-2006/2005/Lei/L11106.htm, capturado em 24/12/2009.

——. Lei nº 11.343, de 23 de agosto de 2006. Institui o Sistema Nacional de Políticas Públicas sobre Drogas – Sisnad; prescreve medidas para prevenção do uso indevido, atenção e reinserção social de usuários e dependentes de drogas; estabelece normas para repressão à produção não autorizada e ao tráfico ilícito de drogas; define crimes e dá outras providências. *Diário Oficial da República Federativa do Brasil*. Brasília. 23 ago. 2006. Fonte disponível em: http://www.planalto.gov.br/ccivil_03/_ato2004-2006/2006/lei/l11343.htm, capturado em 24/12/2009.

——. Lei nº 12.015, de 7 de agosto de 2009. Altera o Título VI da Parte Especial do Decreto-Lei no 2.848, de 7 de dezembro de 1940 – Código Penal, e o art. 1º da Lei no 8.072, de 25 de julho de 1990, que dispõe sobre os crimes hediondos, nos termos do inciso XLIII do art. 5º da Constituição Federal e revoga a Lei no 2.252, de 1º de julho de 1954, que trata de corrupção de menores. *Diário Oficial da República Federativa do Brasil*. Brasília, 07 ago. 2009. Fonte disponível em http://www.planalto.gov.br/ccivil_03/_Ato2007-2010/2009/Lei/L12015.htm, capturado em 24/12/2009.

BRUNO, Aníbal. *Direito penal*. Parte geral. Tomo I. 5.ed. Rio de Janeiro: Forense, 2003. 256p.

BUTELER, José Antonio. *Garantías y bine jurídico*. In DIEZ OJEDA, Augusto; LOPARDO, Marta. (Coords.). *Teorías Actuales en el derecho penal*. Buenos Aires: Ad-Hoc, 1998, p. 405-415.

CADOPPI, Alberto; VENEZIANI, Paolo. *Elementi di diritto penale*. Parte generale. 3.ed. Padova: Cedam, 2007. 543p.

CALEGARI, André Luís. A imputação objetiva no direito penal. *Revista Brasileira de Ciências Criminais*. São Paulo, n. 30, ano 8, p. 65-86, abr.-jun., 2000.

——. *Imputação objetiva*: lavagem de dinheiro e outros temas de direito penal. Porto Alegre: Livraria do Advogado, 2001. 208p.

——. *Teoria geral do delito e da imputação objetiva*. 2.ed. Porto Alegre: Livraria do Advogado, 2009. 237p.

CAMARGO, Antonio Luís Chaves. *Imputação objetiva e direito penal brasileiro*. São Paulo: Cultura Paulista, 2001. 197p.

CAMPOS, Carmen Hein de. Usos e abusos jurídicos da sexualidade feminina: comentários sobre atentado violento ao pudor e aplicação do principio da insignificância. *Boletim do IBCCrim*. São Paulo, ano 11, n. 130, p. 729-730. set. 2003.

CANCIO MELIÁ, Manuel; FERRANTE, Marcelo; SANCINETTI, Marcelo A. *Teoría de la imputación objetiva*. Bogotá: Centro de Investigaciones de Derecho Penal y Filosofía del Derecho de la Universidad Externado de Colombia, 1998. 136p.

——. Dogmática y política criminal en una teoría funcional del delito. *Revista Ibero-Americana de Ciências Penais*. Porto Alegre, ano 2, n. 4, p. 223-242, set.-dez., 2001.

——. *Líneas básicas de la teoria de la imputación objetiva*. Mendoza: Cuyo, 2001. 211p.

CAPANO, Evandro Fabiani. *Dignidade sexual*: comentário aos novos crimes do Título VI do Código Penal (arts.213 a 234-B) alterados pela Lei 12.015/2009. São Paulo: Revista dos Tribunais, 2009. 109p.

CAPEZ, Fernando. *Curso de direito penal*: parte especial. Vol. 3. 4.ed. São Paulo: Saraiva, 2006. 698p.

CARNEIRO, José Carlos Scalambrini. Estupro e atentado violento ao pudor: violência real e presumida. *Revista dos Tribunais*. São Paulo, ano 86, v. 741, p. 521-527, jul. 1997.

CARRARA, Francesco. *Teoría de la tentativa u de la complicidad o del grado en la fuerza física del delito*. Traduzido por Vicente Romero Girón. 2.ed. Madrid: Góngora, 1926. 383p.

CARVALHO, Américo A. Taipa de. *Sucessão de leis penais*. Coimbra: Coimbra, 1990. 333p.

CARVALHO, Beni. *Sexualidade anômala no direito criminal*. Rio de Janeiro: J. Ribeiro dos Santos, 1937. 200p.

CARVALHO, Sérgio Antonio de. Os crimes de estupro e de atentado violento ao pudor e a inconstitucionalidade da lei 8072/90. *Revista do Ministério Público*. Rio de Janeiro, v. 1, n. 1, p. 143-149, jan./jun. 1995.

CASTRO, Francisco José Viveiros de. *Os delitos contra a honra da mulher*. Rio de Janeiro: João Lopes da Cunha, 1897. 325p.

———. *Os delitos contra a honra da mulher*. 4.ed. São Paulo: Freitas Bastos, 1942. 352p.

CASTRO FILHO, Alexandre Martins de. Estupro (a mulher sozinha como sujeito ativo). *Revista Jurídica Consulex*. Brasília, ano 6, n. 124, p. 40-41, mar. 2002.

CAVALCANTI, João Carlos Gonçalves. A identificação da vítima de estupro nos atos processuais e o direito à intimidade. *Revista da ESMAPE: Escola Superior da Magistratura do Estado de Pernambuco*. Recife, v. 12, n. 26, p. 83-115, jul./dez. 2007.

CERNICCHIARO, Luiz Vicente. Estupro: violência presumida. *Revista Jurídica*. Porto Alegre, ano 19, v. 228, p. 44-45, out. 1996.

CHAVES, Raul. O direito repressivo e a debilidade mental. *Revista do Conselho Penitenciário Federal*. Brasília, v. 27, p. 45-51, 1971.

COELHO, Walter. *Teoria geral do crime*. Vol. I. 2.ed. Porto Alegre: Livraria do Advogado, 1998. 198p.

CONTIERI, Enrico. *La congiunzione carnale violenta*. 3.ed. Milano: Giuffrè, 1974. 139p.

CORREIA, Eduardo. *Direito criminal*. Vol. I. Coimbra: Almedina, 1971. 464p.

COSTA JÚNIOR, Paulo José da. *Curso de direito penal*. 9.ed. São Paulo: Saraiva, 2008. 964p.

———. *Nexo causal*. 2.ed São Paulo: Malheiros, 1996. 154p.

COSTA, Carlos Adalmyr Condeixa da. *Dolo no tipo*. Rio de Janeiro: Liber Juris, 1989. 164p.

COSTA, Domingos Barroso da; OLIVEIRA, Fabio Rocha. A desproporcionalidade da pena mínima cominada ao atentado violento ao pudor face à amplitude de condutas abrangidas pelo tipo. *Boletim do IBCCrim*. São Paulo, ano 14, n. 164, p. 11-12, jul. 2006.

COSTA, José de Faria. As definições legais de dolo e de negligência enquanto problema de aplicação e interpretação das normas definitórias em direito penal. *Boletim da Faculdade de Direito de Coimbra*. Coimbra, n° 69 p. 361-386. 1993.

COUTINHO, Luiz Augusto. Estupro simples: crime hediondo ou hedionda aplicação da lei. *Revista Síntese de Direito Penal e Processual Penal*. São Paulo, ano 3, n. 15, p. 16-21, ago./set. 2002.

COUTO, Sérgio da Silva. Atentado violento ao pudor: foi buscar lá, e saiu tosqueado! *Advocacia dinâmica: Boletim Informativo Semanal*. n. 29, p. 404-405, 2004.

———. Estupro incestuoso: filha menor de 14 anos. *Advocacia Dinâmica: Boletim Informativo Semanal*, n. 24, p. 417-426, 2005.

CUELLO CONTRERAS, Joaquín. *El derecho penal español*: parte general. 3.ed. Madrid: Dykinson, 2002. 1174p.

CUNHA, Rogério Sanches. Lei 12.015, de 7 de agosto de 2009. In: GOMES, Luiz Flávio; CUNHA, Rogério Sanches; MAZZUOLI, Valério de Oliveira. *Comentários à reforma criminal de 2009 e à Convenção de Viena sobre o Direito dos Tratados*. São Paulo: Revista dos Tribunais, 2009.

D'AVILA, Fabio Roberto. *Ofensividade e crimes omissivos próprios* (contributo à compreensão do crime como ofensa ao bem jurídico). Coimbra: Coimbra Editora, 2005. 439p.

———. *Ofensividade em direito penal*: escritos sobre a teoria do crime como a bens jurídicos. Porto Alegre: Livraria do Advogado, 2009. 127p.

DAL POZZO, Antonio Araldo Ferraz; ARAÚJO, Alcyr Menna Barreto de. Estupro e atentado violento ao pudor contra a mesma vítima. Hipótese de tentativa de estupro seguida de atentado violento ao pudor consumado. Distinção logicamente inviável entre atos libidinosos diversos da conjunção carnal (tentativa de estupro) e atos libidinosos diversos da conjunção carnal (atentado violento ao pudor). Continuidade delitiva reconhecida. Recurso especial conhecido mais improvido. *Justitia*. São Paulo, ano 55, v. 163, p. 145-153, jul./set. 1993;

———; GOMES FILHO, Antonio Magalhães. Penal. Atentado violento ao pudor. Vítima menor de 14 anos. Crime hediondo. Estatuto da criança e do adolescente. Não subsiste a alteração introduzida no artigo 214 do CP, pela lei n. 8.069/90, porquanto, no período de "vacatio legis", esta foi parcialmente revogada pela Lei n. 8.072/90, de vigência imediata, que disciplinou de modo diverso as matérias de que tratou nos itens 4 e 5 do artigo 263. Não é lógico nem jurídico conceber pena mais branda para o atentado violento ao pudor quando a vítima é menor de catorze anos. O contrasenso é evidente e, segundo princípio assente da hermenêutica, deve sempre preferir-se à exegese que faz sentido a que não faz. Recurso conhecido e provido. *Justitia*. São Paulo, ano 55, v. 164, p. 198-203, out./dez. 1993.

DELMANTO, Celso et al. *Código penal comentado*. 8.ed. São Paulo: Saraiva, 2010. 1195p.

———. Exercício e abuso de direito no crime de estupro. *Revista dos Tribunais*. São Paulo, ano 69, v. 536, p. 257-259, jun. 1990.

DIAS, Jorge de Figueiredo. *Direito penal*. Parte geral. Tomo I. Coimbra: Coimbra Editora, 2007. 1061p.

———. O direito penal ente a "sociedade industrial" e a "sociedade de risco". *Revista Brasileira de Ciências Criminais*. São Paulo, Ano 9, n. 33, p. 39-65. jan.-mar. 2001.

———. Sobre a construção dogmática do fato punível. *In Questões fundamentais de direito penal revisitadas*. São Paulo: Revista dos Tribunais, 1999, p.185-252.

DIAS, Maria Berenice. Estupro: um crime duplamente hediondo. *Revista Síntese de Direito Penal e Direito Processual Penal*. Porto Alegre, ano 2, n. 11, p. 51-69, dez./jan. 2002.

DÍAZ PALOS, Fernando. *Dolo penal*. Barcelona: Bosch, [s.d.]. 114p.

DÍEZ RIPOLLÉS, José Luis. La contextualización del bien jurídico protegido en un derecho penal garantista. *In* DIEZ OJEDA, Augusto; LOPARDO, Marta. (Coords.). *Teorías Actuales en el derecho penal*. Buenos Aires: Ad-Hoc, 1998. p. 431-455.

DOTTI, René Ariel. *Curso de direito penal*. Parte geral. 3.ed. São Paulo: Revista dos Tribunais, 2010. 864p.

———. *Curso de direito penal*. Parte geral. Rio de Janeiro: Forense, 2001. 777p.

———. *Declaração Universal dos Direitos do Homem e notas da legislação brasileira*. Curitiba: J.M., 1998. 83p.

EIDELBERG, Ludwig. *Psicologia de la violación*. Traduzido por Daniel Ricardo Wagner. Buenos Aires: Hormé, 1965. 227p.

ESER, Albin. *Sobre la exaltación del bien jurídico a costa de la víctima*. Tradução de Manuel Cancio Meliá. Bogotá: Centro de Investigaciones de Derecho Penal y Fiolosofía del Derecho de la Universidad Externado de Colombia, 1998. 43p.

ESTEFAM, André. *Crimes Sexuais*: comentários à Lei n. 12.015/2009. São Paulo: Saraiva, 2009. 168p.

——— et al. *Reforma penal*: comentários às Leis 11.923, 12.012 e 12.015, de 2009. São Paulo: Saraiva, 2010. 98p.

FAYET JÚNIOR, Ney. A evolução da história da pena criminal. *In* BITENCOURT, Cezar Roberto (Org.). *Crime e sociedade*. Curitiba: Juruá, 1998. p. 229-255.

———. Aferição da prescrição penal nos crimes habituais. *In* FAYET JÚNIOR, Ney (Org.). *Prescrição penal*: temas controvertidos – doutrina e jurisprudência. Vol. 2. Porto Alegre: Livraria do Advogado, 2009. 179p.

———. Da extinção da punibilidade pela união estável da vítima com terceiro. *Revista de Estudos Criminais*. Porto Alegre, Ano 1, N. 3, p. 91-95, 2001.

———. Da extinção da punibilidade pela união estável da vítima com terceiro. *Revista Ibero-Americana de Ciências Penais*. Porto Alegre, ano 2, n. 3, p. 67-71, mai.-ago., 2001.

———. *Do crime continuado*. 2.ed. Porto Alegre: Livraria o Advogado, 2010. 300p.

FEIJÓO SÁNCHEZ, Bernardo. *El dolo eventual*. Bogotá: Centro de Investigación em Filosofia y Derecho de la Universidadd Externado de Colômbia, 2004. 142p.

———. El principio de confianza como criterio normativo de imputación en el derecho penal: fundamento y consecuencias dogmáticas. *Revista Ibero-Americana de Ciências Penais*. Porto Alegre, ano 1, n. 1, p. 227-265, set.-dez., 2000.

――. La distinción entre dolo e imprudencia en los delitos de resultado lesivo. Sobre la normativización del dolo. *Cuadernos de Política Criminal do Instituto Universitário de Criminologia da Universidad Complutense de Madrid*. Madrid, n. 65, p. 269-364, 1998.

――. *Teoria da imputação objetiva*: estudo crítico e valorativo sobre os fundamentos dogmáticos e sobre a evolução da teoria da imputação objetiva. Traduzido por Nereu José Gioacomolli. Barueri: Manole, 2003. 178p.

FERNANDES, Antônio Scarance; MARQUES, Oswaldo Henrique Duek. Estupro: enfoque vitimológico. *Revista dos Tribunais*. São Paulo, ano 79, v. 653, p. 265-276, mar. 1990.

FERNÁNDEZ, Gonzalo D. Bien jurídico y sistema del delito. In DIEZ OJEDA, Augusto; LOPARDO, Marta. (Coords.). *Teorías Actuales en el derecho penal*. Buenos Aires: Ad-Hoc, 1998. p. 417-429.

FERRARI, Patrícia Madianeira Mino; GOMES, André Luís Callegaro Nunes. Os interesses da vítima na ação penal. *Revista dos Tribunais*. São Paulo, ano 94, v. 834, p. 442-455, abr. 2005.

FERREIRA, A. A.; PRADO, Paulo de Albuquerque. Comentário em torno do art. 128, § II do código penal. *Revista Brasileira de Criminologia e Direito Penal*. Rio de Janeiro, ano 25, v. 5 e 6, p. 191-201, jan./jun. 1955.

FERREIRA NETO, Francisco Borges. A presunção de violência pela menoridade no crime de estupro. *Revista da Escola da Magistratura do Estado de Rondônia*. Porto Velho, p. 211-220, maio. 2000.

FERRI, Henrique. *Princípios de Direito Criminal*: o criminoso e o crime. Traduzido por Luiz de Lemos D´Oliveira. São Paulo: Saraiva, 1931. 546p.

FIANDACA, Giovanni; MUSCO, Enzo. *Direito penale*. Parte generale. 5.ed. Bologna: Zanichelli, 2007. 882p.

FRAGOSO, Heleno Cláudio. *Direito penal e direitos humanos*. Rio de Janeiro: Forense, 1977. 204p.

――. *Lições de direito penal*: Parte geral. 16.ed. Rio de Janeiro: Forense, 2003. 585p.

――. *Lições de direito penal*. Parte especial. 7.ed. Rio de Janeiro: Forense, 1983. 615p.

――. *Lições de direito penal*. Parte especial. Vol. II. Rio de Janeiro: J. Bushatsky, 1958. 246p.

FRANCO, Alberto Silva. *Crimes hediondos*: anotações sistemáticas à Lei 8.072/90. 4.ed. São Paulo: Revista dos Tribunais, 2000. 518p.

FREITAS, Fernando. Violência sexual contra a mulher aborto previsto por lei. In: Instituto Interdisciplinar de Direito de Família (IDEF) (Coord.). *Direito de família e interdisciplinaridade*. Curitiba: Juruá, 2001, p. 173-178.

FÜHRER, Maximiliano Roberto Ernesto. *Novos crimes sexuais com a feição instituída pela Lei 12.015, de 7 de agosto de 2009*. São Paulo: Malheiros, 2009. 232p.

GARCIA, Ailton Stropa. Algumas questões sobre estupro e atentado violento ao pudor. *Revista da ESMAGIS: Escola Superior da Magistratura do Estado de Mato Grosso do Sul*. Campo Grande, n. 8, p. 137-146, jan./jun. 1995.

GARCIA, Basileu. Da ação penal. *Revista Forense*. Rio de Janeiro, ano, 100, volume comemorativo t. 7, p. 211-226, 2006.

――. *Instituições de direito penal*. Vol. I. T. II. 3.ed. São Paulo: Max Limonad, 1956. 810p.

GARDÉS, Joazil Maria. Estupro e atentado violento ao pudor. Lei n. 8.072/90: ligeiras cogitações. *Revista de Doutrina e Jurisprudência*. Brasília, v. 67, p. 13-15, set./dez. 2001.

GENTIL, Plínio Antonio Britto; JORGE, Ana Paula. Crimes sexuais – o novo estatuto legal: do estupro do homem ao fim das virgens. *Revista Magister de Direito Penal e Processual Penal*. Porto Alegre. n. 31. p. 93-103. ago./set., 2009.

GOMES, Luiz Flávio; BIANCHINI, Alice. *O direito penal na era da globalização*. São Paulo: Revista dos Tribunais, 2002. 162p.

――. *Estupro (simples) é crime hediondo?* Disponível em: http://www.editoramagister.com/doutrina_ler.php?i d=360. Data de acesso: 24/12/2009.

――. Marido pode cometer estupro contra mulher. *Jornal Síntese*. Porto Alegre, ano 7, n. 82, p. 10-11, dez. 2003.

――. *Princípio da ofensividade no direito penal*. São Paulo: Revista dos Tribunais, 2002. 116p.

GRECO FILHO, Vicente. Uma interpretação de duvidosa dignidade (sobre a nova lei dos crimes contra a dignidade sexual). *Revista do Tribunal Regional Federal da Primeira Região*. Brasília, ano 21, n. 11, p. 59-61, nov. 2009, p. 61.

GRECO, Alessandra Orcesi Pedro; RASSI, João Daniel. *Crimes contra a dignidade sexual*. São Paulo: Atlas, 2010. 193p.

GRECO, Luís. Breves reflexões sobre os princípios da proteção de bens jurídicos e da subsidiariedade no Direito Penal. *In* BRITO, Alexis Augusto Couto de; VANZOLINI, Maria Patrícia. (Coord.). *Direito penal*: aspectos jurídicos controvertidos. São Paulo: Quartier Latin, 2006. p. 150-181.

——. Introdução à dogmática funcionalista do delito. *Revista Brasileira de Ciências Criminais*. São Paulo, ano 8, n. 32, p. 120-186, out-dez., 2000.

GRINOVER, Ada Pellegrini. As condições da ação penal. *Revista Brasileira de Ciências Criminais*. São Paulo, n. 69, p. 179-199, nov./dez. 2007.

GUSMÃO, Chrysolito de. *Dos crimes sexuaes*. Rio de Janeiro: F. Briguiet, 1921. 415p.

HASSEMER, Winfried. *Direito penal*. Traduzido por Adriana Beckman Meirelles [et al]. Porto Alegre: Fabris, 2008. 336p.

——. História das idéias penais na Alemanha do pós-guerra. *Revista Brasileira de Ciências Criminais*. São Paulo, ano 2, n. 6, p. 36-71, abr.-jun., 1994.

——. *Três temas de Direito Penal*. Porto Alegre: FMP, 1993. 97p.

HENDLER, Edmundo. La razonabilidad de las leyes penales: la figura del arrepentido. *In* DIEZ OJEDA, Augusto; LOPARDO, Marta. (Coord.). *Teorías Actuales en el derecho penal*. Buenos Aires: Ad-Hoc, 1998. p. 393-404.

HENTIG Hans Von. *La pena*. Vol. I. Traduzido por José María Rodríguez Devesa. Madrid: Escape-Calpe, 1967. 471p.

HUNGRIA, Nelson. *Comentários ao Código Penal*. Vol. I. T. I Rio de Janeiro: Forense, 1958. 395p.

——. *Comentários ao Código Penal*. Vol. VIII. 4.ed. Rio de Janeiro: Forense, 1959. 539p.

JAKOBS, Günther. *Derecho penal*. Parte general: fundamentos y teoría de la imputación. Traduzido por Joaquin Cuello Contreras e Jose Luis Serrano Gonzales de Murillo. 2.ed. Madrid: Marcial Pons, 1997. 1193p.

——. *Imputação objetiva no direito penal*. Traduzido por André Luís Callegari. São Paulo: Revista dos Tribunais, 2000. 94p.

——. *La imputación objetiva en derecho penal*. Traduzido por Manuel Cancio Meliá. Madrid: Civitas, 1999. 199p.

——. *La imputación objetiva en derecho penal*. Traduzido por Manuel Cancio Meliá. Bogotá: Centro de Investigaciones de Derecho Penal y Filosofía del Derecho de la Universidad Externado de Colombia, 1998. 130p.

——. *Sobre la normativización de la dogmática jurídico-penal*. Traduzido por Manuel Cancio Meliá e Bernardo Feijoó Sánchez. Madrid: Civitas, 2003. 163p.

——. *Sociedade, norma e pessoa*. Traduzido por Maurício Antonio Ribeiro Lopes. Barueri: Manole, 2003. 64p.

JESCHECK, Hans-Heinrich. *Tratado de derecho penal*. Parte general. 4.ed. Traduzido por José Luis Manzanares Samaniego. Granada: Comares, 1993. 1066p.

JESUS, Damásio Evangelista de. Estupro e atentado violento ao pudor, nas formas típicas simples, são hediondos? *Revista dos Tribunais*, São Paulo, ano 90, v. 789, p. 506-510, jul. 2001.

——. de; GOMES, Luiz Flávio. (Coord.). *Assédio Sexual*. São Paulo: Saraiva, 2002. 183p.

JIMENEZ DE ASÚA, Luis. *Principios de derecho penal*: la laey y el delito. 4.ed. Buenos Aires: Abeledo--Perrot, 2005. 562p.

KARAN, Maria Lucia Pereira. Estupro e presunção de violência a liberdade sexual do adolescente. In *Discursos Sediciosos: Crime Direito e Sociedade*. Rio de Janeiro, v. 1, n. 2, p. 277-284. 1996.

KÖSTER, Mariana Sacher de. *Evolución del tipo subjetivo*. Bogotá: Centro de Investigaciones de Derecho Penal y Filosofía del Derecho de la Universidad Externado de Colombia, 1998. 128p.

LEAL, João José; LEAL, Rodrigo José. Estupro comum e a figura do estupro de pessoa vulnerável: novo tipo penal unificado. *Revista Magister de Direito Penal e Processual Penal*. Porto Alegre, v. 6, n. 32, p. 52-77, out.-nov. 2009.

——. *Curso de direito penal*. Porto Alegre: Fabris, 1991. 576p.

——. Estupro e atentado violento ao pudor como crimes hediondos: desencontro entre a hermenêutica doutrinária e a jurisprudência. *Boletim IBCCrim*. São Paulo, ano 11, n. 135, p. 8-9, fev. 2004.

LESCH, Heiko. H. *Intervención delictiva e imputación objetiva*. Traduzido por Javier Sanchez-Vera Gómez-Trelles. Bogotá: Centro de Investigaciones de Derecho Penal y Filosofía del Derecho de la Universidad Externado de Colombia, 1995. 115p.

LIMA FILHO, Moacyr Pitta. Ação penal: estupro. *Revista do Magistrado*. ano 1, n. 1, p. 61-62, ago. 2004.

LISZT, Franz von. *Tratado de derecho penal*. T. III. 4.ed. Traduzido por Luis Jiminez de Asúa. Madrid: Reus, 1929. 463p.

LOPES JÚNIOR, Aury Celso Lima. A problemática em torno da ação penal nos crimes contra a dignidade sexual (Lei 12.015/2009). *Boletim IBCCrim*. São Paulo, ano 17, n. 207, p. 4-5, fev. 2010.

LÓPEZ-DÍAZ, Claudia. *Indtroducción a la imputación objetiva*. Bogotá: Centro de Investigaciones de Derecho Penal y Filosofía del Derecho de la Universidad Externado de Colombia, 2000. 193p.

LOUVEIRA, Leopoldo Stefanno Leone; DALL'ACQUA, Rodrigo. Atentado violento ao pudor. Aplicação do princípio da insignificância. *Boletim do IBCCrim*. São Paulo, ano 11, n. 128, p. 713-715, jul. 2003;

LUHMANN, Niklas. *La sociedade de la sociedad*. Mexico: Editorial Herder, 2007. 955p.

LUISI, Luiz. *O tipo penal, a teoria finalista e a nova legislação penal*. Porto Alegre: Fabris, 1987. 139p.

LYRA, Roberto; HUNGRIA, Nelson. *Direito penal*. Rio de Janeiro: Jacyntho, 1936.

——. *Direito penal normativo*. Rio de Janeiro: José Konfino, 1975. 244p.

——. *Novo direito penal*. Vol. I. Rio de Janeiro: Borsoi, 1971. 228p.

MACHADO, Marta Rodriguez de Assis. *Sociedade do risco e direito penal*: uma avaliação de novas tendências político-criminais. São Paulo: IBCCrim, 2005. 236p.

MANTOVANI, Ferrando. *Principi di diritto penale*. Padova: Cedam, 2002. 477p.

MARQUES, José Frederico. *Curso de direito penal*. Vol. I. São Paulo: Saraiva, 1954. 309p.

——. *Curso de direito penal*. Vol. II. São Paulo: Saraiva, 1956. 378p.

——. *Da ação penal*. *Justitia*. Rio de Janeiro, ano 8, v. 11, p. 41-47, abr./jun. 1952.

MARTINS, José Salgado. *O crime além da intenção*. Porto Alegre: Globo, 1941. 87p.

MARTINS, Silvia Helena Furtado. Fixação da pena mínima nos delitos de estupro e atentado violento ao pudor, praticados mediante violência ficta, em razão da idade da vítima. *Revista Brasileira de Ciências Criminais*. São Paulo, ano 1, n. 3, p. 192-197, jul./set. 1993.

MAURACH, Reinhart. *Derecho penal*. Parte general. Vol. 1. Traduzido por Jorge Bofill Genzsch e Enrique Aimone Gibson. Buenos Aires: Astrea, 1994. 687p.

——. *Derecho penal*. Parte general. Vol. 2. Traduzido por Jorge Bofill Genzsch. Buenos Aires: Astrea, 1995. 1023p.

MEDINA, Julio César Meira. Ação penal no crime de estupro. *Revista do Direito*. Santa Cruz do Sul, n. 4, p. 63-70, dez. 1995.

MERKEL, A. *Derecho Penal*. Traduzido do alemão por P. Dorado. T. 1. Madrid: La España Moderna Ed., [1906?]. 419p.

MESTIERI, João. *Do delito de estupro*. São Paulo: Revista dos Tribunais, 1982. 120p.

MEZGER, Edmund. *Modernas orientaciones de la dogmática jurídico-penal*. Traduzido por Francisco Muñoz Conde. Valencia: Tirant lo Blanch, 2000. 77p.

MIR PUIG, Santiago. *Derecho penal*. Parte general. 5.ed. Barcelona: Reppertor, 1998. 810p.

MIRABETE, Julio Fabbrini. Estupro, atentado violento ao pudor e rapto violento: a Súmula 608 do STF diante do artigo 88 da Lei n° 9099/95. *Doutrina*. v. 1, p. 117-121. 1996.

MIRANDA, Darcy Arruda. Do atentado violento ao pudor. *Justitia*. São Paulo, ano 24, v. 39, p. 87-99, out./dez. 1962.

MONTT DIAZ, Bernardo. *Contenido de voluntad necesario al dolo*. Santiago de Chile: Editorial Jurídica de Chile, 1968. 60p.

MORAES, Márcia Elayne Berbich de. Um direito penal do risco para uma sociedade de risco? (uma discussão dentro da perspectiva penal ambiental). *Revista de Estudos Criminais*. Porto Alegre, n. 9, ano 2, p. 102-119, 2003.

MOREIRA, Rômulo de Andrade. Ação penal nos crimes contra a liberdade sexual e nos delitos sexuais contra vulnerável – a Lei n° 12.015/2009. *Revista Magister de Direito Penal e Processual penal*. Porto Alegre, n. 31, p. 84-92, ago./set., 2009.

MUÑOZ CONDE, Francisco. *Teoria geral do delito*. Traduzido por Juarez Tavares e Luiz Regis Prado. Porto Alegre: Fabris, 1998. 238p.

MÜSSIG, Bernd. *Desmaterialización del bien jurídico de la política criminal*: sobre las perspectivas y los fundamentos de una teoría del bien jurídico crítica hacia el sistema. Traduzido por Manuel Cancio Meliá e Henrique Peñaranda Ramos. Bogotá: Centro de Investigaciones de Derecho Penal y Filosofía del Derecho de La Universidad Externado de Colombia, 2001. 69p.

MÜSSIG, Bernd. *Desmaterialización del bien jurídico y de la política criminal*. Sobre las perspectivas y los fundamentos de una teoría del bien jurídico crítica hacia el sistema. *Revista Ibero-Americana de Ciências Penais*, Porto Alegre, ano 2, n. 4, p. 157-191, set.-dez., 2001.

MUSTAFA, José Augusto. Alienada mental: presunção absoluta de violência no crime de estupro. *Justitia*, São Paulo, ano 55, v. 164, p. 29-33, out./dez. 1993.

NETTO, Alamiro Velludo Salvador. Estupro bilateral: um exemplo de limite. *Boletim do IBCCrim*. São Paulo, ano 17, n. 202, p. 8-9, set. 2009.

———. *Tipicidade penal e sociedade de risco*. São Paulo: Quartier Latin, 2006. 192p.

NOGUEIRA, Paulo Lúcio. *Questões penais controvertidas*. 6.ed. São Paulo: Leud, 1994. 319p.

NÓLIBOS, Paulina Terra. Registros legais e mitos a respeito do rapto, do estupro e do adultério. *Revista da Faculdade de Direito da FMP*. Porto Alegre, n. 4, p. 173-185, jul. 2009.

NORONHA, Edgard Magalhães. *Crimes contra os costumes*. Comentários aos arts. 213 a 226, e 108 n. VII do Código Penal. São Paulo: Saraiva, 1943. 364p.

———. *Direito penal*. Vol. 1. 32.ed. São Paulo: Saraiva, 1997. 386p.

NUCCI, Guilherme de Souza. *Crimes contra a dignidade sexual*: comentários à Lei n. 12.015, de 7 de agosto de 2009. São Paulo: Revista dos Tribunais, 2009. 124p.

———. *Individualização da pena*. São Paulo: Revista dos Tribunais, 2005. 432p.

———. *Manual de direito penal*. Parte geral. 3.ed. São Paulo: Revista dos Tribunais, 2007.1072p.

OEA. *Convenção Americana Sobre os Direitos Humanos*. Adotada e aberta à assinatura na Conferência Especializada Interamericana sobre Direitos Humanos, em San José de Costa Rica, em 22.11.1969, ratificada pelo Brasil em 25.09.1992. Fonte disponível em: http://portal.mj.gov.br/sedh/ct/legis_intern/conv_americana_dir_humanos.htm, capturado em 24/12/2009.

PADOVANI, Tullio. *Diritto penale*. 8.ed. Milano: Giuffrè, 2006. 397p.

PEDROSO, Fernando de Almeida. Ação penal pública condicionada. *Revista de Direito Penal*. Rio de Janeiro, n. 25, p. 61-87, jan./jun. 1978.

PELUSO, Vinicius de Toledo Piza. O crime de estupro e a lei nº 12.015/09: um debate desenfocado. *Boletim do IBCCrim*. São Paulo, Ano 17, n. 203, p.2-3, out. 2009.

PEÑARANDA RAMOS, Enrique; SUÁREZ GONZÁLEZ, Carlos; CANCIO MELIÁ, Manuel. *Um novo sistema do direito penal*: considerações sobre a teoria de Günther Jakobs. Traduzido por André Luís Callegari e Nereu José Giacomolli. Barueri: Manole, 2003. 110p.

———; ———; ———. *Un nuevo sistema del derecho penal*: consideraciones sobre la teoría de la imputación de Günther Jakobs. Bogotá: Centro de Investigaciones de Derecho Penal y Filosofía del Derecho de la Universidad Externado de Colombia, 1999. 114p.

PEQUENO, Sandra Maria Nascimento de Souza. Do casamento do ofensor com a vítima como causa de extinção de punibilidade nos crimes de estupro e atentado violento ao pudor. *Revista da Escola da Magistratura do Estado de Rondônia*. Porto Velho, edição especial, p. 33-50. 2000.

PIERANGELI, José Henrique; SOUZA, Carmo Antônio de. *Crimes sexuais*. Belo Horizonte: Del Rey, 2010. 198p.

———. *Códigos penais do Brasil*: evolução histórica. 2.ed. São Paulo: Revista dos Tribunais, 2001. 752p.

———. *Manual de direito penal brasileiro*. Parte especial. Vol. 2. São Paulo: Revista dos Tribunais, 2007. 1049p.

———. *Nexo de causalidade e imputação objetiva*. PIERANGELI, José Henrique (Org.). *Direito criminal*. Belo Horizonte: Del Rey, 2002. (p. 83-131)

PIMENTEL, Manoel Pedro. *Crimes de mera conduta*. 2.ed. São Paulo: Revista dos Tribunais, 1968. 149p.

PIMENTEL, Silvia; PANDJIARJIAN, Valéria. Estupro como "cortesia": direitos humanos e gênero na Justiça brasileira. *Caderno Themis Gênero e Direito*. Porto Alegre, ano 1, n. 1, p. 48-57, mar. 2000.

PINHEIRO, Lya Rachel Brandão e Mendes. O estupro simples como crime hediondo. Considerações ante a nova composição do STF. *Revista dos Tribunais*. São Paulo, ano 93, v. 821, p. 475-486, mar. 2004.

PIRES, Ariosvaldo de Campos. *Compêndio de Direito Penal*: Parte Especial. V.III. Rio de Janeiro: Forense, 1992. 471p.

PRADO Luiz Regis. *Comentários ao Código Penal*. 5.ed. São Paulo: Revista dos Tribunais, 2010. 1088p.

——; CARVALHO, Érika Mendes de. *Teorias da imputação objetiva do resultado*: uma aproximação crítica a seus fundamentos. São Paulo: Revista dos Tribunais, 2002. 173p.

——. *Curso de direito penal brasileiro*. Vol. 3. 3.ed. São Paulo: Saraiva, 2004. p.878p.

PRESTES, Severino. *Lições de direito criminal*. São Paulo: Laemmert, 1897. 164p.

PRUDENTE, Neemias Moretti. Considerações críticas acerca das disposições gerais relativas aos crimes de estupro e atentado violento ao pudor. *Revista IOB de Direto Penal e Processual Penal*. São Paulo, ano 9, n. 52, p. 76-93, out./nov. 2008.

PUGGINA, Márcio Oliveira. A erotização da infância na mídia e na internet. *AJURIS: Revista da Associação dos Juízes do Rio Grande do Sul*. Porto Alegre, ano 26, n. 81, p. 129-142, mar. 2001.

QUEIROZ, Carlos Alberto Marchi de. Estupro: um crime falsamente complexo. *Revista dos Tribunais*. São Paulo, ano 84, v. 712, p. 509-510, fev. 1995.

REALE JÚNIOR, Miguel. *Instituições de Direito penal*. Parte geral. v.1. Rio de Janeiro: Forense, 2002. 344p.

RIBEIRO, Jorge Severiano. *Código penal dos Estados Unidos do Brasil (comentado)*. Vol. 1. Rio de Janeiro: Livraria Jacintho, 1941. 278p.

RIBEIRO, Leonídio. Aborto em caso de estupro. *Revista Brasileira de Criminologia e Direito Penal*. Rio de Janeiro, ano 2, n. 7, p. 73-81, out.-dez, 1964.

RIOS, Roger Raupp. Discriminação por orientação sexual e igualdade processual: a homossexualidade e a concretização dos princípios processuais. *Revista Ibero-Americana de Ciências Penais*. Porto Alegre, ano 1, n. 1, p. 141-167, set.-dez., 2000.

ROCHA, Fernando Antonio Nogueira Galvão da. Autoria mediata e o crime de estupro: a pluralidade de pessoas no fato punível. *Revista Forense*. Rio de Janeiro, ano 85, v. 307, p. 31-42, jul./set. 1989.

ROXIN, Claus. *A proteção de bens jurídicos como função do Direito Penal*. Traduzido por André Luís Callegari e Nereu José Giacomolli. Porto Alegre: Livraria do Advogado, 2006. 64p.

——. A teoria da imputação objetiva. *Revista Brasileiro de Ciências Criminais*. São Paulo, Ano 9, n. 38, p. 11-31, abr.-jun., 2002.

——. *Derecho penal*: parte general. Tomo I. Traduzido por Diego-Manuel Luzón Peña, Miguel Díaz y García Conlledo e Javier de Vicente Remesal. Madrid: Civitas, 1999. 1071p.

——. *Estudos de direito penal*. 2.ed. Tradução de Luís Greco. Rio de Janeiro: Renovar, 2008. 232p.

——. Problemas atuais da política criminal. *Revista Ibero-Americana de Ciências Penais*. Porto Alegre, ano 2, n. 4, p. 11-18, set.-dez., 2001.

SÁNCHEZ-VERA GÓMEZ-TRELLES, Javier. Algunas referencias de historia de las ideas, como base de la protección de expectativas por el Derecho Penal. *Revista Ibero-Americana de Ciências Penais*. Porto Alegre, ano 2, n. 4, p. 193-221, set.-dez., 2001.

SANCINETTI, Marcelo A. *Subjetivismo e imputación objetiva en derecho penal*. Bogotá: Centro de Investigaciones de Derecho Penal y Filosofía del Derecho de la Universidad Externado de Colombia, 1996. 191p.

SANDOVAL, Ovídio Rocha Barros. Autorização judicial para a pratica de aborto. *Revista dos Tribunais*. São Paulo, v. 739, p. 497-501, mai. 1997.

SANTORO FILHO, Antonio Carlos. *Teoria da imputação objetiva*: apontamentos críticos à luz do direito positivo brasileiro. São Paulo: Malheiros, 2007. 111p.

SANTOS, Juarez Cirino dos. *A moderna teoria do fato punível*. Rio de Janeiro: Freitas Bastos, 2000. 370p.

——. *Direito penal*. Parte geral. Curitiba: Lumen Juris, 2006. 735p.

SAVADELL, Ana Lúcia. A problemática dos delitos sexuais numa perspectiva de direito comparado, *Revista Brasileira de Ciências Criminais*. São Paulo, ano 7, n. 27, p. 80-102, jul.-set., 1999.

SCHMIDT, Andrei Zenkner. Considerações sobre o modelo teleológico-garantista a partir do viés funcional-normativista. In: WUNDERLICH, Alexandre. (Coord.). *Política criminal contemporânea*: criminologia, direito penal e direito processual penal. Porto Alegre: Livraria do Advogado, 2008. p. 87-118.

SCHÜNEMANN, Bernd. La relación entre ontologismo y normativismo en la dogmática jurídico-penal. *Revista Brasileira de Ciências Criminais*. São Paulo, ano 11, n. 44, p. 11-33, jul.-set., 2003.

SEMER, Marcelo. Crime impossível e a proteção aos bens jurídicos. São Paulo: Malheiros, 2002. 176p.

SILVA, César Dario Mariano da. Crimes contra a dignidade sexual. *Estado de Direito*. Porto Alegre, v. 3, n. 21, p. 15, jul./ago. 2009.

SILVA, David Medina da. *O crime doloso*. Porto Alegre: Livraria do Advogado, 2005. 149p.

SILVA, Sergio Paulo Ribeiro da. A menor de catorze anos e o delito de estupro. *Verbis*. Rio de Janeiro, n. 9, p. 10-11. 1997.

SILVA JÚNIOR, Edison Miguel da. O significativo atentado violento ao pudor. *Boletim do IBCCrim*. São Paulo, n. 132, p. 747, 2003.

SIMÃO, Rosana Barbosa Cipriano. Direitos humanos e orientação sexual: a efetividade do princípio da dignidade. *Revista do Ministério Público do Estado do Rio de Janeiro*. Rio de Janeiro, n. 19, p. 259-280, jan./jun. 2004.

SIQUEIRA, Galdino. *Direito penal brasileiro*. Parte especial. Rio de Janeiro: Jacintho Ribeiro do Santos, 1924. 975p.

SIQUEIRA, Geraldo Batista de. *Estupro: crime de ação privada*. Revista dos Tribunais. São Paulo, ano 64, v. 482, p. 277-281, dez. 1975.

—— et al. Estupro, tipicidade, controvérsias: aspectos processuais. *Revista Magister de Direito Penal e Processual Penal*. Porto Alegre, v. 4, n. 22, p. 14-28, fev. 2008.

——; BARBACENA Neto Henrique. Estupro, atentado violento ao pudor e rapto: crimes complexos. *Revista do Ministério Público do Estado do Rio Grande do Sul*. Porto Alegre, v. 15 e 16, p. 19-29. 1980.

SOBRINHO, João Cesar. Atos de execução na tentativa de estupro. *Justitia*, São Paulo, v. 3, p. 35-39, 1941.

SOUZA, Adriano Augusto Streicher de. Estupro e atentado violento ao pudor praticados contra vítima menor de 14 anos. Correlação entre as leis 8.069/90 e 8.072/90. Uma nova visão. *Revista dos Tribunais*. São Paulo, ano 83, v. 707, p. 420-424, set. 1994.

SOUZA, Aélio Paropat. Ação pública incondicionada no estupro. *Revista dos Tribunais*. São Paulo, ano 86, v. 743, p. 483-494, set. 1997.

SOUZA, Carmo Antonio de. Atentado violento ao pudor: uma nova abordagem. *EMAP: Revista da Escola da Magistratura do Amapá*. Macapá, v. 1, n 1, p. 151-174, jan. 2002.

——. *Atentado violento ao pudor*. São Paulo: IOB-Thompson, 2004. 207p.

SOUZA, José Arnobio Amariz de. Os filhos do estupro. *Revista Jurídica Consulex*. Brasília, ano 9, n. 211, p. 46-51, out. 2005.

STRECK, Lenio Luiz. Constituição e bem jurídico: a ação penal nos crimes de estupro e atentado violento ao pudor. O sentido hermenêutico constitucional do art. 225 do código penal. *Revista da Ajuris: Associação dos Juízes do Rio Grande do Sul*. ano 33, n. 101, p. 179-191, mar. 2006.

STRUENSEE, Eberhard. *Dolo, tentativa y delito putativo*. Traduzido por Marcelo A. Sancinetti. Buenos Aires: Hammurabi, 1992. 125p.

TEIXEIRA, Paulo Rodrigues. *Estudos de direito criminal*: o titulo 8° do código penal. Bahia: Imprensa Oficial, 1924.

TELES, Ney Moura. *Direito penal*. Parte geral. V.I. São Paulo: Atlas, 2004. 576p.

TOLEDO, Francisco de Assis. *Princípios básicos de direito penal*. 5.ed. São Paulo: Saraiva, 2002. 362p.

TOURINHO FILHO, Fernando da Costa. *Crimes Contra a Liberdade Sexual, em Face da Nova Lei*. Editora Magister. Porto Alegre. Data de inserção: 15/12/2009. Disponível em: http://www.editoramagister.com/doutrina_ler.php?id=617. Data de acesso: 24/12/2009.

VARGAS, José Cirilo de. *Do tipo penal*. Belo Horizonte: Mandamentos, 2000. 144p.

VIDAL, Hélvio Simões. *Causalidade científica no direito penal*. Belo Horizonte: Mandamentos, 2004. 344p.

VIGLIAR, Ana Claudia Carvalho. Continuidade delitiva entre os crimes de estupro e atentado violento ao pudor. *Revista Brasileira de Ciências Criminais*. São Paulo, v. 8, p. 198-206. 1994.

VOSSGÄTTER, Isabel. *Concepto social de acción e imputación objetiva*. Traduzido por Nuria Pastor Muñoz, Ramón Ragués i Vallés. Bogotá: Centro de Investigaciones en Filosofía y Derecho de la Universidad Externado de Colombia, 2006. 43p.

WELZEL, Hans. *Direito penal*. Traduzido por Afonso Celso Rezende. São Paulo: Romana, 2003. 376p.

WESSELS, Johannes. *Direito penal*. Traduzido por Juarez Tavares. Porto Alegre: Fabris, 1976. 205p.

ZAFFARONI, Eugenio Raúl; PIERANGELI, José Henrique. *Da tentativa*. 3.ed. São Paulo: Revista dos Tribunais, 1992. 192p.

——. *Tratado de derecho penal*. Parte general. Vol. III. Buenos Aires: Ediar, 1999. 664p.

——; ——. *Manual de direito penal brasileiro*. Parte geral. Vol. I. 6.ed. São Paulo: Revista dos Tribunais, 2006. 766p.